construire le futur

daniel libeskind

**avec la collaboration
de sarah crichton**

construire le futur

d'une enfance polonaise
à la freedom tower

**traduit de l'américain
par marina boraso et pierre girard**

albin michel

Une partie des bénéfices de ce livre sera donnée au Windows of Hope Family Relief Fund, organisme caritatif chargé de venir en aide aux familles des victimes de la tragédie du World Trade Center, le 11 septembre 2001. Site : windowsofhope.org

© Éditions Albin Michel, 2005
pour la traduction française

Édition originale :
BREAKING GROUND
ADVENTURE IN LIFE AND ARCHITECTURE
© Daniel Libeskind, 2004
Publié en accord avec The Mendel Media Group LLC, New York

À la mémoire de mes parents,
Dora Blaustein Libeskind
et Nachman Libeskind

Et à mon amour, Nina

· 1

À quelqu'un qui lui demandait quelle était sa couleur préférée, Goethe fit cette réponse : « J'aime les arcs-en-ciel. » C'est justement ce que j'apprécie dans une œuvre architecturale : lorsqu'elle est réussie, elle rassemble toutes les nuances du spectre de l'existence ; et si elle ne l'est pas, ses couleurs pâlissent jusqu'à s'effacer. Des ruines de Byzance aux rues de New York, des toits pointus des pagodes chinoises à la flèche de la tour Eiffel, chaque bâtiment est porteur d'une histoire, ou même de plusieurs. Réfléchissez un peu : lorsque nous évoquons les événements historiques, ce sont des monuments qui apparaissent devant nos yeux ; qu'on nous parle de la Révolution française, et ce n'est pas à Danton que nous pensons spontanément, mais au château de Versailles. Si nous nous reportons à la Rome antique, ce sont le Colisée et le Forum qui se dessinent en premier devant nous. Que nous visitions les temples de la Grèce ou les monolithes de Stonehenge, nous ressentons la présence de ceux qui les ont créés ; leur esprit s'adresse à nous par-delà la fracture temporelle.

En revanche, un ouvrage d'architecture médiocre et prosaïque, dénué de puissance et de créativité, ne communique qu'une seule histoire, celle de sa propre édification : comment il a été érigé, par qui il a été commandé et financé. Mais un beau bâtiment, à l'instar des chefs-d'œuvre de la littérature, de la poésie ou de la musique, s'entend à raconter l'histoire de l'âme humaine. Il est à même de nous transmettre une vision du monde tout à fait inédite, de le métamorphoser de manière définitive. Il détient le pouvoir de réveiller nos désirs, de suggérer des directions à notre imaginaire et de dire à un enfant qui ne connaît presque rien du monde : « Écoute, l'univers peut différer totalement de ce que tu t'es figuré. Et toi aussi tu peux te révéler très différent de ce que tu pensais. »

Quelles que soient les idées reçues, un bâtiment n'est pas un objet inanimé. Il vit, il respire et possède au même titre que les êtres humains un extérieur et une intériorité, un corps et une âme. Comment s'y prendre, alors, pour concevoir un édifice capable de chanter ? Capable aussi d'exprimer personnalité, humanité et beauté ? Par où faut-il commencer ?

À la fin des années 80, je me suis retrouvé avec cent soixante architectes de renommée internationale dans l'auditorium du Musée de Berlin, un élégant bâtiment baroque situé dans le quartier populaire de Kreuzberg, tout près du mur de Berlin. Si ce quartier formait autrefois une partie vivante d'une cité en pleine effervescence, il était maintenant cerné par des ensembles résidentiels des années 60, triste et désolé au sein d'une ville divisée par un mur et coupée d'elle-même par son passé tragique. Nous avions été convoqués par le Sénat de Berlin-Ouest, qui venait de prendre une décision assez courageuse : honorer la mémoire de ceux qui avaient si grandement contribué à la richesse culturelle de la ville – les Juifs berlinois –, en créant une extension au Musée de Berlin consacrée au judaïsme.

Après un exposé circonstancié, nos hôtes nous ont conduits sur l'emplacement qui devait abriter l'aile à venir, un modeste terrain poussiéreux qui accueillait à l'occasion des cirques ambulants. Mes collègues photographiaient frénétiquement les lieux, les cadrant sous tous les angles possibles ; moi par contre, je n'ai pas pris un seul cliché, car ce que j'éprouvais à ce moment-là, aucune pellicule ne serait parvenue à le fixer. Tandis que j'arpentais le site, mes réflexions se portaient vers tout autre chose. Comment faire, me demandais-je, pour saisir un passé si vital et si créateur, mais chargé en même temps de laideur et de souffrance ? Comment étreindre d'un seul geste les turbulences du passé et le futur imprévisible, quand on n'a à sa disposition que du verre et de l'acier ?

Soudain, un accent allemand a fait intrusion dans mes pensées. « Vous êtes face à l'est, disait l'homme. Prenez cette direction, jusqu'à Kochstrasse, marchez encore quelques minutes et vous êtes à Checkpoint Charlie. »

Celui qui parlait ainsi était Walter Nobel, un charmant jeune Berlinois qui ne tarderait pas à se faire un nom dans l'architecture. « Vous venez d'arriver, m'a-t-il dit gentiment. Vous ne nous connaissez pas bien, nous les Allemands. Vous ne comprenez pas comment les choses fonctionnent. Ici il faut tout respecter à la lettre. Vous devez lire ceci. » Sur son bloc-notes, il s'est mis à écrire une longue série de mesures.

« Il faut que vous connaissiez les dimensions des toilettes. Avec les normes anti-incendie, c'est la chose prioritaire à savoir... » Quand il a eu terminé, je l'ai remercié et il a fourré les notes dans la poche de mon manteau. Le même soir dans ma chambre d'hôtel, au moment de me mettre au lit, je les ai ressorties pour les jeter à la poubelle. Ce projet n'avait que faire des toilettes.

J'ai beau avoir consacré au métier d'architecte l'intégralité de ma vie d'adulte, j'ai dû attendre l'âge de cinquante-deux ans pour assister à la réalisation d'un de mes projets. Alors que j'écris ces lignes, six ans plus tard, j'ai à mon actif trois musées achevés, dont le Musée juif de Berlin, et trente-cinq projets parvenus à des stades divers de leur construction. Des musées à Toronto, San Francisco, Dresde, Copenhague et Denver ; une université à Hong

Kong ; un centre commercial et de remise en forme en Suisse ; deux cités universitaires à Tel-Aviv et dans le nord de Londres ; et un projet immobilier pharaonique à Milan.

J'ai beaucoup de chance.

D'où me viennent mes idées de concepteur ? Les gens m'interrogent fréquemment là-dessus, et j'hésite chaque fois sur la réponse à donner, parce que ma démarche est loin d'être orthodoxe, et que moi-même je n'en appréhende pas toujours les mécanismes. Il arrive que mes réflexions soient mises en branle par un poème ou un morceau de musique, ou simplement par un effet de lumière sur un mur. Parfois aussi, c'est la lumière venue du plus profond de mon cœur qui m'inspire une idée. Je ne me concentre pas exclusivement sur l'apparence du futur bâtiment, je pense aussi aux émotions qu'il dégagera, et dans ces moments-là, un kaléidoscope d'images envahit mon esprit : le portrait de Staline fracassé pendant le soulèvement polonais de 1956 ; les gémissements de la machine à coudre Singer de ma mère qui engloutit plusieurs épaisseurs de tissu pour recracher des sous-vêtements dont la teinte, si proche de celle de la chair, m'incite à détourner le regard ; les oranges qui poussent dans le désert d'Israël, douces à vous faire venir les larmes aux yeux ; mes voisins du Bronx assis sous leur porche par une chaude soirée d'été, le visage rouge et ruisselant de sueur, cherchant un peu d'air frais tout en discutant politique...

J'ai mené une existence nomade. J'ai vu le jour à Lodz en Pologne en 1946 ; j'avais onze ans quand j'ai émigré en Israël avec ma famille, et j'en avais treize lorsque nous sommes arrivés à New York. Depuis, avec mon épouse et nos enfants, j'ai déménagé quatorze fois en l'espace de trente-cinq ans. Plusieurs mondes coexistent dans mon esprit, et tous participent aux projets que j'entreprends.

Il se peut que je passe des semaines à travailler sur un dessin, à tracer des croquis par centaines, et que d'un seul coup la chose se produise : une forme parfaite vient d'émerger. Il y a quelques années, je me suis présenté à un concours pour une extension du Musée de Toronto. J'ai eu alors une de ces intuitions fugitives qui se donnent tout entières dans l'instant, et je me suis empressé de griffonner quelques esquisses sur les serviettes du restaurant où je mangeais. Ces serviettes ont fini affichées sur un mur lors de l'exposition consacrée aux finalistes, aux côtés des irréprochables images numériques soumises par mes concurrents sous l'appellation d'« études ». Comparées aux autres présentations, mes ébauches offraient peut-être un aspect rudimentaire, mais le bâtiment actuellement en chantier leur est absolument fidèle, ce qui prouve qu'elles en explicitaient le concept et le propos aussi bien qu'un dessin plus élaboré techniquement. (Mon épouse Nina – mon amour, mon inspiratrice, ma confidente, ma partenaire et la mère de nos trois enfants – dit toujours que mes carnets de dessins favoris sont les serviettes de table, les serviettes en papier et tout ce qui peut me tomber sous la main. Mais elle se trompe : c'est au papier à musique que va vraiment ma préférence, à cause de la géométrie de ses lignes.)

La silhouette de l'extension du musée des Beaux-Arts de Denver, dont la construction s'achèvera en 2006, s'est imposée à moi alors que je survolais la ville en avion et que je pouvais embrasser toute sa présence symphonique. Je suis toujours impressionné par la géologie, par les mouvements des plaques tectoniques et les forces occultes qu'ils déchaînent, propres à faire surgir de la croûte terrestre des chaînes entières de montagnes. Alors que je m'escrimais à cerner la configuration du bâtiment, j'ai reproduit, en un certain sens, les formes que je distinguais par le hublot de l'appareil : les falaises escarpées des Rocheuses, qui plongeaient vers les vallées et les plateaux en une perspective saisissante. J'en ai fait quelques croquis sur ma carte d'embarquement, et quand la place a manqué, j'ai continué sur le magazine de voyage.

En travaillant pour le musée de la Guerre de Manchester, en Angleterre, je me suis efforcé d'exprimer l'essence de l'institution et ce qu'elle entendait montrer. Son sujet n'était pas l'Empire britannique, ni même la guerre en elle-même. Son intention était de confronter la nature actuelle du conflit planétaire. J'ai eu la vision d'un globe brisé en fragments, et j'ai su alors quelle forme devait prendre l'édifice.

Rien ne me prédisposait à une carrière d'architecte. Il était prévu que je devienne musicien, et je faisais en effet figure de jeune prodige – tellement doué pour l'accordéon, croyez-le si vous voulez, que j'ai bénéficié d'une bourse de la prestigieuse AICF, la fondation culturelle américano-israélienne. J'ai conservé un compte rendu d'un récital à Tel-Aviv, où je jouais aux côtés du jeune Yitzhak Perlman. Le journaliste mentionnait à peine le violoniste virtuose, captivé par le drôle de petit accordéoniste dont on ne voyait dépasser que les pieds derrière le Sorrento rouge vif aux registres argentés et aux touches ivoire et ébène, les plis en zigzag de ses soufflets ponctués de rayures noires et blanches. La surprise d'entendre cet instrument interpréter un répertoire classique sérieux suffit à concentrer sur lui l'attention, éclipsant les autres musiciens sur scène.

Même en Pologne, on tenait l'accordéon pour un instrument populaire et sans prestige, mais comme la communauté juive de Lodz, à laquelle nous appartenions, s'était beaucoup réduite, mes parents redoutaient plus que tout – et à juste titre – d'attirer l'attention en introduisant un piano dans notre appartement, et de devenir la proie des antisémites. Vu l'extrême pauvreté du répertoire sérieux pour l'accordéon, j'étais obligé de transcrire moi-même les morceaux que j'interprétais. À mes débuts, je puisais largement dans l'œuvre de Bach, qui reste aujourd'hui mon compositeur favori, mais pour les bis je choisissais des pièces qui mettaient en valeur ma virtuosité. Mes doigts volaient sur les touches, vite, vite, de plus en plus vite, lorsque j'exécutais *Le vol du bourdon* de Rimski-Korsakov. En 1953, entre les hymnes communistes, je jouai le meilleur de mon répertoire classique à l'occasion de la première émission en noir et blanc de la télévision polonaise.

L'année où l'on m'accorda la bourse de l'AICF, Yithzak Perlman était également lauréat. Le violoniste Isaac Stern faisait partie du jury, encadré par le quasi mythique Zino Francescatti et la divine Olga Koussevitzky, épouse du légendaire chef d'orchestre. Lorsque je fus déclaré vainqueur, Stern me prit à part et déclara avec son accent russe si caractéristique : « Quel dommage, monsieur Libeskind, que vous ne jouiez pas du piano. Vous avez épuisé toutes les possibilités de l'accordéon. » Mais il était trop tard pour que je change d'instrument. Mes mains s'étaient accoutumées au clavier vertical.

J'avais toujours aimé dessiner, et à mesure que se précisaient les limites de l'accordéon, j'en vins à consacrer de plus en plus de temps au dessin. Je devins un adepte fanatique du crayon. Je reproduisis une série de dessins représentant des mariages hassidiques. Je dessinais des bâtiments, des paysages, des caricatures politiques. Après notre installation à New York, je m'inscrivis à un cours de dessin industriel à la Bronx High School of Science, pour lequel je me passionnai. Les jours de classe, je me levais à cinq heures du matin, tout excité à l'idée de ce qui m'attendait. L'école finie, je me débarrassais des devoirs pendant le trajet du retour, afin de pouvoir passer la soirée à améliorer ma technique. Jusque tard dans la nuit, je me livrais à de furieuses séances de dessin qui me donnaient des crampes dans les doigts.

Ma mère, Dora, s'alarma de cette obsession. Elle travaillait dans un atelier textile, où elle teignait des cols en fourrure avant de les coudre à des manteaux. Le soir quand elle rentrait, des brins de fourrure adhéraient encore à son visage moite, et elle empestait la teinture chimique, à laquelle elle imputa plus tard le cancer qui ravageait son corps. Son apparence et son odeur lui causaient un tel dégoût qu'elle refusait de parler à quiconque avant d'être passée sous la douche. Elle en ressortait comme neuve, rendue à son rôle de mère juive, les manches retroussées, prête à cuisiner le repas dans notre appartement de la coopérative d'habitation du syndicat des ouvriers associés du textile, dans le quartier du Bronx.

À Lodz, manger de la carpe était tenu pour un luxe, mais à New York on s'en procurait plus facilement, et ma mère, comme beaucoup d'immigrés juifs, achetait le poisson vivant au marché, le rapportait chez nous dans un sac plastique rempli d'eau et le laissait barboter dans la baignoire jusqu'à l'heure de préparer le dîner. Je la revois encore retirer du bac le corps frétillant de la carpe afin de la vider, mettre les harengs en saumure ou fabriquer pour le dessert le gâteau au miel préféré de mon père, sans cesser pour autant de discuter littérature, histoire et philosophie avec moi. Elle me faisait profiter de ses jugements sagaces et de ses traits d'esprit, assortis de citations de Spinoza et de Nietzsche qu'elle restituait dans un mélange de yiddish, de polonais et même d'anglais, une langue qu'elle trouvait difficile mais adorait néanmoins pratiquer.

Un soir, elle nous versa à chacun un verre de thé et s'assit en face de moi, à la table où je m'adonnais compulsivement au dessin. « Alors tu comptes devenir *athiste* ? » me demanda-t-elle. Malgré ses airs badins, elle me parlait sérieusement. « Tu veux crever de faim dans un grenier, sans même de quoi te payer des crayons ? C'est ça, la vie que tu veux ? – Mais maman, ai-je protesté, il y a des artistes qui réussissent ! Regarde Andy Warhol. – *Varhole* ? Pour un Varhole, tu as un bon millier de serveurs sans le sou. Deviens architecte. L'architecture est un métier, et aussi une discipline artistique. » Et elle ajouta quelque chose qui devrait réjouir le cœur de tous les architectes : « Tu peux toujours faire de l'art à travers l'architecture, mais pas de l'architecture en faisant de l'art. Tu feras d'une pierre deux coups. »

Brillante et impavide, ma mère a exercé sur ma vie une influence déterminante. Nous sommes tous les enfants de nos parents, et mon histoire de fils de rescapés de l'Holocauste, né dans le monde de l'après Holocauste, rejaillit indéniablement sur mon travail. De par ce que je suis, j'ai été amené à réfléchir longuement à des notions telles que le traumatisme et la mémoire. Non pas le traumatisme lié à une catastrophe individuelle, que l'on peut surmonter et guérir, mais celui qui implique l'anéantissement d'une communauté entière et sa présence à la fois réelle et virtuelle.

Mon passé d'immigrant, le sentiment de décalage que j'ai souvent éprouvé dans ma jeunesse m'ont invité à créer une architecture différente, susceptible de refléter une compréhension de l'histoire postérieure à un désastre mondial. Je me sens poussé à explorer le vide – la présence de cette vacance insoutenable qui se manifeste lorsqu'une communauté est exterminée, ou lorsqu'on foule aux pieds la liberté individuelle ; quand le continuum de l'existence humaine est brisé avec tant de violence que la structure même de la vie reste à jamais distordue et bouleversée.

Mies van der Rohe, Walter Gropius et les autres grands maîtres du modernisme soutiennent qu'un édifice devrait présenter au monde un visage neutre. Une telle philosophie est un peu surannée à mon goût. De la neutralité ? Après les cataclysmes politiques, culturels et spirituels qui ont marqué le XXᵉ siècle, peut-on vraiment aspirer à une réalité aseptisée ? A-t-on sincèrement envie de s'entourer de bâtiments ternes et sans âme ? Ou préférons-nous affronter nos histoires, les complexités et les désordres de la réalité qui est la nôtre, nos émotions les plus pures, afin d'inventer une architecture pour le XXIᵉ siècle ?

Un bâtiment, comme une ville, possède un cœur et une âme. On peut sentir en lui une mémoire et un sens, les aspirations spirituelles et culturelles dont il est le vecteur. Si vous en doutez, songez à l'immensité déchirante du deuil après l'effondrement des tours jumelles du World Trade Center.

À cette époque-là, j'habitais Berlin. 11 septembre 2001.

Le Musée juif venait d'ouvrir ses portes aux longues files
de visiteurs. Nina et moi étions aux anges. Notre mission
était accomplie. Et c'est alors qu'ont surgi ces images. Ces
images récurrentes. Le chagrin que j'ai éprouvé alors va
au-delà des mots. Je me sentais un lien personnel avec ces
immeubles, j'avais assisté à leur construction. Mon beau-
frère avait travaillé des années dans une des tours pour Port
Authority[1], et mon père était employé dans une imprimerie
des environs. Je connaissais bien ce secteur. Et c'est justement pour cette raison que je pensais savoir comment le
reconstruire pendant que se déroulait le concours sur
Ground Zero. J'envisageais de placer un mémorial au centre
du site, et de faire coexister avec les salles de spectacle, les
musées et les hôtels des zones commerciales, des immeubles
de bureaux et des restaurants. J'imaginais des rues débor-
dantes de vie et la restauration de la magnifique *skyline*[2]
new-yorkaise.

Plus tard cependant, alors que je participais aux sélec-
tions pour le projet de reconstruction, je me suis rendu à
Ground Zero, et j'ai saisi dans un instant d'émotion bou-

1. Agence créée par l'État de New York et celui du New Jersey, Port
Authority est une puissante entité économique qui gère les transports
urbains et interurbains, la gare routière qui dessert tout les États-Unis
à partir de Manhattan, de nombreux commerces et une partie des ter-
rains du sud de Manhattan, dont le site du World Trade Center. (Toutes
les notes sont des traducteurs.)

2. Expression habituelle pour désigner la vue des gratte-ciel de New
York.

leversante que l'âme des lieux ne résidait pas seulement dans la *skyline* et dans les rues animées, mais aussi dans la roche de Manhattan.

Ma candidature avait été validée en octobre 2002, et c'était là ma première visite du site. Après le déblaiement des décombres, il n'était resté qu'une fosse d'une taille inimaginable, difficile à appréhender. Elle couvrait une surface de huit hectares, pour vingt mètres de profondeur. On la surnommait alors la « baignoire », et Nina et moi avons émis le souhait d'y descendre. Le guide dépêché par Port Authority s'en est étonné, aucun architecte n'ayant demandé à le faire avant nous. Bien qu'il nous fût malaisé de formuler une explication, nous ressentions la nécessité de descendre, et c'est donc ce que nous avons fait, chaussés de bottes en caoutchouc et protégés des intempéries par de mauvais parapluies.

C'est un sentiment difficile à décrire, mais à mesure que nous nous enfoncions dans le profond cratère, nous ressentions plus vivement la violence et la haine qui avaient détruit les immeubles. L'ampleur de la perte nous faisait presque défaillir. Et malgré cela, nous captions la prégnance de forces radicalement opposées : la liberté, l'espoir, la foi ; l'énergie humaine qui étreint toujours les lieux. Le bâtiment qui s'élèverait sur cet emplacement devrait porter témoignage de la tragédie, et non l'ensevelir. Nous poursuivions notre descente, intimidés par les dimensions des fondations des immeubles disparus. On avait l'impression de plonger vers le fond de l'océan ; même le changement de pression était perceptible. Sept niveaux de fondations et d'infrastructures, évanouis. Lorsque les tours étaient encore là, qui se préoccupait de ce qui se cachait au-dessous ? Ce sont toujours les gratte-ciel new-yorkais qui nous viennent à l'esprit, mais c'est pourtant là-dessous que l'on mesure la profondeur de la ville. Tous les immeubles sont soutenus par de telles fondations, mais qui a contact avec la roche ? Seulement les ouvriers du bâtiment, et encore, très rapidement, avant de la recouvrir et de passer au niveau supérieur.

Parvenus au plus profond de l'île de Manhattan, nous pouvions toucher sa fraîcheur et son humidité, sentir sa force et sa vulnérabilité. En quel autre lieu d'une ville peut-on descendre aussi loin ? Dans les catacombes de Rome, peut-être. Nous devinions en ces profondeurs la présence de toute une ville. Les cendres de ceux qui avaient péri, les espoirs des survivants. Nous faisions l'expérience du sacré.

C'est alors que nous nous sommes heurtés à lui : le gigantesque mur de béton à l'extrémité ouest de la fosse. Plus tard, nous avons vu des stalagmites de glace jaillir des fissures qui s'ouvraient sous la pression de l'indomptable fleuve Hudson, qui s'infiltrait depuis l'autre côté.

« Qu'est-ce que c'est ? ai-je demandé à notre hôte.

– Le mur d'étanchéité. »

Le mur d'étanchéité. Depuis des années que je discutais avec des ingénieurs, je n'avais jamais entendu l'expression.

Il s'agit d'un barrage qui fait également office de fondation. Quelque chose qui aurait dû rester dissimulé.

« Si jamais il cède, a expliqué le guide, le métro sera inondé et toute la ville envahie par les eaux.

– L'apocalypse.

– C'est ça. »

Le mur se dressait devant nous, écrasant, sans commune mesure avec tout ce que nous connaissions ; et à nous qui nous tenions au fond de cette vaste fosse, il semblait presque infini, incarnation d'une totalité : ce qui s'écroule et ce qui résiste, le pouvoir de l'architecture, la puissance de l'esprit humain. Parce qu'on l'avait renforcé au fil des années pour prévenir l'effondrement, il offrait toute une gamme de couleurs en une superposition de patchworks. Il était tactile et vibrant, palimpseste écrit dans toutes les langues imaginables.

En levant les yeux, j'ai vu des gens debout au bord de ce qui ressemblait à des falaises, la tête penchée pour mieux distinguer les profondeurs du site. À ce moment-là, j'ai compris que je devais concevoir un édifice qui surgirait directement de la roche new-yorkaise. Un rayon de soleil a traversé les nuages. Comment pouvait-il plonger aussi loin ? Je devrais veiller à ce que la lumière du soleil soit elle aussi intégrée au concept. J'ai repensé à l'épingle en forme de bannière étoilée que mon père piquait à son revers bien avant le 11 septembre. Je me suis aussi remémoré ma première vision de la *skyline*, lorsque notre bateau est entré dans le port de New York. Je me revoyais à l'âge de treize ans, mêlé à la cohue des immigrants, contemplant bouche bée la statue de la Liberté.

« Appelle le Studio », ai-je demandé à Nina avant même que nous ayons quitté la fosse. Il se faisait déjà tard à Berlin, où se trouvait notre siège, mais notre équipe était encore à l'ouvrage. « Laissez tomber tout ce que vous avez en cours, leur ai-je commandé. J'ai un nouveau projet. »

D'où est-ce que je tire mes idées ? J'écoute les pierres. Je lis les visages autour de moi. J'essaie de jeter des ponts vers le futur en regardant le passé d'un œil lucide. Est-ce que cela vous semble artificiel ? J'espère bien que non, car un bâtiment ne devrait jamais être larmoyant ou nostalgique ; il devrait toujours parler à notre époque. Je trouve mon inspiration dans la lumière, dans les sons, dans les esprits invisibles, dans une intuition des lieux, dans mon respect de l'histoire. Chacun de nous est modelé par une constellation de réalités et de forces indiscernables, et un bâtiment doit forcément en rendre compte si l'on attend de lui une quelconque résonance spirituelle. Nous ignorons tous ce qui relie le corps à l'âme, mais c'est toutefois ce lien que je m'applique à bâtir. Je puise pour cela dans mes propres expériences – puisque ce sont les choses que je connais le mieux – et, par ce biais, c'est l'universalité que je vise.

·2

Comme le disait Philip Johnson, tous les architectes sont des prostitués :
ils ne reculeront devant rien pour réaliser un projet. Frank Lloyd Wright
a tourné la chose de manière un peu moins crue. D'après lui, il y a trois
choses qu'un architecte devrait savoir : un, comment décrocher un
contrat ; deux, comment décrocher un contrat ; trois, comment décrocher
un contrat.

Cette analyse de la profession ne manque certes pas de cynisme, et en
tant que fils et époux d'idéalistes, j'aimerais rétorquer que tous les architectes ne sont pas dépourvus de principes. Cela dit, force m'est de reconnaître que les déclarations des deux maîtres contiennent une large part
de vérité. Contrairement aux artistes, aux philosophes et aux écrivains,

les architectes sont entièrement tributaires des autres – de ceux qui possèdent de l'argent, et de préférence en grande quantité, vu ce que coûte l'édification d'un bâtiment, si modeste soit-il. Ce qui explique, pour citer de nouveau Philip Johnson, qu'ils soient tentés de devenir des pions entre les mains des puissants. Et tous les doutes que je pouvais nourrir à ce propos ont été balayés en septembre 2002, lors de la Biennale de Venise.

À Venise – dans cette cité fabuleuse qui proclame que tout, absolument tout, est possible en matière d'architecture –, une grande partie des milieux de l'architecture s'était réunie pour une exposition internationale autour du thème « Next » (« Et après ? »), auquel les événements de l'année précédente conféraient une poignante pertinence. Les gens adorent la Biennale de Venise. Quand on vous convie à y participer, il faudrait être fou pour refuser. Il serait dommage de se priver de tant de beauté et de divertissements. Nina et moi y assistions en compagnie de Carla Swickerath, un des architectes en chef de notre cabinet. L'exposition présentait plusieurs de nos projets. La journée, nous allions voir les travaux de nos confrères exposés dans les différents pavillons, et le soir nous passions d'un vernissage à l'autre en nous gorgeant de Prosecco et de petits fours, espérant faire des rencontres utiles.

Deyan Sudjic, critique architectural à l'*Observer* de Londres et commissaire de la Biennale, m'a pris à part dans une salle du palais Venier dei Leoni, qui abrite le musée Guggenheim sur le Grand Canal. « Daniel, m'a-t-il annoncé, il y a un débat demain matin. À propos du site du World Trade Center... »

Quel heureux hasard ! Le jour même, j'avais reçu un appel d'Alexander Garvin, responsable du développement immobilier à la Lower Manhattan Development Corporation (LMDC), qui me proposait de faire partie du jury chargé de sélectionner des architectes pour la reconstruction de Ground Zero et, dans un second temps, de désigner le projet vainqueur. L'offre de Garvin me flattait autant qu'elle m'enthousiasmait, et j'étais intrigué par l'invitation de Sudjic.

« Herbert Muschamp sera présent, a poursuivi ce dernier. Ainsi que Jean Nouvel et Zaha Hadid. Et beaucoup d'autres. Joignez-vous à nous. Installez-vous dans la salle, l'air parfaitement décontracté. Éventuellement, vous pourrez donner votre avis sur ce qui se dit à la tribune. »

J'apprécie énormément Jean Nouvel. Élégant, intelligent, il incarne la version européenne de l'architecte high-tech, et doit principalement sa notoriété à l'Institut du monde arabe, au bord de la Seine, dont les façades sensibles à la lumière rappellent les iris d'une multitude d'yeux. Zaha Hadid a aussi toute mon admiration. Lors de notre dernière rencontre, elle arborait un sac à main d'un doré brillant en forme de fesses, très ressemblant, et moulé dans un matériau fort coûteux. Zaha possède un style audacieux qui n'appartient qu'à elle. Pour cette femme irakienne, il n'a pas toujours été simple d'exercer le métier d'architecte dans un monde dominé par les hommes. Mais c'est une personnalité inventive, qui a su s'accrocher à ses idées et à ses idéaux, et qui en a été récompensée. Je déplore vivement que l'architecture reste si souvent l'apanage des hommes. Mais comme dans toutes les disciplines, la situation va forcément changer, et l'architecture évoluera en conséquence, à mesure que les femmes emprunteront à leurs propres expériences et apporteront de nouvelles perspectives. Sur quoi cela débouchera-t-il ? Je ne pense pas qu'on puisse le prévoir, mais en tout cas j'ai hâte d'y être.

Jean et Zaha. Je serais en bonne compagnie, effectivement. Concernant Herbert Muschamp, mon opinion était plus partagée. Jusqu'à une époque récente, il était critique architectural au *New York Times*, une fonction dont la portée nationale et internationale lui prêtait une influence redoutable, et il se drapait dans sa puissance comme dans une cape en fourrure. Les architectes sont prêts à tout pour se placer dans ses bonnes grâces. Sauf s'il les cite déjà abondamment dans ses articles – Peter Eisenman, Rem Koolhaas, ou, par exemple, Zaha Hadid. Sa boussole interne semble souvent prise de folie. En l'espace d'une minute, il peut passer de l'enthousiasme délirant à l'indifférence la plus totale.

Un matin où Nina et moi prenions le petit déjeuner avec lui, dans son luxueux hôtel vénitien, nous avons constaté avec une surprise amusée que les autres architectes essayaient d'accaparer les places à proximité de notre table. On les sentait grouiller et bourdonner comme les abeilles dans une ruche, attirés inexorablement vers lui. Il n'y a pas longtemps, il m'a offert un ouvrage sur les mystères d'Éleusis, supposant je ne sais trop pourquoi qu'il m'intéresserait. Il me l'a dédicacé « Avec toute l'affection d'Herbert ».

Cet excès de pouvoir me gêne.

Avant la Biennale de Venise, ma dernière rencontre avec Muschamp remontait à la fin des années 90, à Berlin, où il était venu se rendre compte de l'avancement des travaux du Musée juif, et rédiger un article sur la reconstruction du Reichstag pour le Parlement allemand, avec son dôme étincelant de métal et de verre conçu par Norman Foster. Il était convenu que Nina et moi passerions le chercher à son hôtel pour aller dîner, mais voici ce qu'il nous a répondu quand nous avons appelé sa chambre : « Désolé, je suis encore dans mon bain. » Et il y est resté un bon moment. Il n'en est sorti qu'au bout d'une heure, et lorsque enfin il nous a rejoints il était à ce point détendu qu'il devenait assez délicat de mener une conversation avec lui.

Oui, un débat sur l'avenir du site du World Trade Center, cela promettait d'être passionnant. Je comptais y assister, évidemment.

En temps de fête, Venise brille plus que jamais. Laissant Nina et Carla profiter des réceptions, je me suis glissé dans une étroite ruelle sur l'arrière des palais, et j'ai traversé une série de ponts et quelques places moins fréquentées avant d'aboutir à l'endroit que je cherchais : le ponton au bout du Grand Canal, manifestement désaffecté. C'est là qu'en 1957 mes parents, ma sœur et moi sommes montés à bord d'un porte-conteneurs grec tout droit sorti d'un film sur la Seconde Guerre mondiale, en partance pour Israël. Nous avions réussi à franchir le rideau de fer, et c'était le point de départ d'une nouvelle vie. Sur le moment, nous n'avons pas pu nous accorder le luxe de regarder autour de nous, Venise n'étant qu'un lieu de transit dans notre périple vers la liberté. À présent, je pouvais me délecter de cette débauche de beautés, de l'imagination qui y avait présidé.

En m'en retournant vers les lieux de fête, je pensais à la métaphore du temps qui s'écoule comme une eau. L'image est exacte, mais cela ne signifie pas que son cours est régulier. Le temps fait des méandres et se brise contre des écueils, il se heurte à des barrages et dégringole en cascade.

L'année 1989 m'est revenue en mémoire. Pendant l'été, j'avais déménagé à Berlin avec Nina et les enfants pour m'attaquer à la réalisation du Musée juif. L'Europe de l'Est était en pleine explosion, triomphant enfin de l'héritage stalinien. Au mois d'avril, le gouvernement hongrois avait ouvert la frontière avec l'Autriche, une initiative que les Allemands de l'Est ne manquèrent pas de remarquer. En juillet et en août, ils exprimèrent fermement leur opinion en allant passer leurs vacances en Hongrie, puis continuèrent vers l'Autriche, où ils furent récupérés par la Croix-Rouge et rapatriés en Allemagne de l'Ouest. Des centaines d'autres, ayant échoué à franchir la frontière, occupaient les ambassades ouest-allemandes de Prague et de Budapest. Les plus désespérés, les Allemands de l'Est qui n'avaient pas réussi à atteindre Prague ou Budapest, avaient investi les locaux de la mission diplomatique ouest-allemande à Berlin-Est.

L'automne de cette même année, j'ai eu l'occasion de dîner avec un éminent historien allemand. « Alors, ai-je demandé au grand professeur, que va-t-il se passer, selon vous ?

– Pfff, a-t-il fait avec un haussement d'épaules méprisant. L'agitation qui règne là-bas n'a aucune importance. Le Mur sera encore debout dans cent ans. »

Un mois plus tard, le 9 novembre 1989, nos deux fils Noam et Lev, âgés de dix et douze ans, se ruaient dans notre appartement pour se munir de marteaux avant de ressortir en trombe, suivis de moi-même et de leur petite sœur Rachel. Je me rappelle l'avoir assise sur mes épaules pour la protéger de la bousculade, tandis que des milliers d'Allemands affluaient au son tonitruant de *The Wall* des Pink Floyd, pour participer à la démolition de ce Mur tant détesté.

Personne n'avait rien vu venir. Ni quinze jours avant, ni même la veille.

9 novembre 1989. En une seule journée, une époque terrible venait de prendre fin.

Douze ans plus tard, notre famille se trouvait toujours à Berlin, et nous avions deux événements à fêter : la bat-mitsva de notre fille, et l'inauguration si longtemps attendue du Musée juif de Berlin. Le 8 septembre, Rachel a lu la Torah sous les dorures des dômes mauresques de la grande synagogue d'Orianenburger Strasse, et le même soir, nous avons célébré l'ouverture du musée par un concert et un dîner auxquels assistaient les leaders de l'Allemagne, dont le président Johannes Rau et le chancelier Gerhard Schröder. Le lendemain, les dignitaires ont fait la visite du musée, et le lundi 10 septembre, nous avons donné à bord d'un bateau qui sillonnait les canaux de Berlin une grande fête pour la centaine de personnes qui avaient œuvré d'arrache-pied à la réalisation du musée.

Le lendemain, à l'issue de douze ans de démêlés juridiques intermittents et de travail laborieux, le Musée juif enfin achevé a ouvert ses portes au public. Pour quelques heures seulement. Comme tant d'autres lieux à travers le monde, il les a refermées bientôt. Nous étions le 11 septembre 2001. Et comme pour le mur de Berlin, personne n'avait rien vu venir. En un seul jour, une époque terrible venait de commencer.

Que faire lorsqu'on a assisté à l'un des événements les plus affreusement dramatiques des dernières années ? Six semaines à peine avant que les terroristes n'écrasent leurs avions contre les tours jumelles, Larry Silverstein avait signé avec Port Authority un bail de location pour les espaces commerciaux du World Trade Center. Il ne s'agissait pas d'un promoteur très connu, et la plupart des New-Yorkais n'avaient jamais entendu son nom. Mais il suffit d'une seule journée pour faire de lui un gros poisson, pour reprendre l'argot de la ville.

Silverstein s'est mis immédiatement en rapport avec David Childs, associé et chef de projet de la colossale agence d'architectes Skidmore, Owings et Merrill (SOM). Celui-ci lui a répondu qu'il était prêt à se lancer dans la reconstruction des tours – une nouvelle qui a fait beaucoup de mécontents. Les gens trouvaient déplacé que l'on discute immobilier alors que des milliers de personnes venaient de trouver la mort et que l'on espérait encore arracher des survivants aux décombres fumants.

« En effet, a confié Childs au *New York Times* – avec, pour citer le journaliste, "une jovialité inébranlable" –, j'ai fait quelque temps figure de paria. » À l'époque, il recevait tant d'appels haineux qu'il a dû changer son numéro de portable, mais, selon lui, les gens « ont fini par se rendre à la raison ».

Et la suite le prouve : en juillet 2002, la LMDC, l'organisme d'État créé après le 11 septembre, et Port Authority dévoilaient six projets pour la reconstruction des tours. Un véritable fiasco. Les propositions émanaient d'un cabinet d'architectes new-yorkais, Beyer Blinder Belle, à l'exception d'une seule qui provenait de chez SOM. On se demandait quelle était la plus mauvaise. Herbert Muschamp a écrit dans le *Times* que les pièces présentées dénotaient « une saisissante détermination à penser petitement. N'y cherchez surtout pas des idées qui refléteraient l'ampleur historique de la catastrophe de l'an passé. Et vous n'y trouverez pas davantage un signe indiquant que Ground Zero ait été reconnu comme le symbole tragique de la relation troublée des États-Unis avec le reste du monde. Tout ce que vous verrez, ce sont des projets de promotion immobilière : six manières de se partager le gâteau ».

Là-dessus, les avis étaient unanimes. Quelques jours plus tard, la municipalité a organisé un forum pour permettre au public de s'exprimer. Et celui-ci ne s'en est pas privé. Cinq mille New-Yorkais indignés et virulents se sont en effet manifestés, et lorsqu'on leur a demandé d'évaluer les six projets, ils les ont tous qualifiés de « médiocres ».

La LMDC a déclaré alors qu'elle allait repenser les modalités de cette reconstruction. Au même moment, Muschamp entrait en scène en annonçant que le *Times* sponsorisait un projet de recherche architecturale dévolu à « réimaginer » l'avenir du sud de Manhattan, et qu'il avait réuni une équipe d'architectes, d'urbanistes et de designers appelés à forger de nouvelles visions qui seraient rassemblées au mois de septembre dans un numéro spécial de *Times Magazine*.

Muschamp était venu à Venise pour présenter le contenu du magazine, qui devait sortir quelques jours plus tard. Le débat aborderait les projets sélectionnés dans cette publication.

Quand on assiste à la Biennale de Venise, on a tendance à se coucher tard et à faire la grasse matinée. Et si l'on est un architecte en vogue, on se couche encore plus tard et on n'est pas visible avant midi. Prévu pour le milieu de la matinée, le débat n'a pas attiré grand-monde. Ni Zaha ni Jean ne s'y sont montrés, et ceux qui sont venus semblaient encore un peu sonnés par les flots de Prosecco consommés la veille. En revanche Muschamp était présent, ainsi que ses amis les architectes Frederic Schwartz et Steven Holl, qui avaient participé tous les deux au projet du *New York Times*. Billie Tsien, qui dirige avec son mari Tod Williams le cabinet new-yorkais Tod Williams Billie Tsien and Associates, était là pour représenter la LMDC. Il y avait en outre Roger Duffy, architecte en chef SOM.

À une époque, SOM comptait parmi les agences que les grandes entreprises choisissaient systématiquement lorsqu'elles voulaient faire reconstruire leur siège. Mais dans les dix dernières années, la firme avait perdu de son prestige. On reprochait à certains de ses concepts leur platitude, leur manque de créativité.

Soucieux de redorer l'image ternie de son cabinet, Duffy a pris un risque inaccoutumé. Après avoir réuni un ensemble de consultants externes – parmi lesquels l'artiste Jenny Holzer, l'architecte Jesse Reiser et l'historien d'art Kenneth Frampton –, il a soumis à leur jugement dix projets majeurs de SOM. Il a ensuite regroupé leurs commentaires sous forme de livre, sans les édulcorer, et les a communiqués au public. La démarche n'était pas sans danger, et la dureté de certaines critiques l'a empêchée d'être vraiment bénéfique. Toutefois, elle a ramené SOM au centre des conversations.

Larry Silverstein avait accordé à l'agence le contrat pour le 7 World Trade Center, destiné à remplacer la tour 7 qui, si elle ne faisait pas partie du *superblock* du World Trade Center, s'était tout de même effondrée plus de huit heures après l'attentat, victime d'un dommage collatéral. Mais pour SOM, l'enjeu de cette affaire ne se limitait pas à cela : d'une manière ou d'une autre, ils étaient bien résolus à se voir confier la reconstruction de Ground Zero.

Une fois les lumières baissées et les projecteurs en marche, les invités se sont lancés dans le débat, avec Deyan Sudjic dans le rôle d'animateur. Les échanges restaient un peu poussifs, mais les diapositives se révélaient intéressantes. Le plan d'occupation proposé par SOM consistait en un bouquet serré de tours aux silhouettes farfelues. Il était plus original, sans aucun doute, que le mastodonte de verre pressenti pour succéder au 7 World Trade Center, et il attestait une authentique recherche de sens. Pourtant le but n'était pas atteint : je n'y voyais qu'une création de formes aussi gratuite que les autres.

Le groupe de Muschamp s'en sortait mieux. Après que son équipe d'architectes triés sur le volet se fut à peu près accordée sur un plan d'ensemble pour l'aménagement du sud de Manhattan, Muschamp leur avait attribué à chacun un projet spécifique. Une école pour Richard Meier, un musée et un théâtre pour Steven Holl, une gare pour Rafael

Viñoly, et des immeubles d'habitation pour Zaha Hadid. La firme mexicaine TEN Arquitectos suggérait d'associer des logements et une bibliothèque dans deux tours reliées, avec des balcons échelonnés de diverses couleurs.

D'un point de vue purement architectural, c'est déjà meilleur, me disais-je. Mais aussitôt, une pensée déplaisante et d'une tout autre nature s'est emparée de moi : quelque chose clochait dans tout ce que nous étions en train de regarder. Ça n'allait pas du tout.

On parlait énormément de ce qui s'était produit à Ground Zero, mais l'architecture elle-même n'en transmettait que peu de chose. Près de trois mille personnes avaient péri, et l'on transformait les lieux de la tragédie en tabula rasa, en une feuille blanche qu'il fallait remplir de bâtiments à la mode. Sollicité pour un plan d'immeubles de bureaux, Rem Koolhaas traitait sur le mode satirique la prétendue fixation new-yorkaise sur l'Art déco, avec ses trois buildings renversés qui, en plus d'avoir l'air tendance, libéraient un supplément d'espace pour les étages supérieurs plus cotés et plus onéreux.

Les projets étaient *tellement* actuels, *tellement* astucieux, et tout le monde se sentait *tellement* intelligent...

La voix de Sudjic a rompu le fil de mes pensées. « Monsieur Libeskind, voudriez-vous monter sur le podium pour nous dire quelques mots ? »

Que dire ? Et par où commencer, par où conclure ? M'avançant lentement, j'ai remercié Sudjic et ses invités pour le débat instructif qu'ils venaient de mener, puis j'ai félicité Herbert Muschamp d'avoir su réunir tous ces architectes de manière si conviviale. Et là les mots m'ont manqué. Non que je n'aie su quoi dire, mais j'étais à ce point déphasé par rapport aux autres intervenants que je n'arrivais pas à ouvrir la bouche. « J'ai besoin d'un moment de réflexion », ai-je déclaré en tâchant de me ressaisir, le visage enfoui dans les mains. Deux minutes se sont écoulées. L'auditoire m'observait en silence. Était-on au théâtre ? Non. Mon attitude semblait peut-être théâtrale, mais je ne simulais pas.

« J'ai un peu l'impression de regarder l'empereur Néron gratter sa lyre pendant l'incendie de Rome, ai-je fini par avouer. C'est très bien d'avoir de beaux dessins et de beaux bâtiments sur le site, et de savoir que les architectes n'y construiront pas des objets banals et pseudo-fonctionnels, c'est très bien aussi d'avoir des logements de qualité et des bureaux bien conçus, aux formes agréables, mais je me permets de requérir quelque chose de moins superficiel. »

« Quel objectif convient-il de poursuivre ? » C'est la question que j'ai posée au public, qui avait fini par se réveiller, et aux invités passablement crispés. « S'agit-il d'effacer le souvenir de ce qui s'est produit ? De montrer que tout va pour le mieux ? Que rien ne va changer ? » Cette architecture brillante, contemporaine, ironique et autosatisfaite ne constitue pas une réponse. « Il est nécessaire d'assurer à la mémoire un moyen d'expression plus profond. » J'ai expliqué en conclusion que nous avions besoin d'une « vision dramatique, inattendue et spirituelle de la vulnérabilité, de la tragédie et du deuil. Et aussi d'un signe d'espérance ».

Je n'avais rien à ajouter. Je sentais qu'il me fallait quitter cet endroit. Descendant du podium à toute allure, je me suis dirigé droit vers la sortie. Troublée par mon éclat mais toujours diplomate, Nina s'est précipitée vers Muschamp pour tenter d'arranger la situation. « Je parie qu'on peut éclaircir les choses », lui a-t-elle assuré avant de prendre rendez-vous pour le petit déjeuner du lendemain.

Le soir venu, quand les festivités ont repris, j'avais recouvré mon calme. Ce qui n'était pas le cas de tout le monde. Je venais de retrouver Vivian Bennett, une vieille amie avec qui j'avais collaboré en Angleterre sur le musée de la Guerre de Manchester. Carla Swickerath a fait son apparition avec un verre de vin pour chacun, et j'ai repéré du coin de l'œil Nina qui plaisantait un peu plus loin avec Billie Tsien et Tod Williams. Tout à coup, j'ai avisé Fred Schwartz, le comparse de Viñoly, en train de se frayer un chemin à travers la foule, les yeux injectés de sang et les traits convulsés par la colère. Le visage mal rasé d'un homme furieux a de quoi faire peur. Fondant sur moi, il m'a saisi au collet et s'est mis à me secouer.

« Je suis un New-Yorkais, bordel ! a-t-il aboyé. Ce n'est pas vous qui allez m'apprendre comment construire ma ville !

– Mais moi aussi, je suis new-yorkais... », lui ai-je retourné sans m'énerver, tout en essayant de me dégager de sa poigne. Persuadé de recevoir un coup de poing dans la seconde, je me suis préparé à parer l'attaque.

« Vous croyez que vous pouvez nous marcher dessus ? a-t-il vociféré.

– Ce n'est pas moi qui piétine qui que ce soit, Fred. Moi, on m'a simplement demandé de donner mon opinion. Et c'est ce que j'ai fait. Je ne suis pas d'accord avec vous. »

Tandis que Carla s'interposait pour obliger Fred à s'arrêter, Nina tentait une approche plus douce. « Fred, ne le prenez pas sur ce ton. Pourquoi ne pas en discuter ?

– Je n'ai rien à vous dire, tous autant que vous êtes, a-t-il fulminé avant d'abandonner la partie et de se fondre dans la foule.

– Qu'est-ce que tu dirais d'une promenade en gondole ? » a suggéré Nina. Elle m'a attrapé par le bras et, prenant de sa main libre une bouteille de champagne, elle m'a entraîné dans la nuit. Ma femme a du génie.

Quand ils entendent mon accent – polonais mâtiné de yiddish – les gens font tout de suite des suppositions : *C'est un étranger* ; ce que j'ai été à une époque, effectivement. Comme tant de mes concitoyens, je ne suis pas natif de New York. Mais la quête d'un foyer, qui a conduit mes parents de Pologne en Union soviétique, puis de nouveau en Pologne et ensuite en Israël, a trouvé un dénouement heureux dans la ville de New York, alors que les années 50 touchaient à leur fin. Par ce crochet en Israël, les Libeskind reproduisaient le double mouvement du peuple juif. Nous étions les Israélites arrivant en Terre promise, mais nous étions aussi Joseph, qui s'en éloigne. Pour nous, la véritable Terre promise serait New York.

Ma première vision de la ville est à ce point emblématique que j'ai parfois l'impression de l'avoir tirée d'une vieille bobine de la RKO. Pourtant il n'en est rien, c'est une expérience que j'ai réellement vécue. Nous faisions partie d'une des dernières vagues d'immigrants à rallier les États-Unis par bateau. Durant l'été 1959, ma mère, ma sœur Ania et moi entrâmes dans le port de New York à bord du *Constitution*. Mon père, lui, avait fait la traversée quelques mois avant nous. Le jour se levait lorsque ma mère nous réveilla et nous ouvrit un chemin entre les passagers attroupés sur le pont, pour que nos regards subjugués puissent contempler la statue de la Liberté et la superbe *skyline* new-yorkaise émergeant des brumes matinales. Pour certains Américains, la statue de la Liberté est devenue un cliché – un pion dans un affrontement politique, récupérée avec trop d'ardeur par la droite et rejetée par la gauche comme un instrument de propagande sentimental et patriotique. Mais pour un jeune immigrant, elle offre un spectacle renversant : Lady Liberty élevant sa torche vers les cieux. On n'a d'yeux que pour la promesse qui nous attend. Comme pour la *skyline*, l'impressionnante réussite de l'Amérique est presque tangible dans sa majesté.

Mon père, Nachman Libeskind, était déjà tombé amoureux de New York dans les mois précédant notre arrivée, et il attendait avec impatience de nous présenter notre nouveau foyer. En chemin, toutes les personnes que nous croisions nous apparaissaient comme des héros ou des dieux. Des Américains ! C'était là le peuple qui nous envoyait Radio Free Europe, que nous captions clandestinement sur nos antiques postes polonais. Mes amis nés en Amérique dénigrent souvent Radio Free Europe, qu'ils réduisent à un tissu d'inepties propagandistes. Jamais ils ne pourront comprendre que c'était pour nous un cadeau du ciel. Les nouvelles qu'elle diffusait étaient la seule vérité à nous parvenir sur l'état du monde. Pour notre troisième jour à New York, mon père nous emmena au Radio City Music Hall voir *La mort aux trousses* d'Alfred Hitchcock, sur le plus grand écran du monde. Cary Grant agrippé aux augustes narines de George Washington, dont les traits sont sculptés dans le mont Rushmore ! Il était là, le panthéon des grands Américains. Washington, Jefferson, Theodore Roosevelt, Lincoln. Quelle importance si nous ne comprenions pas l'anglais ? C'était cela, le rêve américain, et j'étais en train de le vivre.

Je trouvais enfin une ville où tout le monde pouvait se sentir également chez soi. Je n'ai pas oublié ma surprise d'entendre les gens bavarder librement en yiddish dans les rues. À Lodz, où les Juifs qui subsistaient après-guerre étaient tout juste tolérés, on ne parlait cette langue qu'en secret. Il m'arrivait souvent de marcher aux côtés de mon père, conscient qu'il habitait deux villes à la fois, celle des vivants et celle des morts. Il cheminait parmi des ombres invisibles, à la recherche de survivants, d'autres habitants de son monde en ruine. Lorsqu'il croisait quelqu'un d'apparence familière, ou en qui il devinait un Juif, il chuchotait « *ahmhou* », la prononciation ashkénaze d'un terme hébreu signifiant « qui appartient au peuple ». C'était devenu une sorte de mot de passe entre les Juifs polonais, et lorsqu'il était reconnu, les deux personnes se mettaient à converser discrètement en yiddish. Elles s'informaient du sort de certaines connaissances ou échangeaient des souvenirs d'avant-guerre.

Si curieux que cela puisse paraître, le yiddish était également proscrit en Israël. Cette langue faisait partie d'un monde que nous avions tous abandonné, et si nous la pratiquions dans les rues de Tel-Aviv, il y avait toujours quelqu'un pour nous reprendre. « Cessez de parler cette langue de perdants. Vous n'êtes plus en Pologne. Ici on est en Israël. Ça suffit comme ça. »

À New York, par contre, les gens avaient toute licence de parler la langue de leur choix. Et c'est d'ailleurs ce qu'ils faisaient.

Après un bref et malheureux passage par une fabrique de ceintures, mon père obtint un emploi dans une imprimerie qui appartenait à un rabbin, à quelques blocs du futur emplacement du World Trade Center. Là, sur Stone Street, il a été heureux d'exercer pendant vingt ans le métier de pelliculeur en lithophotographie. Le procédé qu'il utilisait, pratiquement obsolète aujourd'hui, requiert une exceptionnelle patience et une bonne coordination entre l'œil et la main. Toujours à cheval sur l'ordre et la précision, mon père apprit si bien à aligner les textes et les images qu'il put se dispenser complètement de règle. Ses yeux et ses doigts lui suffisaient pour préparer les épreuves. Il avait déjà ajusté mentalement l'alignement.

Outre les flaques d'eau qui couvraient le sol, les rats qui pullulaient dans l'immeuble et la modicité de la paye, Nachman devait chaque jour transporter des stocks de papier entre l'entrepôt et l'atelier ; pourtant il ne proférait jamais une plainte. Il adorait l'Amérique. Alors que sa mort approchait, ma mère lui soutira la promesse de se mettre à la peinture : « Tu en as toujours eu envie, maintenant le moment est venu. » Mon père a tenu parole, exécutant des centaines de toiles, et il y en eut suffisamment de réussies pour qu'il monte sa propre exposition, vers l'âge de soixante-quinze ans. Il ne peignait jamais de paysages, ni de sujets à caractère sentimental. Sa peinture n'était pas l'œuvre d'un vieil homme. Ses toiles abstraites, aux lignes claires, aux contrastes accusés, étaient à la fois audacieuses et déstabilisantes. C'est seulement lors de son premier vernissage, debout au centre de la galerie, que j'ai remarqué avec quelle fréquence mon père intégrait à son art les couleurs du drapeau américain et l'effigie de la statue de la Liberté.

De retour à Berlin après la Biennale de Venise, je me suis aperçu qu'un engagement antérieur m'empêchait de siéger au jury de sélection pour la reconstruction du site du World Trade Center, comme me l'avait proposé Alexander Garvin. Je devais être à Toronto la semaine où les jurés se concerteraient, pour un rendez-vous au musée de Toronto qu'il m'était impossible d'annuler. J'étais au désespoir, mais Carla, en revanche, sautait de joie. « Daniel, en réalité c'est une bonne nouvelle. Ça signifie qu'à la place, nous pouvons entrer en lice. »

Le jeune homme de la LMDC sur qui j'étais tombé en appelant pour me décommander avait eu la même réaction, mais j'avais décliné, tout comme je refusais l'offre de Carla en énumérant les raisons qui s'y opposaient : nous disposions de moins de trois semaines pour mettre au point un projet ; les milieux architecturaux new-yorkais semblaient avoir accaparé par avance le contrat ; on ne nous avait pas invités à prendre part au concours, etc.

Finalement, nous avons remis notre proposition largement dans les temps. Quelques semaines plus tard, alors que nous nous étions réfugiés dans un coin paisible de l'aéroport de Toronto pour attendre le vol retardé de New York, le portable de Nina s'est mis à sonner. C'était Carla, qui nous appelait de Berlin. « J'aurais mis ma tête à couper ! » s'est-elle exclamée. Nous figurions parmi les sept candidats retenus pour le projet de reconstruction. J'en avais le cœur tout chaviré. Et c'est à ce moment-là que la folie a commencé pour de bon. Le temps était venu de rentrer, non pas à Berlin mais à New York, là où j'étais vraiment chez moi.

Le philosophe et théologien juif Martin Buber racontait une histoire dont j'ai lu une variante dans la littérature hindouiste. Dans le récit de Buber, un pauvre Juif rêve une nuit que s'il quitte son shtetl pour se rendre à Prague, il découvrira, enfoui au pied du pont Charles, un trésor qui lui est destiné. Étant à la fois un pauvre Juif et un vrai croyant, il se saisit de sa bêche et entreprend le long périple qui le mène finalement devant le pont. Il y a là des sentinelles en faction, mais il n'a pas le choix : il commence aussitôt à creuser.

L'imposante silhouette d'un garde se dresse bientôt devant le pauvre Juif. « Qu'est-ce que tu fais ici ? gronde-t-il. – Là, à l'endroit précis où vous vous tenez, j'ai rêvé qu'un trésor était enseveli. » La sentinelle éclate de rire. « Comme c'est drôle, réplique-t-elle, la nuit dernière, j'ai rêvé que dans un misérable shtetl un Juif habitait une chaumière, et que sous le foyer de la cheminée se cachait un trésor. » Alors le Juif retourne chez lui, se met à creuser, et bien entendu trouve le trésor.

Cette histoire, je crois, nous enseigne qu'il faut parfois

s'éloigner momentanément de chez soi pour comprendre qu'un trésor nous y attend.

Au milieu du mois d'octobre, les sept finalistes ont été convoqués à New York pour un briefing de la LMDC et de Port Authority.

À cette époque, l'éventuelle reconstruction de Ground Zero divisait profondément l'opinion new-yorkaise. Beaucoup tenaient les lieux pour sacrés et refusaient que l'histoire soit oblitérée ou recouverte. Leurs réticences se concevaient aisément. Cependant, il était impensable d'abandonner le site en l'état. Ground Zero se situe au cœur du district financier de Manhattan ; tant d'un point de vue économique que psychologique, il était vital d'assurer un avenir à ce quartier, de surmonter les traumatismes du passé. John Whitehead, président de la LMDC, souhaitait que les plans directeurs prennent en compte les questions philosophiques et affectives que soulevait le site (son exposé s'intitulait « Que représente le 11 septembre ? »), tout en affrontant les graves problèmes pratiques occasionnés par la destruction des tours. Celui des transports, notamment, devenait critique. Le concept d'origine avait coupé le World Trade Center des quartiers voisins, et la nuit venue, le *superblock* était désert et sans vie. Comment s'y prendre pour intégrer au tissu urbain ces lieux désormais sanctifiés ? Comment amener la vie jusque dans ces rues ?

Un autre problème, plus terre-à-terre, se posait conjointement : Larry Silverstein réclamait instamment que lui soient alloués neuf cent mille mètres carrés de locaux commerciaux et d'immeubles de bureaux, en dédommagement des pertes subies.

Les plans directeurs proposés seraient présentés et évalués dans un délai de huit semaines. Alors, espérait-on, pourrait s'engager le processus de restauration et de guérison.

Parmi les sept finalistes figurait Foster and Partners. Citoyen britannique aux manières onctueuses, lord Norman Foster, qui assistait au briefing de la LMDC en compagnie d'une suite nombreuse, est un génie de la profession qui ne se sépare jamais des innombrables petits carnets sur lesquels il note constamment des idées. Pour le dôme du Reichstag, il a conçu une alimentation à l'huile végétale qui réduit de 94 % les émissions de gaz carbonique. À Londres, il a créé une délicate structure en acier et aluminium pour le premier pont piétonnier sur la Tamise. Au début, les gens se pressaient si nombreux sur le pont du Millenium que celui-ci s'est mis à osciller, donnant le vertige à quelques passants, mais une équipe d'ingénieurs a rapidement remédié au problème. Toujours de Foster, la tour de la Banque de Honk Kong et de Shanghai, à Honk Kong (il y a beaucoup travaillé, ainsi qu'à Singapour), se distingue comme un des buildings les plus high-tech de la planète. Il passe en outre pour le plus coûteux de tous. Foster est sans nul doute un des architectes les plus sollicités au monde, doublé d'un homme d'affaires avisé. Originaire du quartier ouvrier de Levenshulme à Manchester, il a réussi à briser les barrières de classe, selon un scénario plus proche de la culture américaine que britannique.

Il y a des années de cela, Nina et moi avons été conviés à une soirée dans son immense appartement londonien, qui dispose d'une aire d'atterrissage pour hélicoptères et d'une bibliothèque sur deux niveaux. La table de la salle à manger doit bien mesurer six mètres de long. Alors que j'admirais par la fenêtre les gracieuses courbes de la Tamise, lord Foster m'a abordé en ces termes : « Il y a quelque chose que je ne vous pardonnerai jamais. »

Je ne voyais pas du tout à quoi il faisait allusion.

« Le musée de la Guerre de Manchester, a-t-il dit.

– Le projet était tellement dérisoire ! me suis-je récrié. Le budget que l'on m'a octroyé ne dépassait pas les 25 millions de dollars.

– Mais c'est ma ville », a répliqué lord Foster.

Il me rappelait Fred Schwartz. On se comporte vraiment en propriétaire envers les lieux dont on est proche.

Schwartz participait lui aussi à la compétition, en tant que membre de l'équipe THINK, qui comprenait Rafael Viñoly, Shigeru Ban, Ken Smith et David Rockwell. Je venais de prendre place dans la salle de conférences lorsque Viñoly a fait son entrée. Nous ne nous étions jamais rencontrés jusque-là, et je ne l'avais même pas vu arriver, mais il ne m'en a pas moins tapé sur l'épaule avec une étonnante vigueur, en disant : « Alors, monsieur l'Architecte est trop célèbre pour dire bonjour ? » Une entrée en matière qui présageait des tensions à venir.

SOM (assisté du groupe SANAA) comptait également parmi les sept, de même que Peterson Littenberg, un petit cabinet local dirigé par un couple d'architectes. United Architects, autre finaliste, se composait d'un groupe international de jeunes architectes portés sur l'expérimentation, dont Jesse Reiser (un de mes anciens étudiants à la Cranbrook Academy of Art), Ben van Berkel (j'ai fait partie d'un jury qui lui a accordé une commande importante), Kevin Kennon et Greg Lynn. Quelques-uns de mes anciens professeurs formaient une autre équipe : Peter Eisenman, Richard Meier, Charles Gwathmey et Steven Holl avaient mis leurs talents en commun et se baptisaient la « Dream Team » ; un surnom certes audacieux, mais l'audace ne leur a jamais fait défaut.

À Cooper Union, j'avais été l'élève de Meier et d'Eisenman, et j'avais plus ou moins travaillé pour les deux. À la fin des années 60, Meier appartenait à un regroupement assez hétéroclite d'architectes et de théoriciens d'avant-garde connu sous le nom de « New York Five ». Les quatre autres étaient Charles Gwathmey, Michael Graves, mon ami et mentor John Hejduk, doyen du département d'architecture de Cooper Union, et Peter Eisenman, qui faisait figure de leader. Pour ma première place, en 1968, je devins l'assistant de Meier qui, si on l'associe principalement au Getty Center de Los Angeles, concevait déjà à l'époque les impressionnants bâtiments néocorbusiens, blancs et géométriques, qui ont fait sa renommée.

Le bureau de Meier était à leur image, lisse, hyper-fonctionnel, silencieux. Les assistants se tenaient derrière leur bureau avec un exemplaire du livre signé par le maître, *Richard Meier : Architect*, occupés à reproduire sans un mot les lignes qu'il avait créées. Après une journée passée à répéter cet exercice mécanique et stupide, j'en conclus que je n'étais pas fait pour cela. Mais que faire à la place ? Le lendemain je me fis porter malade, et encore le lendemain et le surlendemain. Au bout d'une semaine d'absence, Meier téléphona chez moi et me demanda si j'étais réellement souffrant.

« Richard, il faut que je vous avoue la vérité. Je ne peux pas faire ça, c'est tout. Ça ne correspond pas à ma conception de l'architecture, ni à ce que j'ai envie de faire. »

On a prêté beaucoup de qualités à Eisenman – brillant, iconoclaste, inventif – mais je n'ai jamais entendu vanter ses qualités humaines. J'avais beau avoir suivi son enseignement, je n'étais pas entièrement préparé à mon premier jour de travail sous ses ordres, à l'Institut d'architecture et d'urbanisme qu'il avait fondé à New York. Je venais d'obtenir mon diplôme de troisième cycle en Angleterre, et je rentrais à New York avec Nina, complètement fauché. Non content de me proposer un emploi, Eisenman s'engageait à me signer un chèque dès le premier jour pour nous dépanner. Mais quand je me présentai à son cabinet, il me tendit un balai et m'enjoignit de nettoyer le sol. C'était un rite

d'initiation dégradant, de la soumission contrainte et for-
cée. Moi j'étais là pour faire de l'architecture, pas pour
passer le balai, et je refusai par conséquent d'obtempérer.

« Vous voulez ce chèque, oui ou non ? me demanda-t-il
en l'agitant sous mon nez. – Vous pouvez le garder », dis-je,
et là-dessus je tournai les talons. Nous ne nous sommes pas
reparlé pendant dix ans.

Jeune comme je l'étais, je ne savais peut-être pas très
bien situer ma place dans le monde. Je comprenais toutefois
qu'elle ne consistait ni à copier bêtement des dessins ni à
balayer un bureau.

Trouver sa place. C'est là une exigence imparable, qu'il
s'agisse du lieu où une personne se sent chez elle ou de ce
qu'un bâtiment devrait refléter. Les grands architectes
modernistes du XXe siècle – Le Corbusier, Mies van der
Rohe, Erich Mendelsohn – se sont fait un plaisir de l'ignorer, rompant les liens avec le passé. Plus précisément, ils
jugeaient que leur mission consistait à imposer leur propre
vision au monde, et ils l'ont accomplie avec brio, quoique
avec un succès inégal. Un bâtiment signé Mies se reconnaît
d'emblée, qu'il se trouve à Berlin ou à La Havane. Cette
première génération d'architectes – comme celle qui essaie
aujourd'hui de marcher sur ses brisées – a senti que, foncièrement, l'architecture se définissait par un esprit d'autorité, qu'elle était élitiste. Mais après les courants désastreux

qui ont agité le XXᵉ siècle, est-il encore possible de souscrire à un quelconque « isme » – modernisme, autoritarisme, totalitarisme, communisme ou fondamentalisme ? L'architecture doit se garder des étiquettes. Ce que réclame le XXIᵉ siècle est une nouvelle philosophie de l'architecture, fondée sur les idéaux de la démocratie.

C'est une chose que j'ai comprise de manière viscérale en descendant dans la fosse de Ground Zero avec Nina ; quand j'ai touché le mur d'étanchéité et plaqué ma paume contre sa surface fraîche et rugueuse, elle m'a délivré un message sur ce qu'il m'incombait de faire. Dans ses *Confessions*, saint Augustin rapporte que, pendant un accès de désespoir, il a entendu la rengaine d'une voix d'enfant. Il ignorait si elle existait réellement ou simplement dans son imagination, mais elle lui répétait cette injonction : « Va la chercher et mets-toi à lire. » Interprétant ces mots comme un commandement divin, il est allé prendre son exemplaire de la Bible, l'a ouvert et a commencé à lire. Envahi par la lumière de la foi, il a senti se dissiper les ombres du doute.

Je ne prétends pas que le contact de la paroi étanche ait provoqué en moi une épiphanie spirituelle, mais il s'agit néanmoins d'une révélation, car à cet instant j'ai été capable de lire le mur, de déchiffrer le message qu'il m'adressait. C'est ce que j'ai voulu dire en appelant mon cabinet à Berlin. Le mur d'étanchéité est une merveille d'ingénierie, un rempart, concret et métaphorique, qui s'oppose au chaos et à la destruction. En résistant à l'effondrement, il semblait vouloir témoigner, avec une éloquence peut-être égale à celle de la Constitution, du caractère inébranlable des fondations de la démocratie et de la valeur de la vie et de la liberté humaines.

Voilà l'histoire que le futur plan devrait raconter. Aux yeux d'une génération abreuvée d'une ironie de circonstance, mes propos paraîtront sûrement naïfs. Mais au fond du cratère, je ne me suis pas senti gêné par la nudité de mes émotions. Et plus tard, à la mi-décembre, en présence des familles des victimes du 11 septembre, seul un imbécile sans principes aurait été embarrassé par la nudité des émotions – les siennes ou celles des autres.

Alors qu'approchait l'échéance de la mi-décembre, où tous les candidats devraient dévoiler leur plan, nous étions tous submergés et galvanisés par l'engouement que suscitait le concours. Partout où j'allais, des gens m'abordaient pour me donner leur avis sur ce qu'il convenait ou non de construire. Si je prononçais une conférence dans une université, l'auditoire me questionnait exclusivement sur ce sujet. Au mariage de mon neveu, les invités ont approché leurs chaises pendant la réception et ont dessiné sur les serviettes des croquis à mon intention. Le règlement du concours ne nous autorisait pas à contacter directement les familles, mais tout le monde leur servait d'émissaire. « Donnez à ce projet l'essor qu'il mérite, et faites en sorte qu'on ne puisse jamais oublier. »

Quelques vers d'Emily Dickinson, un de mes poètes favoris, sont venus hanter ma mémoire.

Pour combler une Brèche
Insérez l'Objet qui l'a ouverte
Ajoutez-en un Autre
Pour la consolider – et la béance n'en sera que plus grande
On ne ferme pas un abysse
Avec de l'Air.

Pour la première fois depuis le lycée, je me suis replongé dans la Déclaration d'indépendance et dans la Constitution. Je m'extasiais sur la langue et la clarté sans faille de la pensée. Je lisais jusque tard dans la soirée, réfléchissant à la liberté, à ces valeurs qui nous sont si chères et que nous tenons pour acquises.

Les jours ont filé très vite jusqu'à la date butoir et, le 18 décembre, les architectes sont venus présenter leur projet devant une salle comble. Longue de trois heures et demie, la conférence de presse chargée d'une intense émotion s'est tenue au Winter Garden du World Financial Center, non loin du site. La télévision retransmettait l'événement en direct dans le monde entier. Les officiels et les politiques occupaient les rangées de devant, puis venaient les familles et enfin les journalistes. L'émotion était si forte que Nina avait du mal à rester près de moi au premier rang.

Aucune des propositions ne manquait d'ambition. Norman Foster avait conçu deux spectaculaires tours cristallines de cinq cent dix-huit mètres qui, « d'abord séparées, s'embrassaient et se rejoignaient pour n'en former qu'une » en trois points, donnant naissance à un méga-building. Meier, Eisenman, Gwathmey et Holl exhibaient un monstrueux treillis moderniste – cinq tours identiques de trois cent soixante-cinq mètres traversées de sections horizontales, qui me rappelaient le fragment iconique de la structure métallique resté debout après la chute des tours. Pour la plupart des gens, il évoquait plutôt la grille d'un jeu de morpion géant parachutée dans les rues étroites du sud de Manhattan. Le plan de SOM ne s'écartait guère de ce que j'avais vu à Venise, et il ne m'emballait pas plus aujourd'hui qu'à l'époque. Quant à l'équipe THINK, sous la houlette de Rafael Viñoly, elle présentait en fait trois plans distincts, dont l'un couvrait six des huit hectares d'un toit en verre – je devinais là l'ego déchaîné de l'architecte (« Nous sommes capables de laisser notre empreinte partout ») ; l'autre consistait en une colossale structure en treillis qui se dressait contre le ciel, pareille au squelette des buildings disparus. Immédiatement, j'ai saisi l'indéniable avantage qu'il y avait à présenter trois projets, et un malaise m'a gagné aussitôt vis-à-vis de Viñoly et de ceux qui le soutenaient. Et sa manière de se pavaner sur le podium avec quatre paires de lunettes attachées à sa personne – une sur son nez, la deuxième sur son front, une autre en pendentif et la dernière dans la poche de sa chemise – ne contribuait guère à inspirer confiance. En revanche, j'ai été impressionné par la beauté de cathédrale des bâtiments de United Architects, en dépit d'obstacles pratiques manifestes.

Tous les plans dégageaient de la puissance et portaient la marque de fortes personnalités. Toutefois, j'ai noté avec intérêt qu'ils se fixaient un objectif semblable. Tous visaient une verticalité spectaculaire et cherchaient en fait à remplacer les tours jumelles. Mon plan se démarquait des autres par deux aspects fondamentaux. Premièrement, je me concentrais sur le bas – sur la roche et la fosse, parce que je sentais que c'était aussi là que résidait la mémoire du site, pas seulement dans l'édification de gratte-ciel. Là où mes concurrents se référaient aux tours qui existaient précédemment, j'estimais qu'il ne m'appartenait pas de reproduire le passé, mais de le réinterpréter. Deuxièmement, alors que la majorité de mes confrères privilégiaient le gigantisme, j'aspirais à ordonnancer le site en un tout cohérent et symbolique, en dessinant un ensemble de bâtiments qui s'élèverait progressivement de manière à former un motif. Loin de vouloir ériger un building isolé, je désirais créer un nouveau quartier, une communauté harmonieuse.

C'est moi qui ai été appelé à intervenir le premier. Peu avant que je ne prenne la parole, Alexander Garvin est venu me trouver en disant : « Monsieur Libeskind, vous comprenez qu'avec une émission en direct, vous vous adressez à deux milliards de personnes à travers le monde. » J'avais beau être un orateur chevronné, ces propos n'étaient pas pour me rassurer.

Rachel, qui n'avait que treize ans à l'époque, s'est tournée vers moi et m'a chuchoté en me tapotant le dos : « Ne t'inquiète pas, dis simplement ce que tu penses, papa. » Ils étaient deux milliards à m'écouter, mais j'étais d'accord pour suivre ses conseils.

J'ai annoncé à l'auditoire que mon projet s'intitulait « Memory Foundations », décrivant ce que Nina et moi avions perçu dans le mur étanche et dans la roche. Et j'ai avoué qu'au fond du cratère m'était revenue en mémoire l'arrivée de ma famille dans le port de New York, non loin de l'endroit où nous nous trouvions, et que mon premier souvenir de la statue de la Liberté avait partiellement motivé mon plan. Je visualisais cinq tours – hautes mais sans excès – disposées du sud au nord par ordre de taille croissant, de façon à former une spirale imitant la flamme de la torche brandie par la statue de la Liberté. La plus élevée atteindrait 1 776 pieds (582 m), référence à la date de la Déclaration d'indépendance, qui avait introduit la démocratie dans le monde moderne. En tant que réaffirmation de la vie, des jardins botaniques occuperaient les derniers niveaux.

Un mémorial s'enracinerait dans la roche de Manhattan, laissant visibles les fondations du World Trade Center, et une allée piétonne longerait le mur d'étanchéité. L'entourant comme pour le protéger, se dresseraient un musée et un complexe culturel. Par souci de préserver la mémoire des héros de ce jour, j'avais reporté sur un plan les itinéraires que les sauveteurs, les policiers et les pompiers avaient empruntés pour accéder aux tours. Afin d'incorporer ces lignes au plan d'ensemble, j'en faisais des allées qui rayonnaient vers la cité à partir d'un espace public situé à l'intersection de Fulton Street et de Greenwich Street, que j'appelais September 11 Plaza.

J'envisageais une place triangulaire encore plus vaste, qui deviendrait le plus grand espace public de Manhattan. Baptisé « Wedge of Light » (Trouée de lumière), il m'avait été inspiré par le rayon de soleil qui était parvenu jusqu'à nous alors que nous visitions la « baignoire », au mois d'octobre. La place, qui relierait le site du World Trade Center à l'Hudson côté ouest et à Wall Street côté est, serait délimitée par deux lignes. La première correspondait au rayon de lumière qui descend chaque 11 septembre à 8 h 46 précises – la minute où le premier avion a percuté la tour nord. La seconde ligne signalerait l'endroit où, à 10 h 28, la seconde tour a été réduite en poussière et gravats. Ces deux moments de la journée définiraient la Trouée de lumière, qui commémorerait les événements de cette matinée inoubliable.

Un temps de silence a salué mon discours. Et les applaudissement se sont mis à crépiter, discrets tout d'abord, puis enflant en vagues sonores, et lorsque j'ai observé les visages des gens dans la foule, nombreux à s'être levés, j'ai vu que beaucoup avaient les larmes aux yeux.

En me laissant guider par mon expérience, je m'étais demandé sur quelle corde jouer pour produire une résonance aussi ample que possible. J'avais recherché les mots et les images propres à traduire les sentiments qui habitaient tant de cœurs. Et de cette manière, j'avais imaginé un plan fidèle à la signification des lieux.

Comme l'écrivait dans le *Wall Street Journal* la critique Ada Louise Huxtable, ma proposition avait « éveillé un écho chez tout le monde. Pendant la présentation, on avait l'impression qu'une quête, une aspiration indéfinissables venaient de se résoudre. Les larmes, les applaudissements nourris indiquaient que c'était bien cela que les gens désiraient, et dont New York avait besoin... Oubliez le concours, avec les frais et la perte de temps qu'il implique : on n'obtiendra jamais rien de meilleur ».

À la fin de la conférence de presse, les proches des victimes ont fait cercle autour de Nina et moi. Une femme formidable nommée Nikki Stern, dont le mari avait trouvé la mort, s'est approchée de nous : « Comprenez-moi, nous a-t-elle dit. J'ai tout perdu dans cet attentat. Je n'avais que lui. Je n'ai même pas de poisson rouge. » Nous nous sommes liés d'amitié.

Christy Ferrer, dont le regard empreint de tristesse contrastait avec l'élégance vestimentaire, a glissé sa carte de visite dans ma poche. Elle n'était pas mariée depuis très longtemps à Neil Levin, qui prenait son petit déjeuner à Windows on the World le matin où les avions se sont jetés contre les tours. Il venait d'être nommé directeur exécutif de Port Authority. J'ai lu la carte un peu plus tard, et elle disait simplement ceci : « Je vous ai entendu parler. J'aimerais que vous m'appeliez. » C'est ce que j'ai fait, et nous sommes restés en contact depuis.

Deux hommes remarquables, Lee Ielpi et Jack Lynch, nous ont également abordés. Tous les deux avait perdu leur fils, pompier de New York, pendant l'attaque du 11 septembre. Jack est lui-même ancien pompier. Une douleur indicible marquait leur beau visage, et ils portaient avec eux un rouleau de papier glacé. « Il y a quelque chose que nous voudrions vous montrer », ont-ils dit. Nous prenant à part, ils ont déroulé une feuille de près d'un mètre de long, toile pointilliste indéchiffrable, océan compact de points rouges. « Vous savez ce que ça représente ? » nous ont-ils demandé tandis que nous les dévisagions sans comprendre. « C'est un relevé de tous les corps – et de tous les fragments de corps – retrouvés sur le site. »

Mes yeux se sont fermés. Il y avait au moins dix mille points, peut-être plus. J'ai entendu la voix de Nina qui disait : « Oh, Daniel », et il m'a semblé que chacun de ces points m'explosait en plein cœur.

lumière

Après les discours de présentation au Winter Garden, un autre inconnu s'est adressé à moi : « J'ai peine à croire que vous ayez eu l'idée de la Trouée de lumière. Mon épouse se trouvait au 104e étage de la tour numéro 1, et j'ai la conviction qu'elle a sauté dans le vide. Je veux croire, monsieur Libeskind – il a éclaté en sanglots –, je veux croire que la lumière du soleil est la dernière chose qu'elle a vue. »

Quelle chose extraordinaire que la lumière, si étrange et si puissante à la fois ! Des rayons chargés d'espérance. Comment parler de la lumière sans nommer en même temps le divin, une réalité qui transcenderait l'humain ? Comment ne pas évoquer la perfection ? À sa fameuse question « Qu'est-ce que l'architecture ? », Le Corbusier a répondu en substance qu'il s'agissait d'une harmonie de formes parfaitement proportionnées et exposées à la lumière. Mais que faut-il comprendre ? Essentiellement, que la perfection se situe au-delà de ce que nous pouvons concevoir. Il s'agirait presque d'un point de vue de l'au-delà, d'une perspective divine.

Je suis peut-être influencé par ma formation d'architecte, mais la lumière ne devient palpable que si elle touche un objet solide – corps ou édifice –, et quand elle rampe, projette ses rayons et grave sa présence sur un mur. Une ville se révèle dans les ombres de ses bâtiments. Quelle est la couleur de la lumière ? Celle du support sur lequel elle se pose.

Il y a de cela bien longtemps, quand nous avions une vingtaine d'années, Nina et moi avons parcouru l'Italie avec un ami pour visiter les temples antiques. Quelque part au sud de Naples, nous nous sommes perdus. Il était très tard, et nous nous sommes écroulés, épuisés et sans le sou, sur des chaises que nous avions trouvées appuyées contre la devanture d'un bistro. Quelques heures plus tard, la lumière de l'aube m'a tiré du sommeil, et lorsque mon regard trouble a fini par accommoder, j'ai vu se découper les temples de Paestum, le grand temple de Poséidon et la basilique, que l'aurore teintait d'un rose doré et lumineux. Délabrés et usés par le temps, ils s'élevaient dans la lumière comme un défi aux lois de la gravité. Leur insurpassable beauté avait de quoi vous pétrifier sur place.

Je me suis aperçu alors que je considérais les temples

sous le même angle que le graveur vénitien Piranèse, l'un des meilleurs dessinateurs d'architecture de tous les temps, lorsqu'il les avait reproduits deux cents ans plus tôt. Et je voyais ce que l'architecte et érudit John Soane, une autre de mes idoles, avait contemplé et dessiné un peu plus tard. Soane avait mis tant de passion et d'éclectisme à collectionner les antiquités, qu'après sa disparition l'incroyable édifice qu'il avait créé à Londres au 13 Lincoln's Inn Fields fut transformé en musée. Si vous n'avez jamais visité le Sir John Soane's Museum, faites-le sans attendre.

Les temples se réduisaient désormais à de majestueuses ruines, mais j'imaginais bien ce qu'avaient pu voir Piranèse et Soane, et ce qu'y avaient perçu les habitants de Paestum il y avait plus de deux mille ans. Et là, j'ai compris quelque chose qui m'avait échappé jusqu'alors : ce n'était pas seulement en tant qu'architecture que les temples étaient vénérés, mais en tant que divinités de pierre ; une fois illuminés, ils semblaient doués de vie, animés d'idées et d'idéaux.

La lumière est divine.

Lorsque j'ai conçu le Musée juif de Berlin, j'ai été tenté de bâtir une salle privée de lumière. Pouvais-je intégrer à la structure de ce musée, qui retrace deux mille ans d'histoire du judaïsme en Allemagne, un espace ténébreux, implacable et désolé, à même de représenter tout ce que l'Holocauste a anéanti ? Dans le fond, la lumière était pareillement absente des chambres à gaz. Je me souviens d'une histoire rapportée par une rescapée, dans l'excellent ouvrage de Yaffa Eliach *Hasidic Tales of the Holocaust*. Cette femme, qui devait plus tard s'installer à Brooklyn, se remémorait le voyage en train vers le camp de concentration de Stutthof : au moment où elle allait perdre espoir, elle réussit à apercevoir un éclat de ciel entre les lattes du wagon de marchandises. Une ligne blanche apparut brusquement, et elle vit en elle le signe qu'elle s'en sortirait. Pendant les deux années d'horreur qu'elle passa en camp, elle se raccrocha toujours à ce signe, comme s'il contenait la preuve du miracle qui la sauverait.

Ce n'est que plus tard qu'elle a pris conscience que la ligne blanche était peut-être quelque chose de plus ordinaire et de plus matériel, le sillage d'un avion ou une traînée nuageuse. Mais tout ce qui compte est l'espoir qu'elle y a puisé.

En dépit de son caractère obscur et énigmatique, la vision de cette femme possédait une telle puissance transfiguratrice que j'ai voulu l'inclure dans le plan de ce que j'appelais désormais « Holocaust Void ». Un espace vide et menaçant, sans chauffage ni climatisation. Toutefois il n'y régnerait pas un noir complet. Tout en haut, formant un angle si aigu qu'elle resterait invisible, une fente pratiquée dans le plafond laisserait pénétrer un rai de lumière qui se refléterait sur les murs et le sol en béton.

La lumière est la mesure de toute chose. Elle est parfaite,

mathématique, physique, éternelle. Sa vitesse est absolue, indépassable. C'est ce que nous enseigne la théorie de la relativité. Regardez autour de vous, et essayez d'enregistrer ce que vous voyez. Ce que vous mémorisez se situe en pleine lumière, et le reste dans l'obscurité, on est bien d'accord ? Le passé se perd dans les ténèbres, et l'avenir est encore inconnu, simple bouquet d'étoiles.

Mes premiers souvenirs baignent dans la grisaille. Non pas à cause de l'âge, de l'éloignement temporel, mais parce que le gris est la couleur qui leur est propre – le gris farouche d'un ciel d'hiver glacé du nord de l'Europe, le gris poussière de la ville industrielle de Lodz et, par-dessus tout cela, le gris du régime communiste. C'est lui le gris ultime, celui de l'uniformité entre les hommes, tous vivant la même vie, butant sur la même absence de perspective.

Si l'on en croit mes souvenirs d'enfance, le soleil ne brillait jamais sur Lodz. Je revois la cour sinistre de l'immeuble 1900 dans lequel j'ai grandi. Cour est peut-être un bien grand mot pour désigner cet espace entouré d'un mur croulant, avec ses piquets en fer forgé qui se dressaient à un mètre cinquante au-dessus du sol. Je rêvais toujours qu'un cavalier allait franchir la grille et s'envoler comme par magie au-dessus des piquets. Au lieu de cela, les femmes de l'immeuble y accrochaient leurs tapis et les battaient avec assez d'ardeur pour éliminer toute trace de poussière.

J'étais l'un des rares enfants à se tapir parmi les ombres de la cour. Il y avait aussi une petite fille de mon âge, au teint pâle et aux cheveux blancs ; sujette à des crises de somnambulisme, elle se promenait dans la cour pendant sa sieste de l'après-midi. Je croisais aussi un garçon plus petit dont le nez coulait perpétuellement, et qui figure dans la galerie de mes mythologies enfantines comme une créature aux traits indistincts et au visage humide de morve. Cependant, cette cour n'était pas sans péril pour un garçon juif de mon âge, et l'on pouvait en dire autant de la ville de Lodz tout entière. Avant la Seconde Guerre mondiale, la communauté juive de Pologne comptait plus de 3 250 000 membres. Il en restait 250 000 après la guerre, mais après les pogroms de 1945 et 1946, efficaces bien que limités, les Juifs furent chassés par vagues successives ou se décidèrent à fuir le pays. En 1950, l'année de mes quatre ans, il n'y avait plus que 8 000 Juifs à Varsovie et 5 000 à Lodz – pour 220 000 en 1939.

De ces années-là, la seule couleur dont je me souvienne est celle des ballots chatoyants de tissu rose chair dans la boutique de corsetière de ma mère. Ils s'empilaient comme les tranches de viande mordorée d'une baleine blanche. Ma mère avait l'art d'accommoder une étoffe à une silhouette féminine. Espionnant la scène depuis l'arrière-boutique, je m'émerveillais des nuances qu'elle savait déceler dans la carnation de sa cliente. De nos jours, les corsetières ont pratiquement disparu, comme les forgerons ou les ramoneurs, mais avant la guerre il s'agissait d'un métier qualifié et très prisé. Si la majorité des Polonaises devaient se contenter des calamiteux produits industriels fabriqués sous le régime communiste, les actrices et autres maîtresses de cadres du parti étaient assez nombreuses, et leurs morphologies assez variées, pour que ma mère ne chôme pas ; elle leur confectionnait des corsets, des soutiens-gorge et des gaines ajustés à la perfection, et d'autres effets dont la fonction m'échappait à l'époque et dont je me souviens à peine aujourd'hui. Je fus mis à contribution pour insérer les baleines qui viendraient structurer ces dessous finement cousus. Bien avant d'entamer l'école d'architecture, je recevais des cours de géométrie euclidienne appliquée.

Je me rappelle encore la devanture du magasin de ma mère. L'enseigne représentait une harmonieuse silhouette féminine, aux courbes de sablier, tandis que trois figurines en céramique, peintes avec minutie, ornaient la vitrine. La première, vêtue de pied en cap, balançait une ombrelle entre ses doigts ; la deuxième, en simple corset, se tenait gracieusement à genoux, une rose à la main ; et enfin la troisième, voluptueusement étendue, ne portait pour couvrir sa nudité qu'un soutien-gorge miniature que ma mère avait taillé. Cette décoration était trop belle et trop colorée, et l'esprit d'entreprise de ma mère constituait une menace intolérable pour les gendarmes polonais qui la harcelaient sans relâche, se présentant aux horaires les plus improbables pour inspecter ses registres et rechercher des marchandises destinées au marché noir, fouinant dans ses livres d'inventaire, vérifiant sa comptabilité. Mais ils pouvaient faire ce qu'ils voulaient, elle ne se laissait jamais intimider.

Un jour de 1957, je découvris en rentrant de l'école plusieurs tas d'objets disparates éparpillés par terre dans la salle à manger. Mes parents, qui depuis des années essayaient de quitter la Pologne, venaient enfin d'obtenir des visas pour émigrer en Israël. Malheureusement le zloty, la monnaie polonaise, ne valait rien en dehors des frontières nationales (et à l'intérieur non plus, soit dit en passant), si bien que mes parents avaient décidé d'investir leur peu d'économies dans des marchandises qu'ils pourraient revendre en Israël. Mais que trouver à acheter ? Ils s'étaient procuré ce qu'ils pouvaient, du miel bulgare, des imperméables et des parapluies, et quelques luxueux services en porcelaine de Silésie, rose et blanche, rehaussée d'une délicate dorure. S'ajoutaient à cela deux pitoyables motocyclettes de fabrication est-allemande. Les machines en question avaient l'aspect de bicyclettes, avec un réservoir fixé à l'essieu et relié aux pédales par des fils électriques. Pathétique !

Toutes nos possessions tenaient dans une caisse de dimensions assez modestes. Pendant notre dernière nuit en Pologne, je m'aperçus que j'avais laissé par mégarde un précieux carnet au fond d'une boîte rangée maintenant dans la caisse. Je me glissai donc dans la salle à manger et, guidé par le clair de lune, j'entrepris de soulever le couvercle. Les objets se détachaient dans cette lumière mobile, tableau en demi-teintes de mon enfance en Pologne. Ils semblaient agités d'une espèce d'inquiétude. Nous vivions une époque de précarité, et notre appartement, bien que décati, faisait beaucoup d'envieux et nous valait d'être constamment surveillés. Dès que nous l'aurions quitté, d'autres se faufileraient à l'intérieur pour prendre notre place. Notre départ n'allait pas sans dangers. Que se passerait-il si l'on nous refoulait à la frontière ? Nous connaissions des Juifs dont les visas avaient été annulés sans explication. Qu'adviendrait-il de nous si pareille chose se produisait ?

Dans la clarté lunaire, le contenu de la caisse avait l'air de trembler. À moins que ce n'ait été moi.

Le lendemain, la seule personne à nous accompagner à la gare fut mon professeur de musique, M. Sztajkowski. Tandis que le convoi s'éloignait de Lodz, nous affichions nos plus beaux sourires « rideau de fer », tout en surface, ne révélant rien de nos sentiments, mais nous nous préparions à affronter un éventuel désastre. Et si les gardes-frontière s'avisaient de faire main basse sur nos affaires ? Tout en somnolant par intermittence, nous réussîmes à passer en Tchécoslovaquie. Aux approches de Prague, les portes de notre prison semblèrent s'entrouvrir, et l'air qui entrait par les vitres du train nous parut nettement plus doux. Nous franchîmes les frontières hongroise et yougoslave, où des gardes patrouillaient avec leurs chiens. Ce furent ensuite les montagnes dénudées des Dolomites italiennes, puis le train traversa Trieste et s'arrêta dans un soupir au-delà du rideau de fer.

Venise. La Sérénissime.

Ni le soldat qui rentre d'une guerre lointaine, ni le marchand qui s'en retourne d'un aventureux périple en Orient n'ont pu éprouver autant de joie que nous dans cette cité. Pourtant, nous avions à peine le temps de regarder les merveilles qui nous entouraient, car nous devions rejoindre le bateau qui nous emmènerait en Israël. De Venise, ce sont moins les coupoles et les gondoles qui me restent en mémoire que notre fichue caisse, posée en équilibre instable dans la minuscule embarcation qui se frayait tant bien que mal un chemin vers les docks, par les canaux aux teintes sépia. Nous devions offrir un bien curieux spectacle, désespérément cramponnés à notre caisse, pareils à ces silhouettes penchées que l'on voit sur les peintures de Francesco Guardi.

À Haïfa, c'est la famille de ma mère qui vint nous accueillir, un rassemblement nombreux d'*halutzim* et de survivants. Nous passâmes notre première nuit chez le demi-frère de Dora et son épouse, mais il n'y eut pas de retrouvailles émues. Mon oncle avait fait ses études à l'université Humboldt de Berlin (un grand honneur pour un Juif polonais), où il avait acquis une réserve toute prussienne et épousé une Allemande. Ces *yecker*, comme ma sœur les appelait à mi-voix, étaient des spécimens remarquables d'un monde en ruine. (Comme il est amusant, ce terme yiddish de *yecker*, dérivé du mot allemand qui signifie

« veste » ; par une espèce de snobisme renversé, les Juifs pauvres de Pologne s'en servaient pour railler les Juifs allemands, plus favorisés socialement et plus élégants.)

Mon oncle et ma tante avaient beau vivre en Israël depuis qu'ils avaient fui Hitler, au cours des années 30, ils se considéraient toujours fièrement comme allemands. Ils lisaient la presse allemande, assistaient à des cocktails avec d'autres réfugiés allemands, et quand ils se baladaient en ville – lui dans un costume de bonne coupe, coiffé de son feutre, elle parée d'un chapeau orné de plumes – ils avaient l'air d'arpenter le Kurfürstendamm en hiver plutôt que les rues d'Haïfa bordées de palmiers.

Ils s'étaient arrangés pour reconstituer le modèle du salon berlinois des années 30, comme dans *L'Ange bleu* : lourds rideaux et meubles massifs, papier peint aux teintes sombres, tapis et bibelots à profusion, et d'épais volumes de littérature et de philosophie allemandes alignés sur les rayonnages chantournés de la bibliothèque. Mais il suffisait d'écarter ces pesantes tentures pour recevoir tout l'éclat du ciel méditerranéen. Mon oncle et ma tante s'étaient procuré l'indispensable tête de gibier empaillée, qu'ils avaient fixée au mur. Il ne s'agissait pas du cerf traditionnel, le *Hirsch* allemand, mais d'un animal tout proche : un bouquetin du désert.

C'est à l'intérieur de ce monde désuet que nous avons traîné notre caisse. Mon oncle a relevé les stores, et nous avons forcé son imposante carcasse. Que de la poussière. La porcelaine de Silésie, calée entre nos matelas, s'était brisée en mille morceaux, plantant dans le tissu ses éclats acérés. Le reste se révélait tout aussi inutilisable : les motocyclettes ne fonctionnaient pas avec le carburant vendu dans les stations-service israéliennes, et le soleil perpétuel d'Israël rendait bien superflus nos imperméables et nos parapluies. Au moins, nous avions assez de miel en réserve pour tenir une année entière.

En quelques mois, Ania apprit l'hébreu et organisa notre vie dans notre nouveau pays. Ma sœur et moi aimions beaucoup Israël, les innombrables révélations qu'il nous offrait, les aliments que nous n'aurions jamais imaginés. Nous n'étions pas habitués à voir des Juifs occupés à des travaux manuels. Jusqu'aux XVIII\ :sup:`e` et XIX\ :sup:`e` siècles, la plupart des villes d'Europe excluaient les Juifs de la propriété foncière et des guildes, si bien qu'ils avaient embrassé la profession de marchand, d'avocat ou de financier. Mais ici, les Juifs exerçaient toutes sortes d'activités : maçons, fermiers, charpentiers ou soldats. On rencontrait même des prostituées, ce qui ne manquait pas de scandaliser ma mère.

À Lodz nous ne connaissions pas beaucoup de Juifs, et ceux que nous côtoyions appartenaient comme nous à la communauté ashkénaze d'Europe de l'Est. À présent nous vivions parmi des Juifs du Yémen, d'Iran ou du Maroc. Nous nous sentions plus proches de ces nouveaux immigrants si semblables à nous, qui chuchotaient dans la langue maternelle interdite, que des sabras de la première ou deuxième génération – le terme quasi mythique qui désigne les Juifs natifs d'Israël.

Jamais nous n'avions contemplé pareille beauté. Même aujourd'hui, lorsque je me rends en Israël, je reste en extase devant sa lumière comme d'autres embrassent la terre. Parfois, je me dis que c'est pour elle que les gens se battent, et pas pour un territoire. J'ai déjà visité des pays situés aux mêmes latitude ou longitude, le Maroc par exemple, mais il n'y brille pas cette lumière. Elle est unique. Et si elle est aussi somptueuse, c'est peut-être en raison de la richesse historique et culturelle de la région, innervée par l'esprit d'Abraham, d'Hammurabi et d'Hatchepsout.

À mesure que j'avançais en âge et que je multipliais les voyages, il m'est apparu que notre perception du ciel variait selon les lieux où nous nous trouvions. A Denver, « la ville à un mile », on a l'impression de se tenir au bord d'un précipice au-delà duquel plus rien n'existe. On pénètre la couche atmosphérique, on reste ébahi devant la proximité du soleil et la luminosité du ciel. Le ciel au-dessus de Berlin est on ne peut plus différent. C'est un tourbillon compact où les strates azurées se mêlent à des masses d'un gris de plomb, alourdi par les vents qui filent à travers les plaines d'Europe centrale sans qu'aucune montagne ne freine leur course vers nulle part. En Israël, on est pris dans un duel entre le bleu intense de la Méditerranée et le bleu ardent du ciel, comme si le dieu de la mer et celui du ciel étaient deux immenses yeux bleus, l'un clair et orbiculaire, l'autre sombre et plan, échangeant des regards fascinés et éblouis.

Je demeure très attaché à Tel-Aviv, mais dans les années 50 la ville était tout simplement sensationnelle, utopique et poétique. Le pays n'avait même pas dix ans au moment de notre arrivée, et tout y était flambant neuf : blanc, moderne, propre et net. Les immeubles de style Bauhaus qui s'élèvent un peu partout ont jauni avec le temps, et j'ignore dans quel état sont aujourd'hui les intérieurs, mais à l'époque ils avaient une allure splendide. Par une espèce d'ironie du sort, ce mouvement qui n'a jamais réellement décollé en Allemagne, son pays d'origine, a trouvé sa juste place en Israël. Les fondements de la philosophie du Bauhaus – le sens de la collectivité, l'idéal social d'égalitarisme, le souci de l'avenir – y prenaient une parfaite cohérence, et cette philosophie impliquait entre autres choses de rendre plus beau le monde que nous habitons. Et en effet, on n'aurait pu rêver bâtiments plus beaux, plus stimulants.

Un jour à Tel-Aviv, alors que mes parents étaient partis en quête d'un emploi, je décidai d'aller à la plage avec ma sœur. La famille louait un appartement tout proche de la mer, et nous étions attirés par le sable et les ricochets de lumière sur la Méditerranée. Même si nous ne savions nager ni l'un ni l'autre, l'eau exerçait une séduction tellement irrésistible que nous sommes montés sur des chambres à air ramassées sur la plage avant d'aller barboter dans les vagues. Tout joyeux, nous nous sommes laissés flotter en bavardant pendant je ne sais combien de temps, jusqu'à ce que l'un de nous s'aperçoive qu'on ne voyait même plus la côte. Nous ne savions que faire. Tout à coup, nous avons réalisé que nous étions pris au piège dans un tourbillon dont les remous nous faisaient tournoyer sans répit. Nous avons appelé au secours, mais nous étions trop loin pour être entendus de quiconque. Et là, par le plus grand des hasards, quelqu'un a fini par nous repérer et un bateau nous a ramenés en lieu sûr. Ce jour-là, nous aurions pu tout aussi bien disparaître de la surface de la terre sous ce ciel étincelant, sans que personne sache ce que nous étions devenus.

Le beau temps qui régnait le 11 septembre 2001 rajoute encore à l'horreur sans nom des attentats. C'est un fait que mentionnent systématiquement les survivants, les familles des victimes et les New-Yorkais qui ont vécu la tragédie. C'était là une dissonance cruelle, comme si la clarté radieuse de cette journée ensoleillée n'était qu'une trompeuse façade. Cela me rappelle une scène de *L'étranger* de Camus : le protagoniste vient de perdre sa mère, et il se rend compte qu'il est en train de vivre la plus triste journée de son existence, et que le ciel est toujours aussi bleu. Comment cela est-il possible ?

Je me revois le 28 décembre 1980, quittant l'hôpital après que ma mère eut perdu son courageux combat contre le lymphosarcome. En levant les yeux, j'ai compris que c'était la première fois que je regardais un ciel qu'elle ne verrait pas elle aussi.

Il y a quelque chose d'essentiel à saisir dans le mystère de la lumière : elle porte en elle la possibilité de l'obscur. Et cet enjeu va beaucoup plus loin que la simple opposition entre ombre et lumière. Les bâtisseurs de temples et de cathédrales ont toujours su que certaines choses devaient être tenues à l'écart de la lumière, dans l'obscurité. Les artisans de génie qui ont érigé les cathédrales savaient que la lueur des cierges ne pouvait porter qu'à une certaine distance. Un spectateur placé au sol ne pourrait jamais percevoir tout ce qui se trouvait en hauteur, mais cela ne les empêchait pas de sculpter chaque figure d'ange avec un soin infini. Dans le fond, ces anges n'avaient pas forcément vocation à être vus de nous, ils se destinaient plutôt aux puissances supérieures. Cependant, bien que ces sculptures ne s'adressent pas particulièrement à nous, nous sommes conscients de leur existence, leur seule présence est parlante. C'est là un aspect de leur mission, comparable à celle que remplissent les premières mesures du *Requiem* de Mozart. Le son est déroutant, les accords perturbent l'oreille, et le mode est donné d'emblée. C'est à une expérience de cet ordre que nous convoquent les grands monuments. Dès l'instant où vous en passez le seuil, une atmosphère s'impose. Une certaine voix, une certaine tonalité ont structuré l'espace à la manière d'un morceau de musique.

Lorsqu'on traverse les Grands Appartements de Versailles et que l'on se rapproche du centre, on ne se contente pas d'arpenter de vastes salles, un changement s'opère à l'intérieur de nous. Ma première visite d'une cathédrale, à l'âge de dix ans, m'a transformé en profondeur. Cela se passait en Pologne, à Cracovie, et j'en suis ressorti totalement différent, subjugué par la puissance de ce qu'il est humainement possible de bâtir. Pendant mon cursus d'architecture, j'ai eu l'occasion d'étudier la cathédrale de Chartres et d'assimiler un maximum d'informations à son sujet : le tympan central de sa façade, les trois portes du portail royal, les voûtes à croisées d'ogive, l'épaisseur des arcs-boutants, les *piliers cantonnés* [1]. Mais quand je l'ai eue pour de bon devant les yeux, tous les détails que j'avais mémorisés se sont évanouis dans la minute, parce qu'ils cessaient d'avoir leur raison d'être. Ce sont les accords de la lumière qui m'ont enchanté. En principe, la lumière tend vers l'abstraction, mais cette fois, la présence des vitraux la rendait presque tangible. Tous ces rouges et ces orangés qui ruisselaient sur les colonnes et sur les dalles, on aurait eu envie de les saisir entre ses doigts. La lumière transforme la couleur en substance.

Chaque cathédrale possède un pouvoir de métamorphose qui lui est propre. La cathédrale palladienne de San Giorgio Maggiore, à Venise, n'a rien de commun avec celle de Chartres. Pure, limpide, on serait tenté contre toute logique de voir en elle une espèce de transparence.

L'architecture, comme la musique, participe plus souvent de la rencontre directe que du jugement intellectuel. Si l'on aime un morceau de musique, on peut toujours

---

1. En français dans le texte.

l'analyser une fois qu'on l'a écouté, démonter ses structures et explorer sa modalité et sa tonalité. Mais dans un premier temps, il faut simplement se laisser submerger par elle. Bien souvent, un édifice exerce sa magie, son génie, de la même manière.

Dans son essai sur le canon de la littérature occidentale, Harold Bloom s'attache à élucider ce qui fait la grandeur d'un ouvrage littéraire et finit par conclure que tout est une question d'*étrangeté*. Un grand livre laisse immanquablement à son lecteur une impression étrange, qui ne s'estompera jamais au fil des lectures successives. Mais dans le domaine de l'architecture, comment définir cette étrangeté ? Elle ne se loge ni dans la langue ni dans l'intrigue, mais dans les *proportions*. Levez les yeux vers un bel édifice, et vous ne saurez dire objectivement quelles sont sa taille et sa véritable couleur, ni même déterminer le matériau dont il est fait. Il n'y a rien en lui que l'on puisse soumettre à des mesures objectives. Il n'est que mystère. Un tel phénomène ne se produit jamais devant un bâtiment sans caractère : on voit immédiatement s'il est en pierre ou en métal, tout ce qui le compose est évident et déchiffrable.

Une sorte de magie se dégage des grands monuments. Peut-être est-ce à la lumière qu'ils la doivent, à la façon dont elle descend sur eux ; à moins qu'il ne s'agisse d'une question d'acoustique, du son que rendent les pas entre leurs murs. Certains bâtiments ne se laissent découvrir que dans le temps, mais ils vous donnent l'envie de consentir à l'effort nécessaire. On aura beau être allé souvent au mur des Lamentations à Jérusalem qu'il ne nous reste plus rien à en apprendre, il n'en émane pas moins une aura – rouge, selon moi – qui éveille un besoin de retourner inlassablement devant lui. À Ségeste en Sicile se trouve un temple grec dont ne subsistent que des ruines. Et bien qu'il soit possible de les visiter, elles conservent quelque chose d'impénétrable. Il y a aussi la Grande Mosquée de Cordoue, dont la forêt de colonnes est aussi impressionnante qu'un paysage naturel sans limites.

À l'époque de sa construction, les Parisiens ont pris la tour Eiffel en horreur. Raillée comme une absurdité, elle devait pourtant devenir avec le temps l'édifice le plus populaire de la ville. Peut-être est-ce là le destin commun à tous les bâtiments dotés d'une valeur artistique. Il leur est impossible de s'intégrer immédiatement, de se fondre sans peine à ce qui les entoure, parce que le cas contraire signifierait sans doute qu'ils se bornent à imiter ce qui existait déjà. Quand il a ouvert ses portes à New York, le musée Guggenheim de Frank Lloyd Wright n'a guère soulevé d'enthousiasme, puis le public a fini par l'adorer. Au moment de leur inauguration, et même avant cela, les tours jumelles ont fait l'objet d'une vaste polémique, mais au bout du compte les gens s'y sont attachés (tout au moins certains d'entre eux) parce qu'elles étaient devenues partie intégrante du paysage et de la *skyline*.

On oublie trop souvent que l'émergence des métropoles verticales ne remonte qu'à une centaine d'années ; encore dans leur jeune âge, elles sont en perpétuelle évolution. À une époque où toutes les cités du monde tendent à se confondre en une unique cosmopolis sans qualités, il m'incombe de poser la question : est-ce réellement ce que souhaitent les gens ?

Au début de l'année universitaire, je demandais toujours à mes étudiants de troisième cycle : « Combien d'entre vous se jugent immortels ? » Naturellement, aucun n'avait le cran de lever la main. Je poursuivais alors : « C'est bien regrettable, car un architecte devrait croire en sa propre immortalité, croire que les bâtiments qu'il a conçus lui survivront pour l'éternité. »

Aujourd'hui, lorsqu'on calcule le coût d'un building d'importance, on prend fréquemment en compte celui de sa future démolition. L'immeuble se réduit à un produit de consommation comme un autre. Combien de temps fonctionnera cette voiture ? Dans quels délais devrez-vous jeter votre sèche-cheveux ? En partant du postulat selon lequel rien ne dure et tout peut se remplacer, on peut avoir l'impression que le seul enjeu est de créer une illusion fallacieuse. Il suffit pour cela d'une façade séduisante. Inutile de se mettre en frais pour les choses que l'on ne voit pas.

C'est parfois l'idée qui me vient lorsque je passe en voiture dans West Street, à Manhattan, et que je lève les yeux vers les deux tours résidentielles de Perry Street, dessinées par Richard Meier (une troisième se construit actuellement à proximité). Leur structure en verre et aluminium a suscité un vif intérêt, à la fois parce qu'elles marquaient la première incursion de Meier dans le sud de Manhattan, et parce que leur transparence et leur minimalisme produisaient un effet saisissant. (Peut-être les boutons de porte à 1 000 dollars de leurs appartements y sont-ils également pour quelque chose.) Le promoteur annonçait fièrement que ces logements, parmi les plus onéreux de tout New York, proposaient une vue panoramique parfaitement dégagée sur Manhattan, l'Hudson et les quais du New Jersey. C'est la pure vérité, mais la réciproque est tout aussi valable : qu'ils se déplacent à pied, en voiture ou en bateau, les passants profitent eux aussi d'une vue panoramique sur les appartements. En fait, nous sommes presque forcés de devenir des voyeurs et de regarder à l'intérieur. Dans une ville surpeuplée qui exige de ses citoyens certaines règles de conduite – en priorité, le respect de l'intimité d'autrui – ces tours nous mettent au défi d'enfreindre ces codes.

En dernier ressort, l'enjeu de l'architecture est ce que l'on souhaite faire d'un lieu. Je serais très surpris que les gens aient envie d'évoluer dans un aquarium, si harmonieuse que soit sa conception. Il n'est pas bon que tout soit visible frontalement, certaines choses devraient peut-être rester à l'abri de la lumière. Dans des recoins obscurs.

En 1995, j'ai visité le musée d'art moderne de San Francisco, qui venait de rouvrir au public. Les nouveaux bâtiments étaient l'œuvre de l'architecte suisse Mario Botta, et le personnel du musée ne demandait qu'à exhiber ces installations postmodernes et branchées. Je n'ai pas tardé à m'apercevoir que deux espaces distincts coexistaient à l'intérieur : l'espace destiné au public et l'espace privé dévolu aux employés. Le premier rutilait de marbres, mais à quelques mètres de là, dans les secteurs réservés au personnel, on tombait brusquement sur des matériaux premier prix et des finitions médiocres. À quoi bon investir du temps, de l'énergie et de l'argent là-dedans, semblaient demander les constructeurs, puisque personne n'en saura rien ? Personne, sauf les gens qui travaillent là. Imaginez ce que l'on peut ressentir lorsqu'on travaille dans un bâtiment où règne une telle attitude de mépris.

Je songe à la brutale image moderniste que l'architecte et urbaniste Ludwig Hilberseimer s'était forgée de la cité du futur. Une de ses esquisses montre une ville à mi-chemin entre Chicago et Moscou, à cette différence près que tous les bâtiments se ressemblent, et que les êtres humains font penser à de minuscules souris, points fonctionnels évoluant dans des lieux anonymes et dépourvus de caractère. J'éprouve un sentiment comparable chaque fois que je passe devant ces buildings neufs et sans âme, et que je me rends compte qu'il n'y a rien d'autre à contempler que mon propre reflet dans les parois de verre. Ces immeubles-là ignorent les notions de générosité citoyenne, de don à la collectivité. Quand on se représente le Chrysler Building ou l'Empire State Building, on pense aussitôt à leurs flèches splendides, à leur façon de communiquer entre elles et avec les bâtiments qui les entourent. Pourtant, ces deux bâtiments participent aussi à la vie de la rue, avec leurs vestibules ouverts aux visiteurs.

Lorsque je regarde par la fenêtre de mon bureau du

2 Rector Street, dans le sud de Manhattan, je vois se déployer devant moi un siècle entier d'architecture, et je reste ébahi devant le spectacle. Il y a là le 1 Wall Street, dont la façade en pierre s'incurve légèrement. À droite s'élève un building plutôt ordinaire qui, une fois parvenu dans les hauteurs, décide brusquement de se changer en temple, avec sa rangée de colonnades sculptées en façade. Quelle merveille ! Sur la gauche se dresse un immeuble plein de fantaisie et d'originalité, tout orné de savantes sculptures. Ces choses-là, on ne les distinguera pas depuis l'intérieur des bâtiments, mais on les verra très bien de la rue ou d'une fenêtre voisine. Elles s'adressent les unes aux autres, rivalisant de beauté. Une harmonie de formes idéalement proportionnées, exposées à la lumière. Ce sens de l'intérêt collectif – comme un cadeau adressé à la communauté – date de la Renaissance, peut-être même d'une époque antérieure. Ceux qui ont érigé ces édifices ne recherchaient pas la célébrité, ils bâtissaient pour les temps à venir.

Vous voulez la preuve que l'immortalité existe bel et bien ? J'ai toujours été conquis par l'argument qu'avance le philosophe Henri Bergson, qui malgré son prix Nobel de littérature en 1927, a malheureusement cessé d'être en vogue. Né en France de parents juifs – un père musicien d'origine polonaise et une mère anglo-irlandaise –, Bergson était une personnalité digne d'intérêt. Bien que le régime de Vichy l'ait clairement dispensé de se faire recenser comme juif, il jugea qu'il était de son devoir de se joindre aux persécutés. Il alla faire la queue devant les bureaux de l'administration par un jour de grand froid et contracta à cette occasion la pneumonie qui devait l'emporter. Selon Bergson, les rêves apportent une preuve de l'immortalité. Il argue que les rêves sont lumineux, baignés de clarté, alors qu'aucune lumière mesurable selon les lois de l'optique ne vient les éclairer. Ils nous offrent une promesse d'éternité.

Je détiens moi aussi une preuve bien à moi, qui m'a suivi depuis Lodz. Quand j'avais sept ans, une tante qui vivait au Brésil m'envoya un fabuleux papillon enchâssé dans sa monture, aux ailes d'un indigo profond. C'était une des plus jolies choses que j'avais jamais vues, et sans aucun doute un des rares beaux objets que nous possédions à Lodz. Dans ces ailes qui brillaient d'une lumière presque radioactive, mon regard contemplait tout ce que j'avais besoin de savoir sur Rio de Janeiro, sur la nature et les villes, sur la lumière, l'au-delà et l'éternité.

Je vais bientôt m'installer avec ma famille dans notre nouveau loft de Manhattan. Quand nous sortirons nos cartons du garde-meuble et que nous les déferons, le papillon que j'ai rangé s'échappera de l'un d'eux, et je l'examinerai avec la même attention qu'autrefois.

J'attends le déménagement avec beaucoup d'impatience. Les travaux de rénovation se sont éternisés. La première fois où nous avons visité l'emplacement, c'était une vraie catastrophe, avec une configuration si bizarre et des pièces si mal distribuées qu'il semblait difficilement rattrapable. Tandis que Nina s'apprêtait à repartir, une intuition m'est venue. « Si ça ne vous ennuie pas, ai-je dit à ma femme et à la personne qui nous faisait visiter, j'aimerais rester seul cinq minutes et m'asseoir près de cette fenêtre. » Haussant les épaules, elles m'ont laissé sur un siège à côté du rebord de la fenêtre.

J'ai annoncé à Nina dès qu'elle a réapparu : « C'est l'appartement idéal. Écoute, il a un bon son. Viens t'asseoir ici, et sens la lumière. Elle est parfaite. C'est avec cette lumière que je veux vivre. Nous allons être heureux ici. »

4

En 1990, après avoir signé le contrat pour la réalisation du Musée juif de Berlin, je me suis retrouvé face à un garde-frontière allemand particulièrement zélé.

« *Wie lange in Berlin ?* » a-t-il aboyé à notre intention.

« Combien de temps ? » Je ne savais pas au juste combien durerait notre séjour à Berlin. J'étais venu dans l'espoir de bâtir un musée, mais je n'avais aucune assurance de succès. « Je ne suis pas très sûr, pas très longtemps... », ai-je répondu, d'abord en anglais puis en yiddish. Il a eu l'air de comprendre.

« *Und was machen Sie in Berlin ?* »

Qu'est-ce que je comptais y faire ? Comme j'avais davantage de mal à m'expliquer, je lui ai présenté la lettre du Sénat de Berlin, datée de six mois, qui me félicitait d'avoir remporté

le concours pour la conception d'un « département consacré au judaïsme » au sein du Musée de Berlin. Tandis que
le garde la lisait sans se presser, j'ai compris qu'il réfléchis-
sait à ce qu'il devait faire. Ce document suffisait-il à nous
donner accès à ce pays nouvellement unifié ? Normale-
ment, les gardes-frontière se contentent d'apposer un tampon officiel sur les passeports avant de laisser passer les
visiteurs. Mais nous n'étions pas tombés sur un fonction-
naire comme les autres ; il a méticuleusement recopié la
lettre dans le passeport.

Je le regardais tracer les mots en allemand, en grosses
lettres rouges : l'architecte Daniel Libeskind « a l'autorisation de travailler en Allemagne, à la conception et la réalisation du projet d'un Musée juif au Musée de Berlin. »

« La conception et la réalisation... » ce n'est que beaucoup plus tard que j'ai saisi pleinement la portée de ces
mots, en prenant conscience qu'il faudrait beaucoup plus
de temps pour concevoir et réaliser le musée que ce que
nous avions tous pu imaginer.

Tout a commencé par une lettre glissée dans notre boîte,
à la fin du mois de novembre 1988. À ce moment-là ma
famille et moi vivions depuis trois ans à Milan, où j'assurais
à notre domicile des cours d'architecture alternative joyeu-
sement iconoclaste. J'avais baptisé ce programme « Architecture Intermundium » (le second terme est une invention

de Coleridge). Noam et Lev, neuf et onze ans à l'époque, prenaient l'allure d'authentiques *ragazzi*. Et pour notre plus grand bonheur, Nina était enceinte de notre fille Rachel.

Franz Kafka a écrit une parabole intitulée « Un message impérial », qui se trouve enchâssée dans un récit plus ample, « La muraille de Chine ». Un empereur, voyant sa fin prochaine, envoie un serviteur délivrer un message urgent à l'un de ses humbles sujets qui vit loin du palais. Selon une péripétie typiquement kafkaïenne, le messager, arrêté par la foule à l'intérieur du château, ne parvient pas à se frayer un passage vers la sortie pour transmettre la nouvelle capitale.

J'ai repensé à cette histoire en décachetant l'enveloppe déposée dans ma boîte. Il ne m'a fallu qu'une seconde pour faire le rapprochement : c'était moi le modeste sujet, et le Sénat de Berlin représentait l'empereur de Kafka. Toujours enclin à promouvoir la culture, le gouvernement allemand me conviait aujourd'hui à participer à un concours d'architecture, en vue de la création d'un *Jüdische Abteilung*, un département judaïque, au Musée de Berlin.

Jüdische Abteilung. L'expression m'assenait un coup de poignard en plein cœur.

En dépit de cela, le Sénat avait pris une initiative admirable. Il était grand temps en effet que le Musée de Berlin reconnaisse l'apport inestimable de la communauté juive à la culture et à l'histoire. Mais cette expression ! C'était précisément celle qu'employait Adolf Eichmann, le lieutenant-colonel SS qui a organisé le cantonnement des Juifs dans les ghettos, puis leur déportation vers les camps dans des wagons à bestiaux. C'est le *Jüdische Abteilung der Gestapo* qui a été chargé d'organiser la « solution finale » (formule dont Eichmann revendiquait la création).

Les responsables du concours n'avaient pas dû beaucoup réfléchir aux implications historiques. Ou alors ils n'avaient guère évolué *dans* l'histoire. Ils s'avéraient incapables de concevoir les Juifs autrement qu'en tant qu'étrangers. Selon leur optique, le musée devait comprendre un département consacré à la sculpture, un au cinéma, un autre à la mode, et enfin celui-ci, dédié au judaïsme. Mais comment distinguer l'histoire des Berlinois juifs de celle des non juifs ? C'est aussi impossible que de vouloir séparer les molécules dans un verre d'eau. Comme l'a dit Amos Elon, ce sont « deux âmes réunies dans un même corps », partageant une histoire qui s'enchevêtre sur deux millénaires, et qui ont édifié de concert ce qui a pu apparaître comme un stade remarquablement avancé de la civilisation. La réussite de la ville de Berlin – que l'on s'accorde généralement à admettre – tient aux efforts conjugués des deux communautés. Il est donc aberrant de s'obstiner à traiter les Juifs comme des étrangers et de les confiner dans un « département » spécifique.

Toutefois, les Juifs berlinois ne sont jamais parvenus à une intégration aussi complète qu'ils l'auraient souhaitée. Même au XIXe siècle, époque particulièrement prospère pour leur communauté, la réalité était moins confortable qu'on n'aime à le croire. Dans *The Pity of It All*, une chronique des Juifs d'Allemagne, Elon évoque la figure de Rahel Levin Varnhagen, une Juive brillante et entreprenante qui tint un salon littéraire entre la fin du XVIIIᵉ siècle et le début du XIXᵉ. Cependant, un portrait antérieur dressé par Hannah Arendt donnait de Rahel Varnhagen et de l'existence qui fut la sienne à Berlin une image moins idyllique. S'appuyant sur des extraits de lettres et de journaux intimes, Arendt a choisi de mettre l'accent sur les regrets que Rahel éprouva à la fin de sa vie, lorsqu'elle comprit qu'elle ne serait jamais complètement acceptée par les non-Juifs de Berlin et dut admettre peu avant sa mort l'échec de sa tentative d'assimilation.

Voilà les réflexions qui m'occupaient l'esprit pendant que je parcourais la lettre du Sénat de Berlin. « Vous êtes convié... Veuillez trouver ci-dessous les modalités du concours... La date de clôture est fixée au... » STOP. J'avais déjà dépassé les délais officiels. La date butoir était passée depuis plusieurs semaines. Les candidats étaient attendus pour un premier briefing le lendemain à midi.

Cela m'avait tout l'air d'une mauvaise plaisanterie : les Allemands m'avaient dûment expédié l'invitation deux mois auparavant, mais les Italiens avaient enterré le courrier dans quelque bureau de poste et ne me l'avaient distribué qu'aujourd'hui, frappé d'un tampon IN RITARDO en grands caractères rouges, comme si c'était là une justification suffisante. *Maledetta la posta !*

J'ai téléphoné aux responsables en les priant de m'accorder une dérogation, mais ils m'ont opposé une fin de non-recevoir. Je me suis laissé tomber sur un siège, maussade, les yeux dans le vague. Je suis resté là je ne sais combien de temps avant que Nina rentre à la maison. « Eh bien, a-t-elle dit, il va falloir trouver un moyen de leur faire comprendre. – C'est impossible, ai-je répliqué d'un air abattu. Ils sont intraitables. » Me prenant la lettre des mains, Nina s'est approchée du téléphone.

Le lendemain matin, à 11 h 59, je me trouvais au Musée de Berlin avec des dizaines d'autres candidats pour le premier briefing.

Jamais encore je n'avais construit de bâtiment. Nina dit toujours que je me suis révélé tardivement, et elle a tout à fait raison : j'avais déjà cinquante-deux ans la première fois où un de mes projets a été réalisé. Avant cela j'étais théoricien et universitaire, mais c'était principalement à travers le dessin que j'avais exploré l'architecture. Les idées, les concepts abstraits me passionnaient plus que la dimension utilitaire de la discipline. Le seul concours que j'avais remporté datait de 1987 et concernait un projet immobilier à Berlin-Ouest. Sous le titre de « City Edge » (Aux frontières de la ville), il ambitionnait de repenser les notions de forme et d'échelle dans une ville scindée en deux. J'avais conçu une sorte de gratte-ciel, ni vertical ni horizontal, qui s'élevait du sol pour flotter au-dessus de la ville et plonger ses regards par-delà le Mur. Et puis le Mur est tombé, les responsables ont changé, et mon projet a été mis au rebut.

Aujourd'hui, pourtant, le courrier du Sénat de Berlin me faisait l'effet d'un message personnel, d'un défi presque démesuré. J'avais l'intention de concevoir un plan qui tiendrait compte de l'idée sous-jacente au concours. On demandait une extension séparée du Musée de Berlin, destinée à accueillir plusieurs départements ; le plan que je comptais proposer intégrerait par le biais de l'architecture l'histoire de la communauté juive à celle, riche et variée, de la ville de Berlin, et aiderait les gens à ressentir ce qui s'était passé.

Avant de remettre ma proposition, je l'ai soumise à deux de mes amis, tous deux architectes chevronnés. « Daniel, ont-ils décrété, tu ne gagneras jamais avec ça. Tu as enfreint trop de règles. Ils vont te disqualifier. »

Cependant, je n'avais pas l'habitude de me plier à des règles que je n'approuvais pas, et je n'allais pas commencer ce jour-là.

Le philosophe Theodor Adorno a dit que quiconque portait un regard neutre sur l'Holocauste, quiconque acceptait d'en débattre en termes statistiques, rejoignait la position des nazis. Le propos est peut-être extrême, mais je pense qu'il est foncièrement justifié. Si un architecte neutralise la problématique en jeu, s'il se concentre uniquement sur les chiffres et sur le « bon goût », il cesse de s'impliquer dans la vérité de l'entreprise.

Mais que faire alors ? S'efforcer de trouver le chemin le

plus direct pour accéder à la vérité. À mes yeux, le bâtiment dont nous avions besoin utiliserait le langage de l'architecture, qui s'exprimerait par ses pierres, et nous conduirait tous, Juifs et non-Juifs, vers les carrefours de l'histoire, nous démontrant qu'en exilant les Juifs Berlin s'était coupée de son passé et de son présent, et qu'elle se priverait d'avenir si elle ne résolvait pas cette relation tragique.

Des architectes du monde entier participaient à la compétition. La grande majorité des candidats avaient à l'esprit une image identique : un espace impersonnel, apaisant et séduisant, où l'on pourrait découvrir les vestiges d'une culture autrefois florissante après avoir admiré d'autres collections dans le grand bâtiment de l'époque baroque.

Voici l'édifice que, de mon côté, j'envisageais de bâtir :

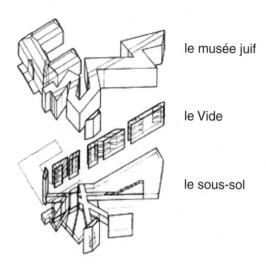

le musée juif

le Vide

le sous-sol

Un Vide creusait sa structure en zigzag, une sorte de béance qui ne contenait rien. Associant continuité et fragmentation, le Vide traversait des galeries, des allées, des bureaux. Le fondement du *Jüdische Abteilung* se trouvait selon moi dans ce Vide.

Il y avait un couloir qui aboutissait à une impasse.

Il y avait un espace, la tour de l'Holocauste, plongé dans une obscurité si profonde qu'on ne voyait même pas ses pieds, et qui ne prenait jour que par une fente pratiquée dans le toit, à peine perceptible depuis le sol.

Il y avait un jardin à la végétation inaccessible, plantée à l'envers dans quarante-neuf grands piliers, et dont les fondations étrangement de guingois causaient chez le visiteur une perte de repères et une espèce de malaise physique. Il servirait de mémorial aux Juifs chassés de Berlin ; je voulais que les visiteurs pensent au naufrage de l'histoire des Juifs allemands et se représentent en même temps ce que cela pouvait être d'arriver, privé de ses amers, sur une terre étrangère et inconnue.

Choix particulièrement radical, le nouveau bâtiment n'avait pas de porte. Pour accéder au musée, il faudrait pénétrer d'abord dans le vieux bâtiment baroque du Musée de Berlin, puis descendre vers trois voies en sous-sol. Tous les autres candidats sans exception avaient relié les deux parties par des passerelles situées au niveau du sol ou au-dessus. Moi je les rattachais souterrainement. Bien que les histoires contenues dans les deux bâtiments n'entretiennent pas des rapports évidents, elles étaient inextricable-

ment liées, et ce lien existerait pour toujours dans les fondations de la ville de Berlin.

Contre toute attente, c'est moi qui ai remporté le
concours. Parmi les cinquante ou soixante jurés, on trouvait
non seulement des architectes mais aussi des officiels du gouvernement, des membres de la communauté juive de Berlin,
des représentants des médias, des hommes d'affaires et des
historiens. Ç'a été une grande émotion d'apprendre que
j'étais choisi. Le jury s'accordait à reconnaître que mon projet évitait à la fois le dogmatisme et la facilité, et qu'il jouait
le rôle d'un miroir individuel, dans lequel chaque visiteur
pourrait lire quelque chose de différent. Ils prisaient son
authenticité et faisaient l'éloge de son originalité. Quant à
moi, je me sentais aussi flatté qu'euphorique.

Naturellement, mon bâtiment comptait aussi des détracteurs.

« *Unmöglich ! Unmöglich !* les entendais-je marmonner
pendant qu'ils étudiaient la maquette. Infaisable, structu-
rellement infaisable, il est impossible à réaliser. » Mais moi
je savais qu'ils se trompaient.

« Si on arrive à le construire, ont-ils insisté, il ne tiendra
jamais debout, et on ne pourra pas circuler à l'intérieur.

— Absurde, ai-je rétorqué.

— Bon, même s'il ne s'effondre pas, il ne pourra jamais
accueillir d'expositions. Et à supposer qu'il en abrite, elles
n'attireront personne.

— Bien sûr que si.

— Mais où placez-vous les différentes pièces ? Où iront

les armes prussiennes dont se servaient les Juifs ? Et les soldats juifs tués pendant la Première Guerre mondiale ? »

Bonne question. Ce n'est pas chose facile de séparer les deux histoires.

Pendant l'été 1989, le futur de la famille Libeskind s'annonçait sous les meilleurs auspices. Trois ans plus tôt, nous avions pris le risque de quitter la Cranbrook Academy of Art, dans le Michigan, où je dirigeais la section architecture, pour partir vers l'inconnu, en Italie. Sur le moment, ce départ avait pu paraître précipité et mal avisé, mais la vie à Milan s'était révélée féconde. Et pour finir, nous venions de remporter la commande du Musée juif. Architecture Intermundium avait été une formidable expérience ; nous avions attiré des étudiants du monde entier. Et voilà qu'on venait de me faire une proposition incroyablement alléchante, que je m'étais empressé d'accepter : un poste de chercheur au Getty Center de Los Angeles, une place en or qui offrait, entre autres avantages, des assistants, des bureaux, un logement, le remboursement illimité de mes frais de déplacement, et un salaire fixe. Comme me l'avaient expliqué mes interlocuteurs au Getty Center : « Imaginons qu'un beau jour, vous vous preniez d'un intérêt particulier pour le Kremlin, on vous réserve aussitôt un vol pour Moscou. » Le paradis. Nous avons donné notre accord, et on nous a loué une maison avec vue sur l'océan.

Bientôt, nous chargions nos affaires à bord d'un bateau qui les acheminerait vers un entrepôt de Long Beach.

Il ne nous restait qu'à faire une halte à Berlin pour que je reçoive mon prix, et ensuite nous pouvions partir. Les garçons et la petite installés dans un taxi, nous avons fait nos adieux à Milan et mis le cap sur les Alpes pour un bref congé. Enfin nous avons pris le train pour Berlin.

C'était le 4 juillet. Alors que nous patientions stoïquement à la frontière entre les deux Allemagne, observant dans l'humidité matinale les gardes qui inspectaient le compartiment à la recherche de clandestins, j'ai déclaré à Nina : « Je sens qu'on va beaucoup se plaire à L.A. »

Notre premier contact à Berlin était un représentant des services d'urbanisme. Il a pris une copie de mon plan, a posé par-dessus une feuille de papier, et m'a ordonné en me tendant un stylo : « Bien, dessinez-moi le sous-sol. » J'étais bien conscient qu'il cherchait à me piéger. En dessinant un sous-sol compliqué, un zigzag qui épouserait la forme du musée, je lui aurais fourni un argument contre moi. Le creusement d'un sous-sol de ce type aurait en effet occasionné des frais rédhibitoires et des difficultés techniques. Je me suis donc contenté d'un grand rectangle. Herr Dietz a posé sur mon esquisse un regard impassible, mais j'ai su que je venais de réussir la première d'une longue série d'épreuves.

Nina et moi avons rencontré Josef Kleihues, l'architecte de renom qui présidait le jury de sélection. Il occupait un bureau gigantesque, intimidant, qui hégergeait dans le temps les services d'hygiène de la ville de Berlin. Tandis que nous sirotions du thé au creux d'imposants fauteuils, Kleihues m'a félicité pour mon poste au Getty Center, avant de nous faire un topo sur la suite des événements. « Vous savez, Daniel, il n'est pas très probable que le projet se concrétise. Il sera très difficile d'obtenir la mise en chantier. Mais si nous y arrivons, nous confierons l'encadrement des travaux à un architecte local, et vous pourrez vous déplacer de temps en temps pour vous rendre compte. Tout le monde s'y prend comme ça. À votre place, je me consacrerais à une petite copropriété, parce que ces bâtiments-là se construisent pour de bon. » Nina et moi avons acquiescé d'un signe de tête.

Au moment de traverser Helmholtzstrasse pour prendre le bus qui nous ramènerait à l'hôtel, où les enfants attendaient leur repas, nous sommes restés bloqués quelques minutes sur un îlot central. Alors que nous guettions une brèche dans le flot incessant des véhicules, Nina m'a brusquement demandé :

« Libeskind, tu te rends compte de ce que ça signifie ?

– Quoi donc ?

– Si tu veux que ce bâtiment voie le jour, on ne peut pas quitter Berlin.

– Tu es folle, ou quoi ? »

Nous allions mener la belle vie à Los Angeles. Une

maison donnant sur l'océan, du soleil tous les jours et un revenu stable. En plus, toutes nos affaires se trouvaient à bord d'un bateau qui se dirigeait lentement vers la Californie.

« Moi ça m'est bien égal, a repris Nina. La décision t'appartient. Mais si tu tiens à ce que ce bâtiment existe bel et bien, on doit rester à Berlin. »

Ce que Nina avait perçu en filigrane dans les explications de Kleihues, c'est que ce projet constituait un pari à haut risque dont les chances de succès étaient extrêmement minces, mais pas tout à fait inexistantes.

Moi aussi j'avais lu entre les lignes : quand les gens évoquaient le bâtiment, leur visage s'éclairait et ils me bombardaient de questions. Sa réalisation se heurterait peut-être à des obstacles, mais les gens se sentaient concernés.

« J'accepterai de rester à une seule condition, ai-je rétorqué à Nina. Que tu collabores avec moi. »

Professionnellement parlant, Nina avait eu de multiples expériences : l'organisation de campagnes électorales, la direction d'organismes internationaux, l'arbitrage des conflits du travail, mais concernant l'architecture, elle ne connaissait pas grand-chose. Les choses allaient cependant changer. « Bien sûr », m'a-t-elle répondu. Et nous formons depuis ce jour une équipe inséparable.

Dès notre retour à l'hôtel, le réceptionniste nous a interrogés sur la durée de notre séjour à Berlin. « Jusqu'à ce que le bâtiment soit terminé », lui ai-je répondu. L'employé, qui avait suivi l'affaire dans la presse, a éclaté de rire.

Là-bas sur le terre-plein d'Helmholtzstrasse, j'avais eu une révélation. Pour la première fois, je mesurais réellement la situation : c'était une chose de dessiner des plans, de fabriquer des maquettes et de faire des discours, c'en était une autre de construire ce bâtiment. C'était ma première expérience de ce type. Imaginez un chirurgien qui n'aurait jamais touché un scalpel, et à qui on dirait brusquement : « Bon, vous allez opérer cette personne du cerveau. » Le parallèle n'est pas forcément convaincant, mais c'est le sentiment que j'ai éprouvé à l'époque. Ma vie était lancée sur une certaine trajectoire, et elle s'apprêtait à prendre un tournant décisif.

D'accord, nous allions rester à Berlin, mais qu'est-ce que cela impliquait ? Par où commencer ? Pour le moment, aucun budget n'avait été débloqué pour la réalisation du musée. Une certaine somme avait été allouée au lauréat du concours, mais ça se limitait à cela. Je ne disposais d'aucun moyen pour travailler. C'est comme si quelqu'un vous faisait au revoir de la main et que vous preniez ce geste pour un bonjour.

Et nous, nous étions prêts à chambouler toute notre vie sur la foi de ce signe équivoque. Il nous fallait trouver un logement et un bureau à louer, veiller au rapatriement de nos affaires parties vers la Californie et inscrire les garçons à l'école. Des problèmes logistiques assez effrayants.

Nous avons aussi entamé des démarches auprès de la Deutsche Bank pour contracter un emprunt. L'établissement avait son siège dans un des plus grands immeubles du quartier, et la salle du conseil d'administration jouissait d'une vue magnifique. On voyait la ville qui se déployait dans toutes les directions, et la tour de la Télévision sur Alexanderplatz, qui faisait l'orgueil et la joie de Berlin-Est. On nous a escortés vers une longue table où étaient assemblés des messieurs élégants à la mine rassise. Le directeur de la banque, Herr Misgeld (un nom prédestiné), trônait à un bout, devant une liasse de coupures de presse concernant le musée. Heureusement il parlait anglais, car Nina et moi ne connaissions l'allemand ni l'un ni l'autre.

Après quelques mots de félicitations pour l'obtention du contrat, il m'a posé la question : « Quelles sont vos garanties ? »

Des garanties ? Une sueur froide a inondé mon front. « Nous avons des livres... beaucoup de livres. Des livres d'art reliés... »

Herr Misgeld me dévisageait d'un air perplexe. « Et à part ces livres ? » Il semblait dérouté d'entendre quelqu'un solliciter un prêt de 225 000 marks – environ 125 000 dollars – sans offrir d'autre garantie que sa collection de livres.

« Il y a aussi un tapis persan. Mais je crains que ce ne soit un faux ... »

Nina m'a décoché un méchant coup de pied sous la table, puis elle s'est jetée à l'eau : « Ce ne sont pas nos possessions personnelles qui nous serviront de garantie, mais plutôt le contrat que nous devons signer avec les services d'urbanisme en vue de la réalisation du bâtiment. »

Avec un hochement de tête, Misgeld s'est penché vers les images en noir et blanc granuleux qui illustraient les articles de presse. « Est-il est vraiment possible de le réaliser ? »

J'ai tenté une intervention pour prendre la défense du projet, mais il m'a interrompu pour s'adresser à Nina : « Frau Libeskind, comptez-vous gagner de l'argent grâce à ce projet ? »

Là, Nina a donné une réponse aussi juste qu'intelligente. Le regardant droit dans les yeux, elle a déclaré : « Nous n'avons pas l'intention d'échouer. »

À Berlin, un grand nombre d'adresses m'étaient déjà familières, secrètement mêlées aux plans du projet que j'appelais désormais « Between the Lines, Jewish Museum, Berlin » (Entre les lignes, Musée juif, Berlin). Dès que j'avais commencé à réfléchir au concept, j'avais fait l'acquisition d'un plan de la ville. Puis j'avais ressorti mon livre favori sur Berlin, *Sens unique*, par le critique littéraire Walter Benjamin. C'est un ouvrage des plus curieux, qui se présente sous la forme d'un guide – merveilleusement énigmatique et apocalyptique, divisé en soixante sections d'aphorismes et de réflexions. Lorsqu'il quitta Berlin pour la France en 1933, Benjamin était en train d'écrire une épopée qui passait pour son grand œuvre. Sept ans plus tard, n'ayant pas réussi à fuir la France occupée pour se réfugier en Espagne, il se donna la mort afin d'échapper à la Gestapo, laissant son ouvrage inachevé.

J'avais par ailleurs adressé un courrier au gouvernement ouest-allemand pour me procurer une copie du *Gedenkbuch*, qui contient la liste de tous les Juifs allemands assassinés pendant l'Holocauste. Les noms – celui de Libeskind figurant à maintes reprises parmi les 160 000 Juifs berlinois – remplissent deux énormes volumes à reliure de cuir noir estampé d'or. Pour chacun sont mentionnés la date de naissance, la ville d'origine, la date présumée du décès et le ghetto ou le camp de concentration dans lequel la victime a péri.

J'ai commencé à marquer sur ma carte de la ville les adresses correspondant à des noms choisis au hasard dans le *Gedenkbuch*, que j'avais relevées dans des annuaires téléphoniques d'avant-guerre. Puis je me suis renseigné sur le domicile de certaines personnalités que j'admire, juives ou non juives, et je les ai associées par paires, traçant un trait qui reliait leurs deux adresses. J'ai ainsi « marié » Rahel Levin Varnhagen au théologien Friedrich Schleiermacher, luthérien aux thèses novatrices et habitué de son salon ; la ligne passant par leurs deux domiciles coupait le 14 Lindenstrasse, où se trouve le Musée de Berlin. De la même manière, j'ai couplé les adresses de Paul Celan, dont la poésie aborde si profondément l'Holocauste, et de l'architecte Mies van der Rohe ; puis celles de l'auteur fantastique

E.T.A. Hoffmann et de l'écrivain romantique Friedrich von Kleist. Une fois que j'ai eu reporté sur la carte six noms et trois couplages, j'ai examiné le motif qui en résultait, pour découvrir qu'il dessinait sur le plan de Berlin une étoile de David distordue.

Quand le musée a été construit, certaines personnes ont trouvé qu'il évoquait une étoile de David brisée. Le bâtiment lui-même occupe un angle de l'étoile formée par la rencontre des lignes. Et si l'on observe très attentivement la façade depuis Lindenstrasse, on devine la trace de cette étoile.

Enfin, j'ai réécouté mon double CD de l'enregistrement de *Moïse et Aaron*, l'opéra inachevé d'Arnold Schönberg. En plus d'être un des meilleurs compositeurs de tous les temps, Schönberg s'est distingué comme un des grands penseurs du XXe siècle. Il a incarné tout ce que la culture juive allemande recelait de brillant, mais aussi de complexe. Il faisait partie de ces nombreux Juifs assimilés qui s'étaient convertis au christianisme, poussés par des motivations sociales plutôt que religieuses. Lorsque les nazis accédèrent au pouvoir, et qu'il cessa d'être le bienvenu à Berlin, Schönberg abjura la foi protestante et commença la composition de *Moïse et Aaron*, hommage au peuple juif se libérant d'Égypte. Il signait là son dernier opéra, et probablement son meilleur, mais il ne parvint pas à l'achever. Certains allèguent le manque de temps et l'obligation de fuir l'Allemagne, mais pour ma part j'ai toujours été convaincu qu'il a pensé avoir atteint les limites de la musique.

J'ai décidé que le musée que j'étais en train de créer se voudrait un équivalent du troisième acte de l'opéra. Entre ses murs de pierre, dans l'espace ultime du Vide, les protagonistes de l'opéra entonneraient un chant silencieux. Et au final, c'est l'écho des pas des visiteurs qui ferait entendre leurs voix.

Il peut sembler incongru de fonder un bâtiment sur un morceau de musique qui n'existe pas. Ou sur un guide dont le sens est difficile à appréhender. La démarche risque de paraître abstraite et obscure, et c'est peut-être la vérité. Mais cette opacité n'est due qu'à l'absence de ces individus impliqués autrefois dans la vie berlinoise et anéantis par l'Holocauste. Et c'est sur la relation à ce passé que pourra s'appuyer la compréhension du Berlin actuel.

Les organisateurs du concours avaient demandé aux candidats de joindre un rapport à leur maquette. J'ai choisi de rédiger le mien sur du papier à musique (d'où le titre « Entre les lignes »), en lui donnant la structure du *Gedenkbuch*. La maquette fournie au jury s'enveloppait d'un collage réalisé à partir de copies des feuilles du livre, énumérant les victimes berlinoises, dont certaines portaient le nom de Berlin. De nombreux Juifs s'étaient fièrement appropriés ce nom quand ils avaient quitté la campagne pour la ville, et le tragique de leur mort me touchait tout spécialement. Les six lettres du mot B-E-R-L-I-N, qui pou-

vaient former les pointes d'une étoile à six branches, me
semblaient investies d'une signification particulière.

J'ai intégré à mes croquis non seulement les paroles des
prophètes hébraïques, mais aussi les noms des Libeskind –
celui que mon grand-père Chaïm avait choisi pour sa
famille. Descendant d'une famille orthodoxe misérable,
Chaïm était déjà adulte et vivait à Lodz avec femme et
enfants lorsqu'on lui demanda de donner un patronyme à
l'occasion d'un recensement. Jusque-là, comme il était fré-
quent chez les Juifs pauvres des campagnes, on le désignait
uniquement par son prénom, tout comme mon père était
connu en tant que Nachman ben Chaïm – Nachman fils
de Chaïm. Obligé de prendre une décision, mon grand-père
arrêta son choix sur Libeskind, son propre surnom (« enfant
chéri »). Lorsqu'il se fit enregistrer auprès de l'administration, il omit volontairement le « e » de l'allemand *Liebe*,
afin que le nom sonne indéniablement yiddish et ne risque
pas de passer pour germanique. *Libes*kind.

Le concours étant anonyme, j'aurais été disqualifié si
l'un des jurés avait découvert mon nom sur la maquette,
mais il s'est fondu à l'ensemble. Les candidats ont été priés
de choisir un numéro pour les représenter. Personnellement
j'ai choisi le 6 000 001.

Depuis le début, je considérais le bâtiment comme une
sorte de texte destiné à être lu, et j'aimais penser que les
jurés, sans repérer mon nom, avaient déchiffré sans peine
la portée de mon projet, ses multiples strates de signification. Cependant, j'ai mis un moment à comprendre que

s'ils avaient été impressionnés par le plan, les jurés n'en avaient pas conclu pour autant qu'il était réalisable. J'ai même fini par m'apercevoir que si certains d'entre eux en appréciaient tellement la complexité, c'est en partie parce qu'elle compromettait la construction. S'ils avaient eu sincèrement l'intention de créer un musée du judaïsme, ils auraient opté pour quelque chose de plus évident et de plus ordinaire. Mais dans le cas présent, ils avaient tout loisir d'exhiber leur intérêt collectif et leur esprit d'aventure, tout en prononçant un verdict – à leur grand regret, bien évidemment – d'infaisabilité. « Un concept remarquable, mais impossible à réaliser, vous le comprenez. »

Mes ouvrages d'architecture citent mille projets primés à des concours qui ne se sont jamais concrétisés. En fait, 99 % des lauréats ne dépassent jamais le stade des premières ébauches. Il est beaucoup plus facile de remporter un concours que d'assurer la réalisation du projet. Berlin et Ground Zero : bon nombre des problèmes liés à la compétition berlinoise et à ses suites se sont répétés avec Ground Zero. Les organisateurs new-yorkais avaient prévu que le concours pour la reconstruction du site du World Trade Center débouche sur un « concept modulable ». Ils sollicitaient donc des « études préliminaires », autrement dit, ils cherchaient des idées et des propositions susceptibles d'être analysées et mises en commun pour la conception d'un projet définitif.

Mais les choses ont tourné de la même manière à New York et à Berlin : le concours a commencé à vivre de sa vie propre. Indifférent aux abstractions, le public faisait pression pour adopter l'une ou l'autre des propositions. Les gens réagissaient à des projets bien définis et réclamaient leur réalisation. Les New-Yorkais avaient hâte de guérir et de rebâtir. À Berlin, le bâtiment que nous avions imaginé s'est trouvé entraîné dans un tourbillon d'événements historiques. Le Mur venait de tomber, l'Europe de l'Est était en pleine mutation et une nouvelle Allemagne prenait forme peu à peu. Le changement était palpable. Et manifestement, les Berlinois regardaient le futur avec enthousiasme et ne demandaient qu'à avancer.

Quelque temps après mon installation à Berlin, j'ai appris que l'architecte américain Steven Holl avait été convoqué par Wolfgang Nagel, le nouveau sénateur chargé de la construction, et que celui-ci donnerait une conférence de presse au sujet de l'American Memorial Library, un projet de Holl dont la construction devait bientôt débuter. J'ai décidé d'aller voir ce qui se mijotait.

Un Steven Holl rayonnant se tenait sur le podium, devant une maquette de sa bibliothèque sculpturale et pleine d'originalité, encadré par son interprète et un sénateur Nagel à la mine pugnace. Les journalistes allemands se bousculaient pour s'assurer une place en attendant son discours. À l'heure prévue, Nagel s'est approché du micro. « Je suis là pour faire savoir à l'architecte que son projet n'est plus le seul gagnant et que le concours est ouvert à d'autres propositions. » Holl, qui ne connaissait pas l'allemand, affichait un sourire satisfait, jusqu'à ce que l'interprète se penche vers lui et lui chuchote la traduction à l'oreille.

Un ou deux jours plus tard, je recevais un appel d'un représentant du Sénat de Berlin. « Monsieur Libeskind, le sénateur Nagel souhaiterait reconsidérer votre projet et examiner les propositions des douze autres finalistes. »

« Mais il perd la tête ! ai-je dit à Nina. Cela fait des mois que j'ai remporté le concours. » Nous étions assis sous un parasol rouge et blanc du café Kranzler, tout près des bureaux des services d'urbanisme. D'ici quelques minutes nous affronterions l'individu dont le nom bien trouvé signifie « clou » en allemand.

« Est-ce qu'il est vraiment en mesure de choisir un autre projet parmi ceux qui ont été rejetés ? »

Issue d'une famille de politiciens canadiens, Nina est capable de voir clair dans une situation. Moi par contre, je suis un naïf.

« Nagel se moque bien de sélectionner un nouveau projet. Ce qui lui importe, c'est seulement d'annuler le tien. Essayons d'anticiper les questions qu'il va te poser, et préparons-nous-y de notre mieux. »

Lorsque nous sommes entrés dans la salle, toute la hiérarchie des services d'urbanisme, vingt personnes au bas mot, a braqué ses regards vers nous. C'était de ces gens-là que dépendait la construction du bâtiment. Rassemblés par petits groupes, ils attendaient solennellement l'entrée du sénateur. Celui-ci aurait dû se présenter à dix-neuf heures, mais c'est avec trois quarts d'heure de retard qu'il s'est engouffré dans la pièce, escorté d'une nuée de journalistes et d'assistants. Il s'est dirigé tout droit vers moi, et nous nous sommes retrouvés nez à nez. Il n'a même pas pris la peine de déboutonner son manteau. Il allait se débarrasser de moi en deux secondes, ça ne laissait aucun doute.

« Libeskind, qu'est-ce qui vous habilite à bâtir à Berlin ? » m'a-t-il demandé.

Je suis resté sans voix. Cette question ne tenait pas debout.

« Quels bâtiments importants avez-vous construits avant de venir ici ?

– Monsieur le sénateur, la taille des bâtiments n'a pas sa place... »

Il ne m'a pas laissé terminer.

« Je répète, quels bâtiments importants avez-vous réalisés qui vous habiliteraient à construire ce musée ? »

On voyait bien clair dans son jeu. J'ai pris une profonde inspiration. « Monsieur le sénateur, si vous ne prenez appui que sur le passé, Berlin n'aura jamais d'avenir. »

Il n'a plus rien dit. Cette notion de « passé » l'avait convaincu de se taire. « D'accord, a-t-il fini par répondre, désignant la maquette d'un mouvement de tête. C'est le projet en question ? »

J'ai fait signe que oui.

« Et comment pénètre-t-on dans ce bâtiment ? s'est-il informé après examen.

– Pour vous il n'y a pas de porte, Monsieur le sénateur. Il n'y a pas d'entrée pour vous dans ce bâtiment. »

L'assistance s'est figée.

« Il n'y a pas de porte, parce qu'il est impossible d'accéder à l'histoire du judaïsme et à celle de Berlin par les voies traditionnelles. Pour comprendre l'histoire des Juifs berlinois, ainsi que l'avenir de Berlin, vous serez amené à suivre un itinéraire largement plus complexe. Vous devrez vous replonger dans les profondeurs de l'histoire berlinoise, dans sa période baroque, et donc dans le bâtiment baroque lui-même. »

Nagel s'est remis à étudier la maquette. Son expression s'est radoucie et il a conclu : « Monsieur Libeskind, je ne me soucie pas du passé. Votre style me plaît. Vous êtes le bienvenu si vous voulez bâtir à Berlin. » Sur ce il m'a serré la main et a quitté les lieux.

Nina a demandé aux fonctionnaires du Sénat s'ils pouvaient nous dénicher quelques bouteilles de champagne. Ils n'ont pas tardé à en rapporter et à faire sauter les bouchons. Nagel avait annulé un certain nombre de projets, et tout le monde se réjouissait de pouvoir travailler à nouveau.

Une des bouteilles a glissé et s'est fracassée au sol. « *Achtung ! Achtung !* »

« Tout va bien ! s'est exclamée Nina, qui malgré son exceptionnel pragmatisme peut se révéler étrangement superstitieuse. Ça porte bonheur. »

Grâce à notre emprunt, nous avons pu emménager sur Bregenzer Strasse, tout près du Ku'damm. L'appartement était situé au dernier niveau et notre studio au premier. Au début, il ne contenait que deux bureaux, quelques sièges et une rangée de patères, tandis que l'équipe se réduisait à Nina, moi-même et notre secrétaire Dagmar Quentin, qui faisait parfois office de baby-sitter pour Rachel. Peu à peu, les effectifs sont passés à six, puis à huit personnes. Nous avons recruté de jeunes architectes allemands. Cela nous semblait s'imposer.

Un jour, un jeune homme élégamment vêtu, avec des verres sans monture, s'est présenté dans mon bureau.

« Je m'appelle Matthias Reese, a-t-il annoncé. J'ai appris que vous réalisiez le Musée juif. J'aimerais travailler pour vous.

– Quelles sont vos expériences professionnelles ?

– J'ai construit un petit immeuble en Allemagne de l'Ouest. Mais je tiens à collaborer avec vous. Ce projet correspond à ce que je dois faire, à ce dont j'ai besoin. »

Une telle passion me remplissait d'admiration. Nina l'a

regardé droit dans les yeux, et ce qu'elle y a lu a gagné sa confiance. Nous l'avons engagé sur-le-champ.

C'est seulement des années plus tard que j'ai mesuré combien il était remarquable et pertinent que Matthias se soit joint à nous et soit finalement devenu notre architecte d'opération. Nous traversions le camp de concentration de Sachsenhausen, lorsque nous sommes tombés sur la salle de bal de la Gestapo. Après avoir commis leurs atrocités, les gardiens venaient là se défouler et vider quelques chopes de bière.

Matthias a blêmi, et son expression s'est rembrunie. « Mon père a dû venir danser dans cette salle », a-t-il dit.

Moi qui n'avais jamais soupçonné que son père avait participé à la guerre, je découvrais à présent qu'il avait été simple soldat dans la Wehrmacht, affecté au camp de Sach-senhausen. Je me suis abstenu de tout commentaire – que dire ? – mais je me sentais profondément ébranlé, car cet homme était mon ami, il avait vécu en Israël et s'était consacré avec ferveur au Musée juif. Et là, en ces lieux marqués par un passé affreux, errait le fantôme de son père.

Le souvenir de cet épisode me ramène à un voyage que j'ai fait avec Nina et les enfants. Nous étions en train de franchir les cols des Alpes pour passer vers le sud de l'Alle-magne, et nous avons perdu notre chemin. La nuit tombait sur la campagne bavaroise, et comme notre carte était res-tée à l'arrière, nous nous sommes rangés au bord de la route pour la récupérer. En descendant du camping-car, j'ai jeté un regard alentour pour essayer de m'orienter. Nous nous trouvions au milieu d'un vaste espace dégagé. À travers l'obscurité, j'ai distingué une structure colossale fermée par un imposant portail métallique. Aucun panneau ne permettait de l'identifier. On avait l'impression d'arriver devant des ruines antiques, mais la grille, elle, me rappelait quelque chose d'autre. D'une certaine manière, cet endroit ne m'était pas inconnu... C'est alors que j'ai compris : le stade de Nuremberg. L'endroit où Hitler organisait ses sinistres rassemblements de masse. C'était pour affronter le passé que j'étais venu en Allemagne.

Trop fatigués pour poursuivre le voyage de nuit, nous nous sommes arrêtés dans une petite auberge, à la sortie de la ville. Le cuisinier était parti depuis longtemps, mais la dame âgée qui nous avait accueillis, voyant Rachel et les garçons affamés, leur a gentiment servi des escalopes viennoises. En observant les rides sur son visage, j'ai calculé qu'elle devait être jeune femme à l'époque où les nazis se réunissaient dans les environs. Il était fort plausible qu'elle se soit trouvée là.

On a déjà dit avant moi que les enfants n'avaient pas à répondre des crimes de leurs pères, mais j'ai été renvoyé au passé de l'Allemagne chaque jour où j'ai vécu et travaillé dans ce pays, que ce soit pour le Musée juif ou pour d'autres projets. La génération actuelle est extrêmement différente, et au cours des années 90, après la chute du Mur, alors que l'ancienne génération continuait à s'éteindre, j'ai senti que la ville de Berlin et la nation dans son ensemble subissaient une mutation d'envergure. Je devinais que quelque chose de positif pointait à l'horizon.

En dépit de cela, une petite partie de moi-même demeurait toujours sur la réserve, ce qui explique certainement que malgré un séjour de douze ans en Allemagne, je n'ai jamais parlé allemand, ni en privé ni dans un contexte officiel. Après douze ans passés dans la ville, je cessais d'être un simple visiteur ou un touriste. Pourtant, je ne me suis jamais départi de mes profondes réticences envers cette langue, et bien que je me sois à de nombreux égards intégré à la ville, je continuais à y incarner quelque chose d'étranger.

« Vous faites des progrès en allemand ? me demandaient souvent les gens.

– Pas trop, mais par contre mon yiddish s'améliore de jour en jour. »

Dans la campagne polonaise, près de Zakopane, 1954.

Dora, ma mère, et sa boutique de Lodz, 1956.

Publicité pour le magasin de ma mère, après notre déménagement à Tel-Aviv, 1957.

סלון לחזיות וגורסטים
"דבורה" מקודם ורשה.
תל-אביב, ע" רח' ארבע ארצות פולין
מומחית לחגורות רח' ארבע ארצות
וחגורות אחרי נתוח
עבודה מדרגה ראשונה
מ. ד. ר. ם. מזלות

Specialist for Belts:
Pregnancy and after operation.
First class work.
Moderate prices.

Salon for Brassiers and Corsets
"DEBORAH"
(formerly Varsovie, Poland)
Tel-Aviv, 35, Arba-Arazot Street
near Jabotinsky

Ma mère Dora, ma sœur Ania, mon père Nachman et moi-même, Pologne, 1952.

Lecture du journal en yiddish,
Tel-Aviv, 1958.

Les lauréats du prix de la
fondation culturelle
américano-israélienne,
1959. Yithzak Perlman
se trouve à droite, et moi
à gauche.

La traversée vers New York, août 1959. On me voit sur la gauche, au premier plan.

Je suis un New-Yorkais, Bronx, 1967.

Nina se charge de nos affaires pendant que je m'occupe de Lev et de Noam, Cranbrook, Michigan, 1979.

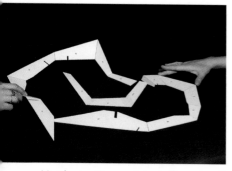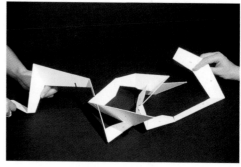

Musée des Beaux-Arts de Denver. « Deux lignes en promenade », papier plié.

Musée des Beaux-Arts de Denver. Aquarelle originale présentée lors du concours.

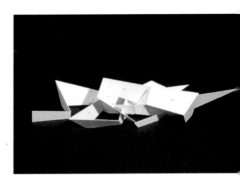

Musée des Beaux-Arts de Denver. Maquette du site, vue panoramique depuis le parc public.

Musée des Beaux-Arts de Denver. Rendu en élévation de la face est.

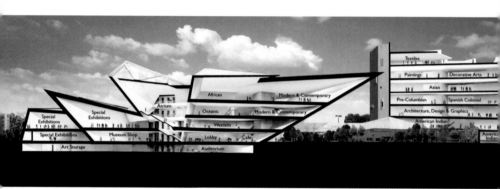

Musée des Beaux-Arts de Denver. Coupe dans le plan vertical nord-sud.

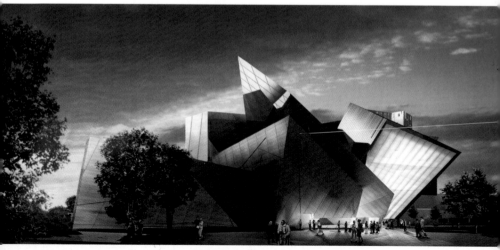

Musée des Beaux-Arts de Denver. Rendu en élévation, la nuit.

Musée des Beaux-Arts de Denver. Rendu de l'atrium.

Musée des
Beaux-Arts
de Denver.
La galerie
d'exposition.

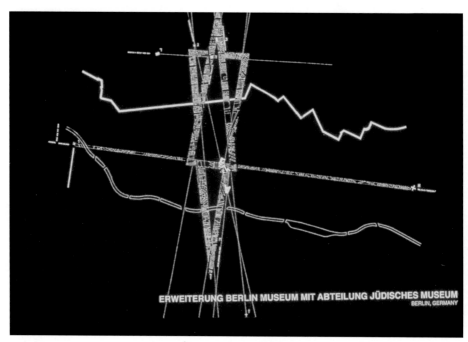

Musée juif de Berlin. Le motif de l'Étoile et le mur de Berlin.

Musée juif de Berlin. Les voies souterraines.

Musée juif de Berlin. L'escalier principal.

Musée juif de Berlin.
Le Vide de la Mémoire,
installation au sol de
Menashe Kadishman.

Musée juif de Berlin.
La cour.

Musée juif de Berlin. Espace d'exposition.

Musée juif de Berlin. Vue de l'extension du musée, avec sur la gauche le bâtiment baroque.

Vue du Musée juif de Berlin. Sur la gauche, la Tour de l'Holocauste ; les Jardins de l'Exil et de l'Émigration au premier plan ; en arrière-plan, Alexanderplatz.

Musée juif de Berlin. Vue aérienne.

Studio Weil, Majorque. Vue de l'entrée depuis la cour des sculptures.

Studio Weil. Cour des sculptures.

Studio Weil. Vue de la rue, l'entrée du studio.

Musée Felix Nussbaum, Osnabrück. Vue aérienne.

Musée Felix Nussbaum.
Vue de la cour.

Musée Felix Nussbaum.
Vue de nuit.

Musée Felix Nussbaum. Entrée principale. La fleur favorite de Nussbaum s'épanouit devant le bâtiment.

·5

visages

« Dis-moi, papa, m'a demandé récemment un de
mes fils, à quoi ressemblait maman quand vous
vous êtes connus ? »

La première fois que j'ai rencontré Nina au
camp yiddish d'Hemshekh, dans le nord de l'État
de New York – un des derniers bastions d'un
monde englouti –, je n'avais jamais vu de visage
aussi beau. J'avais vingt ans, et je venais du Bronx
pour enseigner les arts appliqués. Elle en avait dix-
sept, et elle arrivait du Canada dans l'intention de
devenir avocate. Trop intimidé pour lui adresser la
parole, j'ai fait remarquer à mon ami Jerzy : « Belle
comme elle est, je parie qu'elle n'a rien dans la
tête. Personne ne peut avoir la chance de ressembler à ça et d'être en plus intelligent. » C'était le
genre d'inepties que les hommes pouvaient profé-
rer à la fin des années 60 et au début des années 70.
Peut-être voulais-je seulement me protéger, car

j'avais compris dès la première seconde que je devais passer le restant de ma vie auprès d'elle.

« Jolie histoire, a répliqué mon fils. Et alors, elle était comment ? »

Il me demandait des détails. Il voulait connaître la couleur de ses cheveux, savoir si elle portait des minijupes ou des robes à la hippie. Et puisqu'elle était belle, comprendre ce qui faisait sa beauté. Mais la beauté, rien ne peut l'expliquer, il n'y a pas de justifications à donner. Elle existe, et c'est tout. La beauté est un des plus grands mystères qui soient. Et je pense qu'un visage n'est rien d'autre que ce que l'on en fait. C'est à sa profondeur que l'on est sensible, pas seulement à la peau qui recouvre le crâne. Le mot « face » vient du latin *facere*, qui signifie faire, fabriquer. Ce qui nous parle dans un visage est l'éclat dont il resplendit, non seulement dans la lumière du soleil, mais sous l'effet d'un rayonnement spirituel venu de l'intérieur.

Nous pensons que notre mémoire conserve les visages de ceux que nous avons aimés, mais ce n'est qu'une illusion. Je crois me souvenir de celui de mon père, de l'expression de bonté qui l'animait alors qu'il attendait, radieux, que nous débarquions du *Constitution*. J'ai l'impression de me rappeler les traits de mes enfants lorsque je les ai pris pour la première fois dans mes bras. Et il me semble aussi revoir le visage de Nina au camp yiddish. Cependant, je suis bien forcé d'admettre que mon seul véritable moyen de *voir* un visage est de le prendre en photo et de l'enregistrer dans ma mémoire. Mais il ne s'agit là que d'une représentation graphique qui ne contient pas la substance authentique du visage, ni l'impact qu'il peut produire. Qu'est-ce que la photographie, dans le fond ? La fixation d'une image sur un support sensible à la lumière et chimiquement préparé. Rien de plus.

Cela n'a rien de commun avec le visage vivant. Au XVIIIᵉ siècle et jusqu'au XIXᵉ, les scientifiques ont étudié la physiognomonie afin d'effectuer un repérage et une classification des comportements humains à partir de la structure de la face, mais la tentative s'est évidemment soldée par un échec. En réalité, ce que l'on observe vraiment lorsqu'on examine un visage, c'est ce que ce visage lui-même regarde. Pensez au vôtre. Vous portez votre regard dans une certaine direction, et même s'il tombe sur un objet inanimé, celui-ci vous rend votre regard. À cet instant-là, une espèce de communication s'établit à travers l'espace, et votre visage se modifie en y réagissant. Un phénomène identique régit les bâtiments. Ils ne présentent pas au monde une simple façade, mais un visage qu'ils peuvent tourner vers nous ou écarter de nous.

À en croire le grand écrivain argentin Jorge Luis Borges, il est possible de connaître l'existence d'un être humain en reconstituant tous ses déplacements entre la naissance et la mort. Moi je ne suis pas d'accord. Par ce moyen-là, on ne saura jamais ce que la personne a contemplé, sur quels objets s'est promené son regard. A-t-elle rencontré des spectacles qui l'ont étonnée ou ravie ? Quelles visions illuminaient son regard ? Ce sont des choses qu'il faut absolument connaître si l'on veut appréhender pleinement ce qu'a été une vie humaine.

Il y a quelque temps, Nina et moi nous sommes rendus à Denver, où débutait la construction de mon extension du musée des Beaux-Arts. Nous avons rallié le chantier directement depuis l'aéroport, et lorsque Nina est descendue de voiture pour contempler la structure d'acier suspendue en porte à faux au-dessus du sol, elle a éclaté de rire. « Daniel ! s'est-elle écriée. C'est du délire ! – Merci mon Dieu ! » ai-je répliqué.

Je pense que ce bâtiment sera extraordinairement novateur, monumentale sculpture revêtue de titane, aussi vallonnée qu'un paysage, ponctuée de surprises étourdissantes.

Philip Johnson m'a tenu un jour ces propos : « Vous savez ce qu'est l'architecture ? C'est quand je ressens soudain ce malaise au creux de l'estomac et que je dis : "Ouah, c'est pas mal du tout." » Pour moi, l'affaire ne se limite pas à ce « Ouah », il s'agit en même temps d'une expérience de rupture, du choc émotionnel causé par une nouveauté tellement inattendue, tellement déstabilisante que l'on croit arriver en un lieu étranger, à la frontière du familier et de l'inconnu.

Jennifer Moulton, responsable de l'urbanisme à la ville de Denver, et aujourd'hui disparue, était résolue à faire de l'extension du musée des Beaux-Arts un bâtiment totalement unique, capable de transporter les visiteurs dans un univers nouveau. Denver possédait déjà un musée des Beaux-Arts d'une admirable créativité, conçu par le fameux architecte italien Gio Ponti. La bibliothèque municipale de Michael Graves se trouve non loin de là. Lorsque le conservateur du musée, Lewis Sharp, a fait connaître son projet d'agrandissement, spécifiant qu'il devrait aboutir au premier grand musée des Beaux-Arts du XXIᵉ siècle, Moulton a décidé de relever le défi.

« Les bâtiments d'exception font monter la cote d'une ville, a-t-elle expliqué. D'un point de vue psychologique, esthétique et économique, ils accroissent son prestige en prouvant que la ville bouge, qu'elle est tournée vers l'avenir et a confiance en elle. Je crois que Denver est prête pour ce genre de choses. »

On s'étonnera peut-être que l'expression de l'individualité soit chose mal perçue dans le domaine de l'architecture. On l'exalte pourtant chez l'artiste, et on l'exige du chercheur en sciences. En fait, nombreuses sont les disciplines où le succès est proportionnel à la faculté de se démarquer de la masse, d'affirmer sa singularité à travers ses pensées, sa tenue vestimentaire ou son mode d'expression. Pensez à des créateurs de mode tels que Issey Miyake, Alexander McQueen ou Vivienne Westwood. C'est précisément l'originalité de leurs idées qui leur permet de repousser les frontières.

Imaginez un monde qui se limiterait à un seul et unique visage, où tout le monde se ressemblerait. Quel cauchemar !

Aujourd'hui je prends le parti d'en rire, mais j'étais beaucoup moins réjoui lorsque j'ai su pourquoi on ne m'accordait pas la commande pour l'extension du Carnegie Science

Center de Pittsburgh. Merci beaucoup, mais votre proposition nous déçoit légèrement. Pour quelle raison ? « Nous espérions un bâtiment qui porte la marque Libeskind. Ce n'est pas le cas de celui-ci. » Ils attendaient donc une copie de ce que j'avais déjà fait ! Pourquoi ? Quel intérêt pour l'édifice qu'ils avaient l'intention de bâtir ?

Contrairement à de nombreux responsables de la construction, Lewis Sharp, de Denver, respecte profondément l'architecture en tant que mode d'expression artistique. Il est secondé en cela par un conseil d'administration avisé et aventureux, notamment son généreux président, le magnat du pétrole Frederic C. Hamilton. Réfléchi et doté d'un sens de l'humour très aigu, Hamilton aurait facilement pu investir ailleurs ses 20 millions de dollars, mais son goût pour les arts l'a incité à financer l'extension du musée. Son nom apparaîtra sur le bâtiment lorsqu'il sera achevé, en 2006. Il serait juste de rendre hommage à sa largesse.

Quand j'ai commencé à travailler sur le projet d'agrandissement, j'ai trouvé mon inspiration dans des sources nombreuses – la lumière et la géologie des Rocheuses, le passé industriel de la ville, qui s'est développée autour du chemin de fer, mais plus encore dans les visages si ouverts des habitants de Denver. J'ai une théorie là-dessus : leur chaleureuse exubérance vient en partie de cette clarté limpide, de ce ciel si haut qui se reflètent dans leur regard. Les yeux sont des sphères qui renvoient la lumière, ils scintillent et ils brillent.

Lewis Sharp a aussi ce regard, lui qui grandi dans l'Upper East Side de Manhattan, en face du Metropolitan Museum où il a été conservateur du département américain pendant les années 80. Il m'a raconté qu'il avait six ans la première fois qu'il a traversé la 5ᵉ Avenue pour pénétrer dans le musée, et qu'il a décrété aussitôt : « Voilà, je vais passer le reste de ma vie dans les musées. » Et il a tenu parole.

Je présume que mon père, qui aimait tant les montagnes, aurait adoré Denver et l'optimisme de sa population. Il est mort à plus de quatre-vingt-dix ans, après avoir vu des horreurs que la plupart d'entre nous ne supportent même pas d'imaginer, et malgré cela, il a pensé jusqu'au bout que les gens étaient foncièrement bons ; cette croyance transparaissait sur son visage, empreint d'une jeunesse et d'une douceur presque miraculeuses.

Je doute par contre que ma mère, si attachée à la mer, ait beaucoup apprécié Denver. Et son regard ironique sur le monde l'aurait sûrement empêchée de s'y intégrer. Ma mère était aussi brillante que pessimiste. Tout ce qu'elle avait appris de la nature humaine avait pratiquement épuisé sa foi en elle. Je ne peux écrire sur les visages sans évoquer le sien, un des plus énigmatiques qu'il m'ait été donné de voir. Ma mère avait un nez au dessin irréprochable, et des pommettes hautes et saillantes au-dessus desquels des yeux obliques risquaient un regard, pareils à deux sentinelles cachées derrière des tourelles. Son corps menu et fragile – que les privations, l'oppression, la nostalgie et les regrets avaient rendu rachitique – dissimulait une puissance titanesque qui irradiait de son regard. Un regard assez puissant pour geler le soleil ou faire fondre un glacier. Quand elle s'est installée à New York, on la prenait souvent pour une Portoricaine ou une Grecque. Les gens étaient loin de se douter qu'ils avaient affaire à une Juive hassidique de Varsovie ou, comme elle le revendiquait (et je la crois sur parole), à une descendante en droite ligne du célèbre Rabbi Loew de Prague, le créateur du Golem. Ma mère possédait *réellement* un pouvoir magique.

Mes parents étaient de caractères si opposés – mon père extraverti et optimiste, ma mère secrète et réservée – que je me demande s'ils se seraient unis dans un monde différent, et sans le troublant parallélisme de leurs expériences de guerre. Cependant, le mariage célébré en 1942 au fin fond de l'Asie soviétique scellait une histoire d'amour qui dura leur vie entière.

Dora, l'un des onze enfants de la famille Blaustein, était originaire de Varsovie, qui rassemblait la plus grosse communauté juive de toute l'Europe. Nachman, lui, était l'un des cinq descendants d'un conteur yiddish itinérant et illettré venu de Lodz, deuxième communauté juive du pays. Deux jeunes Juifs intelligents et idéalistes. Mon père, socialiste, appartenait au Bund. Ma mère était sioniste et adhérait au mouvement anarchiste, en vertu d'affinités intellectuelles plus que par ses affiliations politiques. Lorsque les nazis envahirent la Pologne en 1939, Dora et Nachman, conscients de devenir bientôt la cible des persécutions, s'enfuirent en Union soviétique. Ils ne devaient se rencontrer que trois années plus tard.

« Laisse-moi emmener avec moi ton fils Iser », demanda mon père à son oncle Natan, mais celui-ci refusa. « Dans cette famille, le sort des uns sera celui des autres. » Mon oncle et tous ses enfants ont péri dans les camps.

« Viens avec moi », demanda mon père à sa sœur Rózia, mais son mari et elle venaient juste d'acheter des meubles pour leur petite famille, et elle ne voulut pas l'accompagner. Elle a survécu à Auschwitz, mais son bébé a été défenestré sous ses yeux et son mari abattu devant elle. J'ai dit que Rózia avait survécu, mais à l'époque où je l'ai connue, elle ressemblait plutôt à un fantôme égaré parmi nous.

Arrêtés par l'Armée rouge, mes deux parents furent envoyés en camp de travail. Dans celui où échoua mon père, au bord de la Volga, la quasi-totalité des huit cents prisonniers étaient des Juifs de Pologne. Pendant trois ans, il ne vit pas une seule femme. Parmi les détenues du camp sibérien où fut déportée ma mère, on trouvait certaines des femmes de la liste noire de Staline – filles, sœurs ou épouses de cadres du parti tombés en disgrâce. La fille de son ancien protégé Sergueï Kirov, la sœur du théoricien Nicolaï Boukharine... Le système communiste dévorait ses propres rejetons.

Ce n'est qu'après la désintégration du bloc communiste que l'on a mesuré dans toute son horreur la réalité des camps. Dans son ouvrage *Gulag*, Anne Applebaum évalue à 28,7 millions le nombre de détenus entre 1929 et 1953. Seulement pour l'année 1940, celle de l'emprisonnement de mes parents, 1 659 992 personnes ont été envoyées au goulag.

La vie là-bas était d'une extrême rudesse. Sans autre nourriture qu'une soupe claire, quelques croûtes de pain rassis et un liquide brunâtre qui se donnait le nom de café, vêtus de coton et chaussés de sandales en caoutchouc, Nachman et ses compagnons devaient marcher des heures pour rejoindre le chantier où, sous la surveillance des soldats et de leurs chiens, ils creusaient des tunnels, bâtissaient des ponts et cassaient des cailloux au nom de l'« effort de guerre ». Il insistait toujours sur l'absurdité de la besogne – un seul bâton de dynamite aurait dégagé plus de pierre dans une carrière que l'ensemble des prisonniers en une année de labeur. Mais l'absurdité faisait partie de la stratégie, l'objectif étant de maintenir les prisonniers dans un état d'épuisement et d'abrutissement qui les empêcherait de se soulever. Et la tactique fonctionnait bien. Sauf quand la détenue était ma mère.

Dans un camp proche de Novossibirsk, Dora fut affectée à la fabrication de bottes en cuir et à la confection de chemises raffinées, taillées dans la soie la plus pure, pour l'état-major soviétique. Elle, en revanche, allait vêtue de guenilles et s'enveloppait les pieds dans du papier journal pour se prémunir des engelures. Les gardiens maltraitaient quotidiennement les prisonnières – qu'ils frappaient sous l'effet de la boisson, ou pire encore –, et les maux dont ils n'étaient pas coupables, les poux se chargeaient de les infliger, s'incrustant dans la peau et le cuir chevelu que les femmes, à bout de nerfs, grattaient jusqu'au sang.

Une nuit, le commandant ordonna que l'on rassemble quelques femmes et qu'on les envoie dans son bureau. Là il se mit à leur hurler dessus sous prétexte qu'elles étaient polonaises, juives, et ennemies de l'État. Puis il s'adressa à Dora en la traitant de putain. N'y tenant plus, ma mère s'empara d'un encrier posé sur le bureau de l'officier et le lança contre le portrait de Staline accroché au-dessus de sa tête. De l'encrier fracassé, s'écoula un épais ruisseau noir qui macula le visage du dictateur et le tapis rouge du commandant. Les femmes se figèrent sur place, et le militaire pâlit. Pourtant il ne se saisit pas de son pistolet. Il laissa la vie sauve à Dora. Le regard fixé sur ma mère, il se contenta de vociférer : « Dehors, sortez d'ici ! Tout le monde dehors, immédiatement ! »

Pourquoi donc l'a-t-il épargnée ? Était-ce seulement le choc ? Cette vision du portrait de Staline barbouillé d'encre a laissé dans ma mémoire une marque aussi indélébile que si j'avais moi-même assisté à la scène. Il symbolise de manière exemplaire l'esprit humain défiant la tyrannie. Et il apporte la preuve définitive du courage de ma mère.

Dora était toujours indignée que le terme « rescapé de l'Holocauste » s'applique uniquement aux survivants des camps de la Gestapo. « Ils ne valaient pas mieux, disait-elle à propos des Soviétiques. La seule différence, c'est qu'ils n'étaient pas aussi efficaces que les Allemands, ils étaient un peu plus primaires. » La colère lui empourprait les joues.

Mes parents furent libérés au cours de l'été 1942, à l'issue d'un accord conclu entre Staline et le gouvernement polonais en exil. Mais comme l'Allemagne et l'Union soviétique étaient entrées en guerre, les Polonais qui venaient de recouvrer leur liberté n'avaient pratiquement aucun moyen de rentrer chez eux. Une seule idée fixe habitait mes parents, avoir chaud. Ainsi Dora et son amie Rachela d'un côté, et Nachman et son camarade Zimmerman de l'autre entreprirent un long périple en direction du sud, montant à bord d'une succession infinie de trains, jusqu'à ce qu'ils soient accueillis dans un camp de réfugiés du Kirghizstan, État d'URSS entouré par le Kazakhstan, la Chine, le Tadjikistan et l'Ouzbékistan. Une curieuse magie baignait cet univers inconnu.

Un jour Zimmerman annonça à Nachman : « Hier j'ai rencontré quatre filles de Pologne – on les a libérées d'un autre camp. »

Mon père savait ce qu'il lui restait à faire. Comme il le raconta des années plus tard à ma sœur, avec son accent yiddish : « J'ai dit : mettons-nous en route dès ce soir. Aussitôt dit, aussitôt fait. On les a vues, et maman et moi, nous sommes tombés amoureux au premier regard. » Zimmerman aussi a rencontré sa future femme cette nuit-là.

Les réfugiés, en tout une cinquantaine de personnes dont la grande majorité avait fait partie du Bund, furent envoyés à Ouczkor Gan, un village ouzbek bordé de champs de pavots écarlates, cultivés pour leurs graines et pour la fabrication de l'opium. Les musulmans kirghizes, pacifiques et généreux, hébergeaient les jeunes Polonais dans leurs huttes de terre et partageaient avec eux le peu qu'ils possédaient. Jamais mes parents ne devaient oublier la faculté d'adaptation de ces villageois : parfois, lorsque les hommes partaient à la guerre, les femmes, bien que religieuses, vivaient deux par deux comme un couple. Des choses pareilles, on ne risquait pas d'en voir en Pologne.

Une famine sévit dans la région. À l'horizon, les montagnes impassibles se dressaient comme une hallucination tramée par la faim. Mes parents survécurent en se nourrissant d'insectes et d'herbes bouillies, essentiellement des orties pénibles à ramasser et irritantes pour la peau. Ma mère fut frappée par l'exemple d'un réfugié entreprenant qui, s'étant procuré un morceau de viande, le « louait » aux autres en échange de quelques kopecks : le tenant au bout d'une ficelle, il le plongeait quelques secondes dans un bol d'eau chaude et fabriquait un simulacre de bouillon pourvu d'une très vague saveur. Nachman, Dora et leurs amis trouvèrent à s'employer au creusement d'un canal et à la récolte du coton, recevant pour chaque journée de labeur quelques noix desséchées qui devinrent la base de leur régime quotidien.

Rachela, l'amie de ma mère qui avait fui la Pologne avec elle et qui avait survécu à ses côtés au camp de travail et au long trajet jusqu'au Kirghizstan, finit par mourir de faim. Mes parents tinrent bon et eurent même un enfant, ma sœur Ania. Ma mère décrivait la naissance d'Ania au milieu de cette famine comme l'épanouissement d'une fleur en plein désert.

Deux ans plus tard, ma mère s'aperçut qu'elle était de nouveau enceinte. Cette fois, elle et mon père décidèrent que le moment était venu de se lancer dans l'odyssée du retour. Quand ils ne se déplaçaient pas à pied, ils se cachaient dans des trains de marchandises ou faisaient un bout de chemin à bord d'une charrette. Leur itinéraire les mena à Tachkent par le canal de Fergana, rendu célèbre par la littérature russe, puis à Moscou et à Minsk, et enfin à Varsovie. Ils possédaient en tout et pour tout un sac de sel que mon père avait extrait d'une mine kirghize. On raconte que dans l'ancien temps le sel avait autant de valeur que l'or, et cela s'appliquait aussi en période de guerre. C'était du moins ce que mes parents espéraient.

Lorsqu'ils atteignirent enfin la Pologne, ma mère était enceinte de huit mois et demi, et Ania avait trois ans. On était en 1946, et l'absence de mes parents avait duré près de sept ans. Ils n'étaient pas préparés à affronter ce qu'ils allaient découvrir. Bien sûr, des rumeurs s'étaient répandues jusqu'en Asie centrale, mais elles ne transmettaient de la réalité qu'une image floue et impénétrable. Beaucoup plus tard, ma mère relata son changement de train à l'embranchement d'Oswiecim – Auschwitz. À ce moment-là le nom ne lui évoquait rien. Elle vit des silhouettes décharnées qui

se traînaient péniblement, mais elle n'y attacha pas spécialement d'importance. Après tout, elle venait elle-même
de réchapper à une effroyable famine, et elle ressemblait
aussi à un squelette portant un enfant dans son ventre. Elle
ne comprit que plus tard qu'elle était passée à l'endroit où
sa propre famille avait été anéantie.

Tandis qu'il restait à Varsovie pour écouler sa provision
de sel, mon père envoya Dora et Ania dans sa ville natale,
en leur recommandant de chercher sa sœur Rózia. Mais
quand elles frappèrent chez elle, à Lodz, une femme revêche
les reçut sur le seuil et leur déclara : « Elle est partie hier »,
avant de leur claquer la porte au nez. Apparemment, Rózia
s'était rendue dans un camp pour personnes déplacées que
les Américains avaient établi en Allemagne de l'Ouest. Au
moins, elle était toujours en vie. Mes parents s'aperçurent
qu'à eux deux ils avaient perdu quatre-vingt-cinq membres
de leurs familles proches, tous exterminés. Parents, frères
et sœurs, nièces, neveux, cousins germains. Tous morts.

Dora, qui pourtant pleurait rarement, erra en sanglotant
dans les rues de cette ville étrangère. Ania s'agrippait à
elle, folle de terreur. Au moment où elle perdait espoir, elle
tomba sur un soldat russe, une femme toute seule dans sa
guérite. D'après ma mère, elle avait tout d'une ogresse, et
sa Kalachnikov menaçante la remplit d'épouvante. Dans
un russe rudimentaire, elle l'implora entre deux sanglots
de lui porter secours. Même si elle était toute petite à
l'époque, ma sœur a conservé de l'épisode un souvenir
vivace. La femme-soldat était un mastodonte affublé d'une

énorme poitrine, avec une tête de géante et une paire de bottes encore plus démesurées ; sa pipe en terre à la bouche, elle soufflait par les narines des panaches de fumée. Cependant l'ogresse avait bon cœur, et elle autorisa Dora et Ania à passer la nuit sur un petit lit en fer. Au matin ma mère était prête à accoucher, et on l'emmena d'urgence à l'hôpital pour réfugiés. C'est là que je suis né.

Regardez le portrait qui ouvre ce chapitre. Voyez ce regard tourmenté. C'est à peine si l'on a la force de soutenir ce qu'il exprime. Il s'agit de Felix Nussbaum. On le tenait à une époque pour un peintre de qualité, et l'Allemagne lui accorda en 1933 un prix prestigieux qui lui permettait d'aller étudier à Rome. Mais Nussbaum était juif, comme vous pouvez le constater. Condamné à la prison, il réussit à s'évader et à se cacher, et passa une bonne partie de cette époque insensée dans un minuscule grenier de Bruxelles, à peindre des autoportraits qui communiquaient avec éloquence ce qui était en train d'arriver – à lui-même et au monde.

« Si vous trouvez mes peintures, écrivit-il, considérez-les comme des messages dans une bouteille que l'on jette à la mer. »

Il croyait pouvoir survivre, mais l'odeur de la térébenthine et de la peinture trahit sa présence, et un voisin le dénonça à la Gestapo. Nussbaum et son épouse, Felka Platek, également peintre, finirent dans un train de déportés à destination d'Auschwitz. Ils n'en revinrent jamais.

Felix Nussbaum a traversé une longue période d'oubli. Même son nom avait disparu. Pendant les dernières années de la guerre, on effaça sa signature de la plupart de ses tableaux, vendus alors comme œuvres anonymes.

Je n'ai entendu parler de lui qu'en 1989, lorsque je me suis installé avec ma famille dans notre appartement berlinois de Bregenzer Strasse. Un jour, alors que je longeais le parc voisin de notre immeuble, j'ai remarqué une plaque apposée à la façade d'un bâtiment. Elle indiquait qu'un peintre y avait vécu, disparu en 1944. Nussbaum. Ce nom n'éveillait aucun écho. En rentrant chez moi, je me suis renseigné dans l'*Encyclopedia Judaica*, mais l'édition de 1976, contrairement aux suivantes, n'en faisait pas mention.

Près de cinquante ans après son assassinat, les habitants de sa ville natale – Osnabrück, en Basse-Saxe, près de la frontière hollandaise – ont retrouvé la trace d'une partie de son travail et décidé de créer un petit musée à la mémoire de leur concitoyen. J'ai participé au concours d'architecture organisé à cet effet, et c'est mon projet qui a été retenu. Ce n'était pas la première fois que j'étais lauréat, mais jamais encore on n'avait bâti à partir d'un de mes plans.

Pendant la phase de conception du musée, j'avais fait en sorte d'éviter une approche sentimentale de Nussbaum. Je tenais beaucoup à ce que mon concept ne serve pas à commémorer l'ensemble des victimes de l'Holocauste, mais honore l'histoire d'un individu particulier et sa destinée tragique. Un homme. Un visage. Je voulais que les visiteurs puissent *voir* Nussbaum.

L'édifice se compose de trois parties qui se coupent les unes les autres. L'une a un revêtement en bois, la deuxième un habillage métallique, et la troisième est simplement en béton nu. Ce dernier espace se définirait plutôt comme un long tunnel obscur, le passage Nussbaum, qui court sur deux niveaux. C'est à cet endroit que sont exposés les derniers travaux du peintre, exécutés peu avant son arrestation par la Gestapo. Dans son journal intime, il se plaignait de devoir travailler dans un espace aussi exigu et déplorait l'absence de perspective. Il lui était impossible de prendre le recul nécessaire pour embrasser d'un seul regard tout un visage. Toutefois, il continua à peindre et à dessiner dans une espèce de délire, et ce sont ces œuvres, composées parfois à quelques centimètres de son visage, qui sont accrochées là, certaines en hauteur, d'autres quasiment au ras du sol.

En constatant que le passage n'excéderait pas les deux mètres de large, les inspecteurs allemands ont tenté de me dissuader. « Vous ne pouvez pas créer un espace aussi étroit à l'intérieur d'un lieu public, ont-ils objecté. On est dans un musée, les gens ont besoin de circuler à leur aise. » C'était pourtant ainsi, leur ai-je rétorqué. On n'était pas là pour parler de liberté de mouvement, mais de l'expérience de l'enfermement.

J'ai baptisé le projet « Musée sans issue », puisque Felix Nussbaum n'a eu aucun moyen d'échapper à l'Holocauste.

Le jour de l'inauguration, j'ai observé deux rangs bien ordonnés de religieuses en habit, en train de franchir la passerelle pour entrer dans le musée. Une fois qu'on a pénétré à l'intérieur, on perd facilement ses repères ; il faut s'engager dans un labyrinthe de couloirs, et on aboutit dans des culs-de-sac. On est souvent obligé de rebrousser chemin. Je précise tout de même à ma décharge que la plupart des gens jugent l'expérience enrichissante et mémorable.

Fasciné, je suivais les déplacements des religieuses, qui cherchaient comment s'orienter. Sans savoir qui j'étais, l'une d'elles s'est approchée de moi. « Je ne trouve pas la sortie. Où est-elle ? Comment fait-on pour sortir de ce bâtiment ? » m'a-t-elle demandé en allemand. Il y avait dans sa voix un accent de panique.

« Ce n'est pas immense, répondis-je, vous finirez bien par trouver. »

En effet, elles y sont toutes parvenues. Lorsqu'elles ont quitté le musée, j'ai constaté qu'elles avaient été profondément émues, et même bouleversées, par l'expérience qu'elles venaient de vivre. Elles avaient *vu* Nussbaum. Et au moment de retraverser la passerelle, elles n'ont pas formé des rangs bien alignés comme à l'arrivée, mais se sont dispersées par petits groupes, en discutant avec animation.

Mon architecture volontiers expressive perturbe certains critiques, qui se sentiraient peut-être plus à l'aise dans un monde aseptisé où l'on peut tenir la bride aux émotions et débattre d'architecture en termes purement esthétiques.

Depuis l'avènement de l'ère moderniste, un bâtiment est censé présenter au monde un visage neutre et rester fermé à toute forme d'expression. La finalité était de créer une architecture objective, débarrassée de toute subjectivité. Mais la seule vérité est celle-ci : quelles que soient ses prétentions à l'impersonnalité, un bâtiment n'y parvient jamais entièrement. Le Corbusier a peut-être défini la maison comme une « machine à habiter », mais vous aurez beau vivre dans le plus blanc, le plus minimaliste des lofts, il n'en restera pas moins un reflet de votre personnalité, échappant ainsi à la neutralité.

La Nouvelle Galerie nationale de Mies van der Rohe, à Berlin, passe au dire de certains pour le bâtiment le plus objectif jamais construit, le modèle définitif du cube de verre – un toit plat et noir, huit colonnes et une façade en verre. A priori, une absence totale d'expressivité. Et pourtant, son parti pris de dépouillement, son refus de l'accessoire me semblent être une forme de violence. Son austérité nous assaille, nous écrase. Il nous met mal à l'aise avec nous-même. De tous les bâtiments que j'ai vus, j'en connais peu d'aussi agressifs.

Prenons un autre exemple : l'extension du Museum of Modern Art (MoMA) de New York, d'après un concept de Yoshio Taniguchi. Au moment où j'écris ces lignes, un gratte-ciel de verre anonyme est en construction. « Un cube blanc et neutre », commente le *New York Times* sur un ton admiratif. « Ce n'est pas de l'architecture touristique », se glorifie le conservateur en chef, comme s'il jugeait trop vulgaire d'ériger un bâtiment susceptible d'enthousiasmer le public. Toujours est-il que le cube blanc actuellement en chantier adresse un message étonnamment radical, en sa qualité d'incarnation arrogante du pouvoir du capital. En choisissant ce concept, le conservateur et les autres ont pris le parti d'expliciter le profil du MoMA– en tant que figure dominante dans l'univers des musées privés – et l'apparente neutralité de l'édifice ne fait que renforcer ce qu'il exprime à propos du pouvoir et de sa formidable présence dans les milieux de l'art.

Le Kimbell Art Museum de Fort Worth, par Louis Kahn, compte parmi les bâtiments les plus passionnants que j'ai vus. Il est toujours délicat de décrire un édifice, mais celui-ci met le défi encore plus haut. Je peux vous dire qu'il se compose d'une structure en voûte comprenant six unités, regroupées en trois sections disposées en rangées parallèles ; je pourrais ajouter qu'il est en béton armé, mais cela ne rendra compte ni de son aspect extérieur ni des émotions qu'il dégage. Je vous encourage vivement à le voir de vos propres yeux, car c'est un ouvrage superbe. L'architecture de Kahn, très formaliste et fondée sur la répétition d'un module, aurait pu produire un résultat glacial et vide d'émotions. Au lieu de cela, il en émane une rare poésie. Kahn était un artiste qui ne faisait jamais rien selon des normes préétablies ; il aimait son métier, et cet amour transparaît dans son travail. Il a dit à peu près ceci : avant de l'entendre, le monde ignorait qu'il avait besoin de la 5e symphonie de Beethoven, mais une fois qu'elle a été jouée, on ne concevait plus l'existence sans elle. On pourrait en dire autant du Kimbell.

Le bâtiment de Kahn a été inauguré en 1972. Trente ans plus tard, le Modern Art Museum, la nouvelle aile conçue par l'architecte Tadao Ando, a ouvert ses portes juste en face. En s'inspirant du Kimbell, Ando, qui est par ailleurs un excellent architecte, s'est employé à créer son équivalent moderne. À l'instar de Kahn, il a choisi le béton comme matériau de base et en a fait un usage remarquable. Cela n'a cependant servi à rien, car le bâtiment achevé ressemble à un bloc de béton anonyme.

Qui voudrait se laisser enfermer à l'intérieur d'un bloc anonyme ?

J'ai longuement réfléchi à l'origine du concept de cube blanc, et j'ai fini par trouver : les stoïciens. À l'époque où le paganisme était sur le déclin, mais où le christianisme ne s'était pas encore imposé en Occident, la doctrine philosophique élaborée par les stoïciens semblait idéalement adaptée à une période de troubles : évoluer dans le monde comme si on n'en faisait pas partie. Se rendre maître de toute passion, être froid, dépassionné, indifférent au monde extérieur.

Ce mode d'existence s'est indéniablement avéré efficace pour certains. Cependant l'indifférence n'est pas une vertu.

Un bâtiment qui ressemblerait à un cube blanc n'a pas sa place en ce monde. Ce ne sont ni la neutralité ni l'indifférence qui en font la richesse, mais les passions et les croyances.

En juin 2004, le Musée juif du Danemark, que j'ai également conçu, a ouvert ses portes à Copenhague. Ce petit musée raconte l'histoire peu ordinaire de la fuite des Juifs danois, emmenés de nuit vers la Suisse, pays neutre, à bord de bateaux de pêche. C'est un bâtiment étonnant, fait de bois comme les bateaux, avec des ondulations qui rappellent le tangage des embarcations sur les vagues.

« Monsieur Libeskind, m'a fait remarquer un journaliste de la télévision danoise, il n'y a pas un seul angle droit dans votre bâtiment.

– C'est tout à fait exact.

– Mais comment est-ce possible ? »

Il faut préciser que beaucoup de Danois font une fixation sur le cube. Ils sont luthériens de tradition religieuse et puritains de mentalités. Si l'on pouvait définir la culture par les angles, la leur serait une culture d'angles droits.

« Même le sol n'est pas à 90 degrés », a insisté l'interviewer, de plus en plus agité.

J'ai fait mon possible pour l'apaiser :

« Vous savez, vous vivez dans une démocratie. Il existe

trois cent cinquante-neuf angles en dehors de l'angle droit. Pourquoi se focaliser sur celui-là en particulier ? »

Il a éclaté de rire.

Je ne disais que la vérité : malgré les innombrables possibilités qui s'offrent à nous, nous nous sentons souvent tenus de marcher tous au même pas. Je crois que nous devons aux modernistes le présupposé selon lequel l'angle droit et la répétition nous assurent une impression d'ordre qui nous est nécessaire. C'est ce que l'on nous enseigne à l'école d'architecture. Mon premier projet à Cooper Union était ce qu'on appelle l'« exercice des neuf carrés ». On vous donne neuf carrés, avec pour consigne de créer un plan à partir de ce matériau. J'ai regimbé spontanément. C'était comme si un peintre s'en remettait à des indications chiffrées. Et pourtant, tous les architectes passent par là pour commencer, un carré comme base et une grille sur sa feuille de papier. La tyrannie de la grille ! Je la combats en permanence : des plans en damier, dont les unités répétitives obéissent toutes aux mêmes règles. Une grille que l'on déplace ne rend pas compte de ce qu'est la vie.

La notion de grille est à ce point admise que l'architecte Josef Kleihues fournit à ses employés une feuille de papier déjà quadrillée et sur laquelle chaque facette du bâtiment dessiné – l'emplacement des toilettes, la forme des portes – a été signalée au millimètre près. La grille réduit abusivement le champ de l'expérience. Le concept est en outre malhonnête, car il promet d'imposer l'ordre au chaos. La netteté de l'angle droit, sa rigueur géométrique s'arrogent

une légitimité scientifique. Elles me rappellent les architectes allemands des années 20, qui endossaient des blouses
blanches de techniciens de laboratoire comme s'ils prati-
quaient des opérations chirurgicales.

L'ordonnancement de l'univers est maintenant plus fantastique que nous ne l'avions imaginé. En physique, en
chimie et en cosmologie, nous appréhendons l'univers à
travers la théorie des cordes. En physique des particules,
on parle d'ondes, d'énergies, de théorie du chaos. Nul
n'escompte un ensemble unifié de formes. Le monde est
largement plus complexe que nous ne voulons l'admettre.
Même ceux d'entre nous qui mènent une vie assez rangée
ne se conçoivent pas comme monolithiques. Pourquoi,
dans ces conditions, privilégier les bâtiments fondés sur
une formule calibrée qui nie le désir humain et nuit forcément à la qualité de la vie ? À quoi bon un sens supposé
de l'ordre, s'il est mensonger ?

Au cours de mes voyages, il m'est arrivé de voir des
choses invraisemblables, des œuvres architecturales hors
normes qui défient les lois de la pesanteur et témoignent
de la qualité d'imagination et de la richesse émotionnelle
de leurs créateurs. Quand j'étais enfant, j'ai visité à Wie-
liczka, près de Cracovie, les mines de sel du XIIIe siècle dont
les immenses chambres souterraines, plus de deux mille au
total, renferment d'ahurissantes sculptures. Il y a là des
villes entières taillées dans le sel, des lacs salés parfaitement
transparents, mais que l'absence de lumière obscurcit
comme par magie. On y voit aussi de grandes chapelles

creusées dans la paroi saline, ornées de lustres et de crucifix en sel. Elles ont inspiré des textes à Goethe et à Schiller, le pape Jean-Paul II les a visitées. Ces villes-là n'ont pas été construites pour être habitées, les escaliers ne sont pas destinés à être empruntés. Elles expriment l'esprit humain dans sa vérité, l'esprit qui rêve et aspire à de grandes choses, et finit par les réaliser.

Tout aussi fascinantes et irréelles sont les chapelles faites d'ossements humains – y compris des crânes – que l'on peut rencontrer en Europe de l'Est, au Portugal et en Italie. Les centaines de crânes forment à la fois les fondations et l'ornementation, et leur assemblage s'empile de l'autel au plafond en passant par les portes. Quand je parle aux gens de ces chapelles, ils visualisent aussitôt les champs de la mort du Cambodge, où la révoltante exhibition des crânes proclamait le triomphe du mal. Mais bon nombre de ces chapelles, érigées au temps de la peste noire, étaient une forme de rédemption et célébraient la résurrection des âmes que les bâtisseurs croyaient parties vers un monde meilleur.

Il y a à Kyoto un mur que j'aime tout spécialement, un mur d'argile du jardin de rocaille de Ryoanji, un temple zen du nord-ouest de la ville. Le jardin fait partie des merveilles du monde. D'une surface de sable blanc et lisse, émergent quinze pierres, mais quel que soit le point où l'on se place, on n'en voit jamais que quatorze. Il paraît que si l'on trouve l'endroit adéquat, on peut les embrasser toutes d'un seul regard, mais pour l'instant je n'ai jamais réussi. On entend dire aussi que la contemplation du jardin peut susciter une extase spirituelle. Là en revanche, j'ai eu davantage de succès, même si la longue attente peut sembler éprouvante. Si l'on garde le cœur et l'esprit ouvert, quelque chose nous envahit. Il est difficile de mettre des mots précis sur l'expérience, qui n'en est pas moins profonde et intime.

Le mur de Ryoanji que j'aime tant est fait de briques aux imperfections évidentes, qui laissent voir les transformations survenues au fil du temps. Il se pratique au Japon une technique de poterie connue pour ses imperfections, le *raku*. Comme les défauts introduits à dessein dans la trame d'un tapis par les tisserands persans, l'idée sous-jacente est que la perfection pour elle-même est stérile et que la véritable perfection englobe l'imperfection humaine.

Quand je travaille sur un bâtiment, je me retrouve souvent à contempler des photographies de visages. Lorsque j'ai créé le Musée juif de Berlin, j'ai passé des heures à regarder les photos des passants qui se promenaient sur Alexanderplatz dans les années 30. J'ai observé les traits du compositeur de musique dodécaphonique Arnold Schönberg et ceux de son ami le peintre abstrait Vassily Kandinsky. J'ai mémorisé le regard perçant du critique littéraire Walter Benjamin. On cherchera en vain un lien direct entre les photos et la version finale du bâtiment. Je n'ai jamais imaginé ces individus en train d'y pénétrer. Mais lorsque je scrutais leur visage, je ressentais quelque chose de personnel et de très viscéral, que j'ai tenté d'incorporer à mon plan.

Les bâtisseurs de l'époque baroque étaient fermement convaincus que le rôle des pierres était de faire la chronique du temps, de l'histoire et de la condition mortelle de l'homme. C'est un élément de cette période qui m'est très cher, tout comme j'apprécie la philosophie qui sous-tend le mouvement. Le terme « baroque » vient du portugais *barroco*, qui signifie « bizarre », mais il est en fait plus proche de « plein de vie », « exubérant ». « Barroco » se rapporte par ailleurs à une perle qui présente la merveilleuse particularité d'être naturellement imparfaite, et dont la beauté est par conséquent unique. Comme un être humain. Comme un visage.

Il fut un temps où les biographes de Mozart se plaisaient à souligner une de ses caractéristiques physiques : son nez. Mozart était très petit – presque nain, disaient certains – et affligé d'un immense nez, pointu et recourbé. Il composa même un opus dont l'exécution requérait deux mains et un nez. Mais naturellement, sa musique incomparable, obsédante, a beaucoup plus d'intérêt que cet appendice. Comme l'a dit le chef d'orchestre Georg Solti : « Mozart nous fait croire en Dieu. » Comment expliquer que la musique de Mozart soit si reconnaissable ? Même un profane peut identifier un morceau dès les premières mesures et, bien que Mozart soit très représentatif de son temps, il ne le confondra jamais avec une œuvre de Salieri ou d'un autre de ses contemporains. Lorsqu'on lui demanda son secret, Mozart répondit ceci : « C'est la forme de mon nez, ma musique est dans la forme de mon nez. » C'est là une repartie tout à fait typique de lui, absurde, brillante et un peu puérile. Sa musique possède une individualité singulière. Elle est divine, et en même temps profondément humaine.

À Denver, on m'a montré une belle maquette d'une partie de l'extension du musée, qui devait mesurer dans les trois mètres de large. Avant de construire un bâtiment, on fabrique ce genre de maquettes afin de réduire au minimum les surprises au moment de s'attaquer pour de bon au chantier. Nous réfléchissions à l'habillage en titane qui devait recouvrir le bâtiment. Ce matériau indestructible, à la fois léger et extrêmement résistant, a quelque chose de mystérieux. On l'utilise pour fabriquer des bicyclettes aussi bien que des avions. Denver étant la capitale du titane et abritant le siège de son plus gros producteur, il semblait logique de choisir ce revêtement. Son coût est toutefois prohibitif, à moins d'avoir la chance d'être Frank Gehry créant le Guggenheim de Bilbao, ou de profiter du même privilège que nous : sachant que nous n'avions pas les moyens de nous en procurer, Lanny Martin, PDG de Timet (Titanium Metals Corporation), dont la maison mère se trouve à Denver, a généreusement proposé de fournir gracieusement la quantité nécessaire.

J'adore la luminosité du titane. Sa densité lui prête de subtiles qualités réfléchissantes, différentes de celles de l'acier ou de l'aluminium, qui sont plus évidents, plus agréables à ceux qui aiment les façades étincelantes. Le titane est en même temps très tactile, ce qui met certaines personnes mal à l'aise ; quand on le touche, nos empreintes s'impriment sur sa surface. Je suis toujours heureux de voir ces marques, car elles témoignent d'une implication du visiteur par rapport au bâtiment.

Nous étions en train de regarder la maquette avec une vive admiration, quand un sentiment de déception m'a frappé sans prévenir. Les spécialistes du bâtiment qui m'entouraient s'en sont même aperçus. « Qu'est-ce qui ne va pas ? a demandé quelqu'un.

– C'est parfait, ai-je répondu.

– Je sais, a fait un autre en promenant son doigt sur la surface lisse, s'extasiant sur la jonction invisible des éléments.

– Non, ai-je insisté, c'est trop parfait. »

Je n'attends pas des êtres humains qu'ils se comportent comme des machines ; c'est quelque chose qui ne me plairait pas. J'aime que les êtres humains se conduisent comme tels, et j'accepte volontiers quelques petites failles. Les techniciens n'arrivaient pas à y croire, et même mes partenaires architectes avaient peine à saisir mon problème.

« Donc, vous ne voulez pas de la perfection.

– Mais bien sûr que si, je veux simplement qu'elle s'accompagne d'imperfections humaines. »

L'un des hommes a souri.

« Alors, on devrait facilement y arriver. »

·6

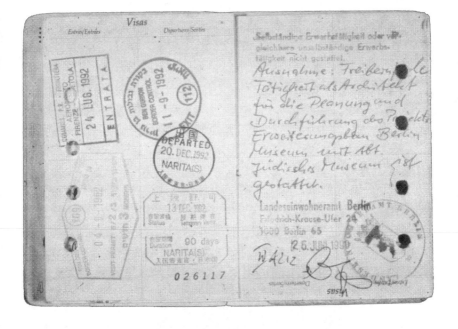

herzblut

Après la chute du Mur à la fin des années 80, on a pu croire pendant une courte période que Berlin allait devenir, dans le domaine de l'architecture, une ville–phare, une cité du XXIᵉ siècle capable de rivaliser avec Tokyo, Londres ou Paris. L'économie était en pleine expansion, et des architectes mondialement connus – Philip Johnson, Jean Nouvel, Henry Cobb – s'apprêtaient à construire des immeubles modernes et audacieux dans l'ancienne (et future) capitale allemande. Mon excellent ami milanais l'architecte et philosophe Aldo Rossi s'était vu attribuer la construction de ce qui promettait d'être le couronnement de sa carrière : un nouveau musée national situé face au Reichstag. Steven Holl recevrait la commande de l'American Memorial Library. Et nous allions attaquer le chantier du Musée juif.

C'est alors que Herr Stimmann arriva.

Il y a dans chaque ville de puissants responsables de l'urbanisme. Mais Berlin est, et a toujours été, un cas à part : son directeur des bâtiments exerce un plus grand pouvoir que la plupart des autres, et supérieur, de très loin, à celui du sénateur chargé du même domaine. C'est un véritable tsar. En 1992, toutefois, quand Hans Stimmann fut nommé, nous ne savions rien de lui ; mais nous sentîmes immédiatement l'influence néfaste de sa présence et de son esprit étroit. Bien qu'il fût entièrement dévoué à sa tâche, débordant d'énergie et doté d'un talent de gestionnaire hors pair, sa nomination s'avéra désastreuse pour Berlin et pour l'architecture.

Peu de temps après son entrée en fonction, Stimmann me convoqua à son bureau pour une énième présentation du projet de musée. Ma présentation terminée, il se tourna vers les autres personnes présentes – ses collaborateurs et les membres de mon équipe : « Ce bâtiment est un pet architectural, dit-il. Et si j'avais été là il y a un an, il ne se serait jamais fait. Mais je pense qu'il se fera, monsieur Libeskind. » Et de poursuivre sur le même ton fulminant : « J'en ai par-dessus la tête de l'histoire juive. On en a déjà trop à Berlin en ce moment. On n'a pas besoin d'en avoir plus. » Un silence stupéfait accueillit ces paroles. Je me levai et sortis, dégoûté.

L'hostilité de Stimmann envers moi et mon architecture était implacable. Il détestait mon style, et le fait qu'on me connaisse à Berlin comme un « architecte juif » et qu'on me demande fréquemment de parler de la culture et de l'histoire juives – tout ce dont il avait par-dessus la tête – n'arrangeait pas les choses. Je trouvais pénible d'être étiqueté « architecte juif, » et encore plus pénible la haine de Stimmann à mon égard.

Il fut très vite évident que Stimmann était décidé à nous empêcher de construire à Berlin ne fût-ce qu'une cabine téléphonique. Nous avions remporté plusieurs concours lancés par la ville. Tous ces projets furent bloqués sur son intervention.

Nous avions toutefois un véritable allié, un seul, dans l'administration, en la personne d'Ulrich Stangel. Ce vieux monsieur qui s'exprimait d'une voix douce n'occupait pas un poste très élevé dans la hiérarchie, mais il sut nous guider dans les allées tortueuses du pouvoir. Il était le seul, à ce niveau, qui semblait comprendre à quel point un bâtiment comme le Musée juif pouvait être important pour tous les Berlinois. « Votre immeuble aura autant d'impact sur Berlin que la Nouvelle Galerie nationale de Mies van der Rohe, ou la salle de concert de Scharoun », me disait-il, avec enthousiasme. Pour le construire, ajoutait-il, il faudrait de l'*Herzblut* – du cœur à l'ouvrage – aux Allemands. Et ils en auraient !

Lors de notre départ pour Berlin en 1989, la plupart des membres de notre vaste famille furent horrifiés. Ils déclarèrent qu'ils ne viendraient jamais nous voir, ne mettraient jamais les pieds dans la ville où était née l'idée même de l'Holocauste. Mais mon père n'était pas homme à ignorer l'histoire, et en venant nous rendre visite à l'automne de cette année-là, il voulut tout voir. Je l'emmenai visiter Potsdamer Platz, qui avait été à l'époque de sa gloire le centre commercial de Berlin, et où on avait installé le tout premier feu de circulation européen. Ce n'était plus désormais qu'un no man's land traversé par le mur de Berlin. Comme nous longions la bande de terrain appelé le « couloir de la mort » où de nombreux Allemands de l'Est avaient été abattus en tentant de passer à l'Ouest, mon père s'arrêta brusquement. « Regarde-moi, dit-il. Je suis ici. Hitler n'est plus que cendres. Mais je suis ici, et je vis, et je mange, et je dors dans cette ville, et là-dessous les os de Hitler pourrissent ! » Des larmes brillaient à ses yeux, mais le ton était triomphant.

Quand, peu de temps après, des gens envahirent les rues par milliers pour abattre le Mur de leurs mains, j'éprouvai des sentiments mêlés. Je me réjouissais, bien sûr, de voir que le système totalitaire qui avait opprimé mes parents était à l'agonie. Mais ces énormes foules d'Allemands emplissant les rues faisaient resurgir de terribles souvenirs. Et j'étais obligé de me poser la question : quel regard jetterait-on sur l'histoire récente de l'Allemagne dans cette nouvelle ère de réunification ? Irait-on plus loin dans le sens de l'oubli, de la distanciation ?

La reconstruction de Potsdamer Platz débuta peu de temps après la chute du Mur. Elle avait toutes les apparences d'un projet grandiose. Quelques-uns des plus grands noms de l'architecture figuraient parmi ceux qu'on avait invités à y participer : Richard Rogers, Arata Isozaki, Renzo Piano, Rafael Moneo, tous capables de créer de magnifiques bâtiments. Ce qui se construisit finalement ne fut pas, et de loin, ce qu'ils avaient fait de mieux. La direction des bâtiments de la ville de Berlin voulait les noms de ces grands architectes, mais pas leurs visions.

Certains programmes et les directives qui les accompagnent ont un effet libérateur sur les architectes qu'ils poussent à aller au-delà d'eux-mêmes, à être aussi créatifs que possible. D'autres... bref, d'autres, non. Aucun des projets proposés pour Potsdamer Platz n'a su prendre en compte l'histoire compliquée de Berlin ; aucun n'a su évoquer l'esprit de cette ville, avec le bon et le mauvais. Quand je me promène aujourd'hui dans les rues de ce quartier, j'ai souvent l'impression de me trouver dans une simulation informatique, une réalité virtuelle aussi inconsistante et plate et sans vie que les images qu'on voit sur un écran d'ordinateur.

Malgré l'accueil agressif que m'avait réservé Stimmann, on me proposa en 1993 de participer au concours lancé pour la reconstruction d'Alexanderplatz, qui se trouve à environ trois kilomètres au nord-est de Potsdamer Platz. Tout comme cette dernière, elle avait été rasée pendant la Seconde Guerre mondiale, mais le gouvernement d'Allemagne de l'est en avait fait ensuite un très important centre commercial, avec des immeubles de style soviétique aussi grandioses que kitsch. Baptisée la Stalinallee, l'avenue principale qui, venant de l'Est, débouchait sur Alexanderplatz, faisait la fierté du système communiste. Les immeubles d'appartements étaient de monstrueux monolithes cachant sous leur placage la décrépitude des blocs préfabriqués avec lesquels on les avait construits. Leur gigantisme et leur style visaient à écraser l'individu. J'ai été frappé, pendant ma visite, par le vide sonore qui régnait en ces lieux. Avant la guerre, la place était débordante de vie. Ce n'était plus désormais qu'un immense tombeau.

Pour moi, Alexanderplatz représentait quelque chose de très particulier. Pendant mon enfance à Lodz, j'y voyais la quintessence du raffinement dans l'Europe communiste. Les timbres postaux allemands offraient des images des grands magasins qui se trouvaient tout autour de la place, et je ne me lassais pas de les regarder, mourant d'envie d'y aller un jour. Berlin s'identifiait pour moi à un univers de biens matériels inaccessibles dans notre triste ville de Lodz.

Je trouvais qu'il y avait là un beau défi à relever : comment garder à ce quartier son aspect emblématique du passé berlinois tout en le tournant vers l'avenir ? En étudiant les directives du service de l'urbanisme et le cahier des charges technique, j'optai pour une stratégie consistant à préserver les bâtiments existants même si je ne les trouvais vraiment pas beaux. Je ne souhaitais pas me livrer à un exercice d'amnésie collective en suivant les responsables dans leur désir d'effacer l'histoire. Une ville ne saurait être une table rase ou un jouet offert à l'imagination de l'architecte. Je m'efforçai donc de recréer le contexte en dessinant des rues à l'échelle humaine et en proposant une architecture spectaculaire, libérée, enfin, de la conformité totalitaire. Elle me fut inspirée par la lecture de *Berlin Alexanderplatz*, le roman écrit par Alfred Döblin en 1929. Döblin étant aussi médecin, il s'était dévoué auprès des ouvriers qui vivaient misérablement sur Alexanderplatz et dans les quartiers environnants. J'utilisai l'empreinte de sa main gauche, qui illustrait son livre, et les lignes de vie qui s'y lisaient, pour organiser la zone et orienter les bâtiments.

À l'automne 1993, plus de deux mille personnes étaient présentes au Berlina-Haus pour assister à la présentation publique des projets. C'était en soi une vision inoubliable. Les Berlinois de l'Est, entassés le long des murs de l'auditorium plein à craquer, écoutèrent avec une attention fiévreuse les explications des cinq finalistes qui disposaient chacun de quinze minutes. C'était là, pour bien des gens, un avant-goût de la démocratie. Deux architectes quittèrent la scène sous les huées. Mon projet convint au public et il fut le préféré des Berlinois de l'Est. Mais Herr Stimmann n'en voulait pas. L'un des deux architectes qui s'étaient fait sortir avec pertes et fracas obtint la commande, alors que son projet manquait de ce *Herzblut* dont Herr Stangel pensait que les Berlinois avaient tant besoin. Il n'était pas question d'écouter l'avis du public. Berlin n'est pas New York.

Un dimanche soir, alors que j'étais seul dans mon bureau en train de travailler sur des dessins, la sonnette de l'entrée retentit. C'était Philip Johnson vêtu d'un complet blanc immaculé sous un feutre à larges bords, ses habituelles lunettes rondes cerclées de noir couronnant le tout.

« Je suis venu voir ce musée, me dit-il. Berlin étant ma ville préférée, il faut que je sache ce que vous vous apprêtez à lui faire. »

J'avais fait la connaissance de Philip Johnson, le parrain de l'architecture américaine, en 1988. Il préparait alors au M.MA de New York une exposition qui allait faire l'objet de moult débats et controverses sur ce qu'il appelait l'architecture « déconstructiviste ». L'affaire était d'importance, car la grande galerie du rez-de-chaussée accueillait pour la première fois depuis des décennies une exposition sur l'architecture – et le fait d'y être inclus constituait pour moi, à peu près inconnu à ce moment-là, une formidable opportunité. J'aurais l'honneur d'en partager l'affiche avec des architectes comme Frank Gehry, Peter Eisenman, Zaha Hadid, Bernard Tschumi, Rem Koolhaas, et les membres de la Coop Himmelb(l)au.

Je me rendis chez Johnson à Manhattan dans son appartement sur les toits face au building AT&T construit par lui-même, avec son fronton postmoderne de style Chippendale. Tourné vers ce gratte-ciel qui était devenu l'emblème du postmodernisme, Johnson me dit : « Voyez-vous, ces architectes vont être surpris, en découvrant un beau matin que ce style, le postmodernisme et tout le tralala, c'est fini – y compris mon immeuble que vous voyez là. »

Et d'éclater de rire avec un geste pour désigner l'immeuble AT&T – il se moquait de son propre travail !

Mais ce jour-là, de passage à Berlin pour donner une conférence, Johnson était plein de nostalgie. Il avait été un jeune prodige internationalement reconnu. En 1932, en tant que directeur du département d'architecture du MoMA, il avait établi la prééminence du modernisme à travers une exposition fondatrice sur le Style international. Le Corbusier, Mies van der Rohe, Gropius... il les avait tous fait connaître d'un public américain particulièrement provincial à cette époque. Johnson était alors, à moins de vingt-six ans, un personnage charismatique, ouvertement homosexuel, et il avait visiblement passé du bon temps dans le Berlin raffiné et livré aux plaisirs de cette époque brillante.

« Voyons un peu cet immeuble que vous allez construire », dit-il.

Je lui présentai les maquettes et les plans éparpillés à travers le bureau.

« Seigneur ! s'exclama-t-il. Vous ne croyez pas vraiment qu'on pourrait construire une chose pareille, n'est-ce pas ?

– Je le crois, répliquai-je, toujours optimiste.

– *Ich wache endlich auf...* », récita-t-il. Je me réveille enfin...

Au cours des années suivantes, malheureusement, le scepticisme de ce vieux combattant blanchi sous les armes s'avéra plus judicieux que mon optimisme. Ce ne fut qu'une longue succession de défis à relever face aux obstacles dressés sur notre chemin.

De tous les défis qu'il fallut affronter pour construire le Musée juif, le plus sérieux survint au cours de l'été 1991, le 3 juillet. Alors que Nina était penchée sur un distributeur de billets, quelqu'un lui donna une tape dans le dos. C'était Michael Cullen, un écrivain américain installé à Berlin.

« J'ai appris ce qui s'était passé, j'en suis désolé pour vous », dit-il.

Nina ne comprit pas de quoi il voulait parler.

« Vous n'avez pas écouté les nouvelles ce matin ? Le Sénat a rejeté hier le projet de musée. Par un vote à l'unanimité. »

Nous avions eu vent de quelques rumeurs au cours des semaines précédentes, mais nous ne pensions pas qu'un tel danger nous menaçait. Nous ne savions même pas qu'il devait y avoir un vote.

Nous ne pouvions rien contre une décision prise à l'unanimité par le Sénat de Berlin. Mais Nina n'était pas prête à renoncer ; elle se mit au téléphone. *Que s'était-il passé ?* Il fallait qu'elle le sache.

Eh bien, lui dit-on, il y avait eu quelques petits changements. Premièrement : la ville de Berlin s'étant portée candidate pour accueillir les prochains Jeux olympiques, le Sénat avait décidé de soutenir cette candidature et pour ce faire, les sénateurs avaient jugé nécessaire de récupérer 50 millions de dollars préalablement destinés au musée. Deuxièmement : même s'il n'y avait pas eu cette candidature aux JO, le coût de la réunification était en train de dépasser toutes les prévisions. Et finalement, les sénateurs pensaient peut-être qu'il n'y avait pas un réel besoin d'un Musée juif.

Ce fut notre journée la plus noire. Les garçons étaient sortis et Rachel, qui avait maintenant deux ans et de l'énergie à revendre, était couchée. Nina me versa un verre de vin et on s'assit en silence.

« Libeskind, dit-elle enfin, en posant son verre, je pense que nous pouvons sauver ce musée.

– Mais comment ? répondis-je, découragé. Nous n'avons aucun pouvoir, ici. »

Nina était étrangement calme.

« Il faut que tu me promettes de ne pas t'en mêler. »

Ne pas m'en mêler. Comment aurais-je pu ne pas m'en mêler ?

« C'est une bagarre qui te rendrait fou. Il vaut mieux que tu te concentres sur l'architecture, et que tu me laisses la politique. »

Ma femme vient d'une famille extraordinaire. On ne cherche pas bagarre à une Lewis. David Lewis, son père, était un Juif russe pauvre arrivé au Canada à l'âge de dix ans, qui était parvenu à faire ses études à Oxford avec une prestigieuse bourse de la fondation Rhodes et, de retour au Canada, était devenu l'un des principaux leaders progressistes. Il avait fondé le Nouveau Parti démocrate et avait siégé au Parlement jusqu'aux années 1970. Stephen, le frère de Nina, a été l'un des responsables du NPD dans l'Ontario et a siégé à l'assemblée provinciale, avant d'être nommé ambassadeur du Canada aux Nations unies. Il est aujourd'hui envoyé spécial du secrétaire général de l'ONU pour la lutte contre le sida en Afrique. Son autre frère, Michael, et Janet, sa sœur jumelle, se consacrent également à l'action politique. Et Nina elle-même avait déjà dirigé plusieurs campagnes électorales ; elle avait le combat pour les valeurs progressistes dans le sang.

Elle lança sa campagne en alertant la presse internationale. Les journaux du monde entier consacrèrent des articles au retrait du projet de Musée juif à Berlin, et l'ampleur de cette réaction provoqua deux mois de débats dans les médias allemands, à Berlin en particulier. Chaque fois que j'ouvrais un journal ou allumais la radio pour écouter les nouvelles, je tombais, de jour comme de nuit, sur une discussion à propos du musée et de son avenir.

Que signifierait un renoncement pur et simple ? La ville de Berlin devait-elle consacrer de l'argent à ce musée, ou l'épargner pour autre chose ? Berlin-Est et Berlin-Ouest n'avaient jamais manqué d'institutions culturelles. Désormais, après la réunification, la ville ne possédait pas moins de trois opéras et huit orchestres, une quantité de musées et d'innombrables théâtres. Tout cela faisait peser sur l'appareil d'État allemand et sur le Sénat de Berlin de lourdes responsabilités financières.

J'allais me coucher chaque soir terriblement angoissé. Pourrions-nous jamais – nous et ceux qui nous soutenaient – convaincre les autorités de changer d'avis ? Je ne pensais plus seulement en termes de briques et de ciment, je me sentais désormais une responsabilité vis-à-vis de ceux qui étaient morts par millions et de la nouvelle génération qui ne devait pas oublier. Quand je voyais Nina au téléphone, avec cet air impénétrable qui ne me laissait jamais deviner si les choses allaient mieux ou plus mal, il me semblait que nous étions une seule et même personne pour partager les désagréments et la souffrance de l'incertitude.

Je passais mes journées dans une sorte de brouillard, à dessiner pour le musée des plans et des perspectives qui me paraissaient des fantômes cherchant à prendre vie. Je me rendais bien compte que les meilleures intentions du monde ne pouvaient rien contre des décisions qui échappaient à notre contrôle. On disait toujours qu'il était inutile de se dresser contre l'administration. Comme le faisait Nina.

Et elle ne renonçait pas. Elle obtint des lettres de soutien de personnalités influentes de la politique et de la culture, comme Benyamin Netanyahou, ministre délégué des Affaires étrangères d'Israël, Teddy Kollek, maire de Jérusalem, le ministre français de la Culture Jack Lang, et le rabbin Marvin Hier, directeur du Centre Simon Wiesenthal à Los Angeles. Le projet avait aussi un supporter de poids en la personne de Willy Brandt, ancien maire de Berlin-Ouest et ancien chancelier d'Allemagne, qui avait connu le père de Nina dans les années 60. Nous avions enfin le soutien d'un certain nombre de personnalités politiques et d'acteurs respectés de la scène culturelle allemande, comme Kristin Feireiss, Bernard Schneider, Thomas Gaehtgens et Peter Raue.

Il n'est pas rare que des projets de construction capotent. Là, il ne s'agissait pas d'un simple bâtiment mais de sa signification et du rôle qu'il pouvait jouer dans la marche de l'Allemagne tout entière, et pas seulement des Berlinois, vers un nouveau siècle. Il s'agissait d'offrir enfin aux Allemand un lieu où faire face à leur histoire.

Certains de nos opposants me surprirent. Il y avait au sein de la communauté juive une ambivalence qui sautait aux yeux. De nombreux Juifs restaient terrifiés à l'idée que, s'ils devenaient trop visibles, l'antisémitisme renaîtrait. Et ils ne manquaient pas de raisons de se sentir vulnérables : il n'y avait pas plus de trois mille Juifs vivant à Berlin en ce début des années 90. Le chef de cette communauté était un rescapé de l'Holocauste du nom de Heinz Galinski. Il ne savait que trop, à l'instar des autres rescapés, que le dernier musée juif de Berlin avait ouvert en novembre 1933 pour être fermé aussitôt. La réticence de Galinski à l'égard de notre projet disparut, toutefois, quand nous lui montrâmes la pile de lettres reçues du monde entier. Nous le vîmes ouvrir de grands yeux en lisant. Puis il tendit la main. « *Mazel tov.* Vous avez mon soutien. »

Soumis à ces multiples pressions, Eberhard Diepgen, le maire de Berlin, se dit finalement qu'il n'avait pas le choix.

En septembre 1991, les sénateurs cédaient à leur tour et nous attribuaient environ 150 000 dollars pour continuer à travailler en attendant qu'ils se décident pour de bon.

Formidable ! pensai-je. C'est formidable !

Nina n'était pas de cet avis. « C'est un pot-de-vin ! » dit-elle au collaborateur du maire, qui faillit en lâcher sa tasse de café. Vous ne nous achèterez pas avec ça. C'est *maintenant* qu'il faut en finir avec cette affaire. »

Changeant de tactique, le maire nous fit venir dans son bureau de Schöneberg. Le président Kennedy avait prononcé son célèbre discours « *Ich bin ein Berliner* » dans le jardin public tout proche, et en traversant le grand hall d'entrée ces mots me revinrent à l'esprit. « Si je construis ici, ce n'est pas en étranger, pensai-je. Je ne suis pas venu en touriste, et c'est entre Berlinois qu'on va s'expliquer, le maire et moi. »

« Herr Libeskind, commença Diepgen, solennel et protecteur, j'ai une splendide proposition à vous faire. Comme vous le savez, nous regrettons terriblement de ne pouvoir soutenir votre projet... On n'obtiendra pas du Sénat qu'il revienne sur sa décision... Je voudrais donc vous offrir, à la place, des gratte-ciel sur la nouvelle Alexanderplatz. Construire des gratte-ciel vous rendra célèbre, mais aussi très riche. Comme vous le savez, un musée, à côté, ce n'est rien. C'est une commande d'État. Mais un immeuble commercial, c'est beaucoup d'argent, de relations et de notoriété. »

Les gratte-ciel rapportent effectivement de l'argent et du prestige.

Je me levai.

« Monsieur le maire, dis-je, je ne suis pas venu à Berlin pour construire un gratte-ciel. Je suis venu construire le Musée juif, et je le construirai. »

Le maire se mit à transpirer. Des gouttelettes de sueur perlaient à ses sourcils. Il n'avait pas songé que je pourrais refuser sa proposition.

« Mais... mais je vous offre une chance de dessiner l'avenir au centre de Berlin ! » s'écria-t-il.

Je n'avais rien d'autre à dire. Je ne vendrais pas ce musée pour tout les gratte-ciel du monde.

L'assistant du maire nous rattrapa alors que nous étions déjà dehors. « Vous ne comprenez donc pas ? Le maire vient de vous offrir un gratte-ciel sur Alex ! Il donne une conférence de presse demain. »

Mais ma décision était prise. Si on renonçait à construire le musée, je quitterais Berlin.

Nous ignorions que c'était l'ultime tentative de Diepgen pour nous détourner de notre objectif. Il était, comme tout politicien, très préoccupé par les conséquences politiques de ses décisions. Plus tard, ce jour-là, un journaliste de la BBC lui tendit un micro : « Monsieur le maire, qu'avez-vous décidé ? Le monde entier est dans l'attente. » Diepgen tenta d'écarter l'importun, mais en vain. « J'en ai assez, dit-il à son assistant. Faites ce qu'il faut pour ça, mais débarrassez-moi de cette femme Libeskind ! » La phrase, enregistrée par le journaliste, fut diffusée par la télévision britannique.

En octobre, par un vote à l'unanimité, le Parlement de Berlin cassait la décision du Sénat et décidait de construire le Musée juif. Nous étions de nouveau en piste.

Petit à petit, le musée prenait forme. Je surpris un jour une conversation entre deux gamins qui venaient de sortir de leur école, située de l'autre côté de Lindenstrasse.

« Ce n'est pas un immeuble, dit le garçon, d'un ton définitif.

– Bien sûr que si ! répliqua la fille. Regarde toutes ces machines – le tracteur, le bulldozer. C'est forcément un immeuble !

– Jamais vu un immeuble comme ça », dit le garçon, à moitié convaincu.

On avait parfois l'impression que les seuls à comprendre ce que signifiait cette construction étaient les ouvriers et les ingénieurs qui y travaillaient, et qui y restèrent attachés à travers les hauts et les bas – notamment financiers – d'une histoire qui allait durer douze ans. Et il y avait aussi les centaines de jeunes gens qui se glissaient de nuit sur le chantier et m'écrivaient ensuite pour m'en parler.

Un jour où je m'y trouvais, le chef vitrier s'approcha et me donna l'accolade. Il fallait environ un millier de vitres pour le musée, et chacune – à part cinq ou six – était différente des autres par la forme et par la coupe. Cet homme les avait toutes fabriquées, ce qui lui avait pris à

peu près un an. « Vous m'avez gâché l'existence ! me lança-
t-il, avec un grand rire. C'est le plus beau travail que j'aie
fait, et j'ai atteint avec ça les limites de mon métier. Je ne
pourrai jamais me remettre à faire des vitres normales ! »
Je me mis à rire avec lui et le priai de me pardonner.

C'était exaltant, mais pour le reste, dans ma pratique
d'architecte à Berlin, la frustration prédominait. Le chantier du musée avançait, mais j'étais las de ces luttes inces-
santes. Je me rappelle ce jour de décembre 1994 où, me
tournant vers Nina, je lui dis : « Nous avons fait ce que
nous avions à faire pour ce musée. Quittons Berlin. »

Peu de temps après, je reçus de Los Angeles une offre
pour enseigner à l'université de Californie. Nous avions
une fois encore devant nous la perspective d'un nouveau
départ sur la côte ouest. Nous fîmes nos adieux à nos amis
berlinois, rangeâmes nos livres dans des cartons. Nous trouvâmes près de la plage à Santa Monica une maison à réno-
ver pour nous y installer ainsi que nos bureaux, inscrivîmes
les enfants à l'école, et une nouvelle vie commença.

Elle allait durer moins d'un an.

Nous remportâmes, coup sur coup, trois concours, et
tous en Allemagne : le musée Felix Nussbaum à Osnabrück,
le Philharmonic Hall de Brême et l'extension de Lands-
berger Allee à Berlin. Je me mis à faire tous les huit ou
quinze jours des allers-retours (une quinzaine d'heures)
entre la Californie et l'Allemagne. Je me revois, les yeux
rouges de fatigue, à l'aéroport de Reykjavik le jour où Nina,

qui m'accompagnait, me dit : « Libeskind, il est temps pour nous de retourner à Berlin. »

De retour à Berlin, nous constatâmes qu'une grande confusion régnait autour du musée. Quelle était, précisément, sa destination ? Quel devait être son contenu ? À chaque changement de gouvernement, et ils étaient fréquents, tout cela changeait. Même le nom du musée ne cessait de changer.

Le docteur Rolf Bothe, le premier directeur, qui était aussi un véritable ami, fut victime d'une crise cardiaque et prit un poste plus calme dans la cité baroque de Weimar. Un Israélien, Amnon Barzel, lui succéda, mais il apparut très vite qu'il voulait faire de ce musée une galerie d'art moderne, ce qui n'avait pas grand sens aux yeux des Allemands. Puis vint Tom Freudenheim, un conservateur professionnel formé aux États-Unis. Il avait plus d'expérience que Barsel, mais semblait se heurter aux obstacles dressés par la bureaucratie. Enfin, en 1998, W. Michael Blumenthal devint président et directeur général du musée. Né à Berlin, Blumenthal avait fui le nazisme en s'embarquant pour Shanghai, où il avait vécu sous l'occupation japonaise avant de rejoindre les États-Unis. Secrétaire au Trésor de Jimmy Carter, il ne manquait ni d'autorité ni de qualités gestionnaires. Il changea à son tour le nom du musée qui devint « le Musée juif, Berlin », comme une manière de définir les objectifs et la mission assignés à l'institution.

En 1999, le Musée juif, Berlin, ouvrit – vide. Ce musée vide offrait un cadre parfait pour une inauguration, à laquelle assistèrent les plus hautes autorités allemandes, y compris Gerhard Schröder. À la fin du dîner, Schröder s'approcha de la table où mon père était assis et, pour éviter au vieux Nachman, quatre-vingt-dix ans, de se lever en sa présence, s'agenouilla devant lui, tendit la main et dit : « Monsieur Libeskind, comme vous devez être fier ! Merci d'être venu. » Ce fut un sacré moment pour Nachman – et pour moi ! Comment aurais-je pu imaginer, pendant mon enfance polonaise, qu'un jour viendrait où le chancelier d'Allemagne, fils d'un officier de la Wehrmacht tué au combat pendant la Seconde Guerre mondiale, se mettrait à genoux devant mon père pour le remercier d'être venu en Allemagne ?

Le fait que le musée soit vide lors de son ouverture ne parut pas gêner les Berlinois qui furent des milliers à former des files d'attente pour le visiter. Ils discutaient depuis dix ans pour savoir à quoi il servirait, et maintenant ils voulaient qu'on les laisse y entrer. Ils furent 350 000 pendant la première année. La foule s'y engouffrait alors que les ouvriers travaillaient encore aux finitions.

Un jour, deux vieilles dames juives nées à Berlin, rescapées de l'Holocauste et installées en Angleterre, vinrent visiter le musée. C'était la première fois qu'elles revoyaient Berlin depuis la guerre. Elles étaient en mission pour l'*Eve-*

ning Standard de Londres. Je les accompagnai tandis qu'elles s'approchaient, à pas lents, de la tour de l'Holocauste. Quand nous fûmes entrés, une lourde porte métallique se referma sur nous avec un bruit sourd, implacable. On était en hiver, et la tour n'était pas chauffée. On entendait, venant du dehors, les cris des enfants qui jouaient dans la cour de leur école de l'autre côté de la rue, les camions qui passaient sur Lindenstrasse, les conversations des gens qui se trouvaient autour du musée. Comme les Juifs berlinois pendant la guerre, nous étions coupés de la vie normale. Les deux vieilles dames fondirent en larmes.

Les Berlinois comprirent le bâtiment, du fond de leur cœur. Ils venaient dans la tour de l'Holocauste et restaient là sans rien dire, souvent avec des larmes aux yeux. Ils regardaient l'escalier, et comprenaient pourquoi il butait dans un mur blanc et n'allait pas plus loin. Des groupes parcouraient le jardin en discutant à mi-voix. Les habitants de Berlin emplissaient le silence, et je sentais que travailler douze ans au même projet en avait valu la peine.

De janvier 1999 à septembre 2001, Michael Blumenthal et son équipe s'affairèrent pour emplir le musée. Les conservateurs et l'agence chargée de la mise en forme de l'exposition obtinrent en un temps record tout ce dont ils avaient besoin pour illustrer deux mille ans d'histoire juive en Allemagne. Le musée organisa un gala international pour inau-

gurer cette première exposition – ce n'était plus un bâtiment vide. L'Orchestre philharmonique de Chicago, placé
sous la baguette de Daniel Barenboïm, donna la 7e symphonie de Mahler dans la salle de concert d'Hans Scharoun. Puis les gens rejoignirent le musée, dans la nuit et
sous la pluie. Les rues étaient barrées, et des tireurs d'élite
veillaient sur les toits.

Le dîner eut lieu dans le palais qui abrite le Musée baroque
de Berlin. Le chancelier était présent cette fois encore, ainsi
que le président, tous les ministres du gouvernement fédéral,
tous les premiers ministres des Länder, les responsables des
principales organisations juives, des membres de la communauté juive internationale, les autorités municipales et
d'autres personnalités parmi lesquelles Henry Kissinger et
Bill Bradley. Des titres de journaux proclamèrent que Berlin
avait, ce soir-là, atteint sa majorité.

Blumenthal annonça que le musée venait d'être classé
musée fédéral, accédant ainsi au statut d'institution nationale. Et il acquit, sous sa direction, son nom définitif :
« Musée juif Berlin : deux millénaires d'histoire juive allemande ».

Il avait survécu à cinq changements d'appellation, quatre changements de gouvernement, trois changements de
directeur, et aux chambardements des dernières années du
XXe siècle en Europe. Le Musée juif de Berlin était enfin
ouvert. En rentrant chez moi ce soir-là, je me sentis pour
la première fois depuis douze ans libéré d'un énorme poids.
C'était le samedi 8 septembre 2001.

·7

la
proposition

En apprenant que je concourais pour la reconstruction du site du World Trade Center, un ami de Denver eut un petit rire entendu. « Daniel, me prévint-il, tu vas travailler pour une foule de pharaons. Environ huit millions. » Il avait raison. Il nous faudrait écouter tout New York. Et j'y étais prêt.

Au cours des semaines précédant la présentation du 18 décembre 2002 au Winter Garden, tous les finalistes avaient travaillé sur leurs projets respectifs dans le plus grand secret. Mais désormais nos idées étaient soumises au public et *chacun* avait une opinion. Les New-Yorkais s'étaient lancés dans le débat comme eux seuls peuvent le faire. Quand je sortais, les portiers d'immeuble m'interpellaient. Des inconnus me coinçaient littéralement sur le trottoir pour discuter des aspects les plus intéressants de mon projet ou pour me faire des confidences. À l'aéroport J.F. K., rentrant d'un voyage à Berlin, je fus retenu par un inspecteur des douanes. « Je vous connais, me dit-il. Mais lequel êtes-vous ? » Comme j'essayais vaguement de comprendre le sens de sa question, il me vint en aide : « Je veux dire, êtes-vous celui du baiser, celui du jeu de morpion, celui des squelettes ou celui du cercle ? » En parlant, il traçait un cercle dans l'air de son index tendu.

Ah. Le baiser, c'était le plan de Norman Foster ; le jeu de morpion, celui de Meier-Eisenman-Gwathmey-Holl ; les squelettes, celui du Groupe THINK ; et, oui, le cercle, c'était le nôtre. J'étais enchanté : ce type avait saisi l'aspect le plus radical de mon projet, celui qui avait pratiquement échappé à tout le monde. Dans cette ville célèbre pour son quadrillage, je voulais inscrire un grand cercle. Je voulais entourer et protéger le mémorial de Ground Zero par un anneau de tours comme par une étreinte.

« Le cercle, oui, c'est moi ! dis-je.

– Bien, répondit l'homme, avec un geste pour me laisser passer. C'est celui-là qui me plaît. »

À la manière dont on me traitait, je me sentais par moments comme une rock star. Le *New York Times* me fit parler de mes bottes de cow-boy (qui sont, franchement, formidables) ; peu après, un journaliste voulut tout savoir sur mes lunettes. Je tentai de l'impressionner en dissertant sur leur aspect utilitaire (les verres sont antibuée), mais il voulait surtout savoir qui les avait dessinées. La revue *Rol-*

ling Stone me demanda une liste de mots pour son numéro spécial « Cool ». Je suggérai fusion, Emily Dickinson, la Bible et le Bronx.

Quand toute cette attention devenait pénible à supporter, ce qui ne tardait jamais à se produire, Nina marchait à quelques pas derrière moi. Cela lui donnait l'air d'une épouse de pacha, mais au moins elle était tranquille.

De la mi-décembre au début de février, quelques quatre-vingt mille personnes défilèrent dans le hall d'entrée de Winter Garden pour voir les projets des architectes. Les files d'attente se formaient dès l'ouverture des portes à sept heures du matin ; les gardiens étaient obligés de faire sortir les gens pour fermer à onze heures du soir. Le vaste hall était bondé en permanence. On reçut dix mille commentaires. Le site Internet ouvert par la Lower Manhattan Development Corporation (LMDC) enregistra huit millions de visiteurs. Nous croulions sous un déluge de lettres et de courriers électroniques ; Nina s'efforçait de répondre à tous.

Il y eut des réunions avec les membres de la LMDC, des réunions avec les responsables d'une foule d'associations, avec les responsables des transports, des présentations à Larry Silverstein. Et des rencontres avec les familles. À la suite du 11 septembre, les familles des victimes avaient formé de nombreux groupes et associations. Christy Ferrer, qui était membre du conseil d'administration de la LMDC et dont le mari, Neil Levin, directeur de Port Authority, avait péri dans l'attentat, organisa pour nous une rencontre avec des représentants d'une dizaine au moins de ces groupes. Ils nous parlèrent des parents et des amis qu'ils avaient perdus, et nous dirent où ils pensaient que se trouvaient ces disparus au moment où les avions avaient percuté les tours.

Leurs récits étaient déchirants. Nous fîmes la connaissance de Tom Rogér, qui est devenu un ami. Sa fille, hôtesse de l'air, n'aurait pas dû se trouver ce jour-là sur le vol 11 de l'American Airlines, qui s'écrasa contre la tour nord, mais elle avait accepté au dernier moment de remplacer une collègue. Ses parents ignoraient qu'elle était dans l'avion et étaient restés vingt-quatre heures dans l'incertitude. Nous rencontrâmes la mère d'une jeune femme dont l'entreprise avait quitté le centre-ville pour des locaux situés à un étage élevé de l'une des tours au début de l'année 2001. Cette jeune employée, qui souffrait d'une phobie de l'altitude, n'avait pas pu rejoindre son nouveau bureau ; elle s'était mise en congé pour se faire aider par un psychiatre. Après quelques mois, s'estimant guérie de sa phobie, elle avait repris son travail – c'était le 6 septembre. Un rabbin nous raconta l'histoire d'un membre de sa communauté qui travaillait dans l'une des tours et avait pour ami un collègue paralytique et de forte corpulence. Après le choc du premier avion, tout le monde avait été invité à descendre par les escaliers de secours, mais l'homme n'avait pas voulu abandonner son ami, trop lourd pour qu'on le porte, et il était mort. De tous ces témoignages, il en est un que je trouvai particulièrement terrible à entendre : celui d'un homme dont le père avait trouvé la mort lors du premier attentat à la bombe contre le World Trade Center, en 1993. Dix ans s'étaient écoulés, et il montrait moins son chagrin que les autres, mais sa colère était plus profonde, sans doute parce qu'il savait qu'on avait négligé dans l'intervalle de trop nombreux problèmes de sécurité soulevés par cet attentat.

« Il y a des choses à faire, promettez-moi d'y veiller », nous demanda-t-il.

Nous lui donnâmes notre parole.

Nous écoutâmes d'autres récits tout aussi terribles, en pleurant et en prenant des notes. Nous voulions absolument que de toute cette horreur sorte quelque chose d'utile.

On nous rapporta que certains parmi nos concurrents raillaient le côté passionnel de notre approche. Ils trouvaient ridiculement sentimental le drapeau américain épinglé au revers de ma veste. Ils avaient levé les yeux au ciel en m'entendant citer la Déclaration d'indépendance. « Ah, mon Dieu, dit Rafael Viñoly d'un ton dédaigneux à un représentant des familles dont il recherchait le soutien. Libeskind et son mur d'étanchéité ! Il ramène tout à son propre mur des Lamentations. »

Malgré mon penchant pour les vêtements noirs, je *suis* plus sentimental que cosmopolite. Et si j'ai un fort sens de l'esthétique, je n'en suis pas élitiste pour autant. Je suis un populiste, un démocrate – et même, je crois qu'il faut le dire, un immigré reconnaissant.

C'est étrange... J'ai vécu pendant la plus grande partie des années 60 au cœur d'une côte est où il se passait tant de choses, au pied de St. Mark's Place dans Manhattan, à deux pas d'un East Village en pleine effervescence... et je suis passé à côté de tout. De la drogue, de la révolte, des manifestations – tout cela relevait du luxe pour un fils d'immigrants vivant encore chez ses parents dans un quartier ouvrier du Bronx.

Je n'ai eu qu'une fois un problème, pendant toutes ces années, pour un acte de résistance dans le cadre d'un cours intitulé « Structures ». Il m'était devenu évident qu'on nous apprenait avant tout, à Cooper Union comme dans la plupart des écoles d'architecture de cette époque, à construire des maisons individuelles pour clients fortunés. « Dessinez une maison sur la plage de Long Island », nous demanda-t-on un jour. Je n'avais jamais vu une telle chose ; il me fallut prendre le train pour comprendre ce que voulait le professeur. Puis on nous demanda de dessiner une résidence de banlieue. Je ne voyais pas l'intérêt de dessiner une résidence de banlieue, et j'étais certain que je n'aurais jamais à le faire. J'insistai auprès de mon professeur : « Laissez-moi dessiner autre chose ! » Il me répondit que je devais suivre la consigne. Le ton était sans réplique. Au lieu d'une résidence de banlieue, je reproduisis le plan très élaboré de la gare d'autobus construite au nord de Manhattan, près du pont George-Washington, par Pier Luigi Nervi. C'est, parmi les constructions modernes, l'une de celles qui offrent la structure la plus compliquée. Mon professeur n'apprécia pas ce geste d'insubordination. Il me mit un D.

Et devinez où ce professeur alla travailler par la suite ? Chez Larry Silverstein.

Un bruit courait d'après lequel les organisateurs du concours devaient rendre public le nom du finaliste – et peut-être de deux finalistes – fin janvier ou début février.

« Pourquoi deux ? s'étonna Nina. Pourquoi chercher à embrouiller les choses ? » On avait par moments l'impression que les organisateurs inventaient des règles en marchant. D'un autre côté, on avait du mal à leur en vouloir car cette compétition ne ressemblait à aucune autre. Les projets étaient, pour l'essentiel, meilleurs et plus variés qu'on ne s'y était attendu, et personne n'avait imaginé que le public manifesterait un tel intérêt. L'enjeu prenait chaque jour plus d'importance. « En cette époque où l'on est saturé de tout, le critique ne doit pas craindre de provoquer des froncements de sourcils avec des superlatifs dignes des circonstances. Que froncent les sourcils ! Qu'ils se plissent et se déforment furieusement ! Les architectes se sont élevés à la hauteur des circonstances. Sachons en faire autant », écrivit Herbert Muschamp dans le New York Times.

Une lutte silencieuse et acharnée s'engagea. Les grands patrons de l'immobilier montèrent au front à coups d'interviews dans lesquelles ils faisaient comprendre que c'était eux qui décidaient en dernier ressort de ce qui se construisait dans cette ville. Les médias mirent en garde les New-Yorkais contre des espoirs déraisonnables : « Quels que soient les grands discours sur l'allégorie et l'importance qu'on attache à l'esthétique des formes, écrivit un journaliste du *Times*, les considérations commerciales pèseront lourd et pourraient se révéler décisives pour déterminer ce qui doit être construit et quand. » Il ne fallait pas oublier, ajoutait-il, que ce concours avait pour objet « la conception d'un plan d'occupation des sols sur ce site ».

Mais ce n'était pas ce que les gens avaient envie d'entendre. Ils ne voulaient pas laisser cette décision aux promoteurs immobiliers de New York ou à d'autres, motivés par de basses considérations politiciennes. Ils sentaient qu'il y avait là l'occasion de faire quelque chose de grand, d'authentique, et qui ait du sens ; ils prenaient un vrai plaisir au processus démocratique. Ils voulaient un gagnant, et ils voulaient prendre part à la désignation de ce gagnant.

CNN, AOL et les médias locaux organisèrent des sondages pour connaître les préférences des « gens comme vous et moi ». À la mi-janvier, le *Times* révéla que les trois projets préférés du public étaient le nôtre, celui de Norman Foster (les tours qui « s'embrassaient ») et, curieusement, le projet de Peterson Littenberg, qui, s'il semblait manquer quelque peu d'inspiration, était celui qui proposait le plus vaste espace vert, avec une promenade à trois voies par-dessus l'Hudson.

Le 21 janvier 2003, le *New York Times* publia un éditorial qui commençait ainsi : « Le projet du sud de Manhattan est dans une phase critique. Plus on s'approchera du moment des décisions, plus sera forte la pression exercée sur les décideurs pour les amener à penser petitement ou à céder à des intérêts commerciaux ou politiques... L'un des deux projets finalistes sera certainement la tour-jardin de Daniel Libeskind, dominant le mémorial construit au niveau du sol avec en toile de fond le mur, suintant de boue et d'humidité, qui retient les eaux de l'Hudson. » C'était le seul projet mentionné.

Nous n'avions pas cessé de travailler avec acharnement pour examiner tous les aspects de notre projet et nous efforcer de répondre aux inquiétudes qui s'étaient exprimées. Je n'ai jamais donné dans les délires d'architectes. Je voulais être certain que ce que nous proposions était vraiment constructible.

Larry Silverstein exigeait encore plus d'espace de bureaux commercialisable. Dans notre plan initial, les tours étaient plus élancées. Il s'agissait maintenant de les agrandir sans rompre l'équilibre de l'ensemble. La conception d'immeubles de bureaux est une véritable science ; il y a des formules qui déterminent les distances entre les ascenseurs et les fenêtres et la répartition de l'espace pour ne pas perdre un centimètre carré de surface. Il nous fallait rester attentifs à ces questions et répondre aux exigences de Larry Silverstein, qui demandait plus de bureaux sans se soucier des places publiques, des jardins, des mémoriaux et des rues du plan d'ensemble.

Les responsables de Port Authority s'inquiétaient de notre projet de ramener au niveau de la rue les commerces qui se trouvaient jusque-là en sous-sol. Il s'agissait, pour nous, de créer de l'animation : quand les tours jumelles existaient, le quartier environnant était dénué de charme pendant la journée, et désert la nuit. Mais le centre commercial souterrain rapportait beaucoup d'argent à Port Authority, qui gérait la ligne ferroviaire reliant New York au New Jersey. Il fallait donc trouver un moyen de maintenir cette importante source de revenus tout en créant au niveau de la rue un ensemble de commerces attrayants pour les piétons.

Bob Davidson, de Port Authority, comparait le projet à un Rubik's Cube, et il avait raison. Il suffisait d'y changer un détail – élargir ou rétrécir une rue de quinze centimètres – pour être obligé de modifier tout le reste.

De tous les défis à relever, le plus redoutable consistait à imaginer ce qu'on allait faire du trou. Les plus radicaux – les familles de victimes, y compris les pompiers et les policiers – tenaient absolument à laisser cet espace ouvert, jusqu'au soubassement rocheux qu'on apercevait à plus de vingt mètres de profondeur. Les familles avaient été touchées par notre proposition de conserver le trou. Mais les résistances se faisaient de plus en plus fortes, et il nous faudrait trouver un compromis qui convienne à tout le monde. Ce ne serait pas facile. Madelyn Wils, à la tête de l'association des habitants du quartier, et d'autres responsables d'associations n'aimaient pas l'idée de faire passer les gens autour d'un puits géant – et sans doute déprimant à contempler. Et de leur côté, les ingénieurs de Port Authority se demandaient comment protéger le mur d'étanchéité si on laissait un vide d'une telle profondeur ; les questions qu'ils posaient appelaient aussi des réponses.

On était loin du Rubik's Cube. Le problème faisait plutôt penser à celui du chirurgien qui doit remplacer un organe défaillant tout en maintenant le réseau des veines et des artères en activité.

Quelques jours avant que la LMDC et Port Authority proclament les résultats du concours, Larry Silverstein se montra sous son vrai visage. Dans une lettre de neuf pages adressée à John Whitehead, le directeur de la LMDC, il annonça qu'il n'aimait guère les derniers projets sélectionnés – mais que c'était de toute façon sans importance. L'important étant que, en tant que destinataire de l'argent versé par les compagnies d'assurances après la destruction des tours jumelles, il avait lui seul le droit de choisir le projet qui serait réalisé – et d'écarter tous les autres. Et il indiquait clairement que, s'il ne pouvait pas faire ce qu'il voulait, il pouvait rendre les choses compliquées pour tout le monde.

Des copies de la lettre de Silverstein furent adressées aux gouverneurs des États de New York et du New Jersey, à Michael Bloomberg, le maire de New York, aux officiels de Port Authorithy et aux journaux.

Il y avait une autre précision dans cette lettre : Silverstein indiquait clairement que, si ce concours visait à désigner un architecte en chef pour la reconstruction du site du World Trade Center, il avait déjà, quant à lui, choisi l'agence SOM comme *son* architecte en chef. Il attendait du lauréat, quel qu'il soit, qu'il collabore avec cette agence.

Il y avait de quoi sourire, le plus piquant étant le fait que SOM avait compté parmi les sept finalistes, mais s'était retiré de la compétition après la présentation du mois de décembre, probablement pour s'éviter un désaveu public embarrassant comme le laissait présager l'accueil unanimement défavorable qu'avait reçu son projet. L'agence s'était hâtée d'expliquer qu'elle se retirait pour éviter un conflit d'intérêt car elle était déjà en affaires avec Silverstein, mais personne n'était dupe. Pourquoi, alors, être entré dans la compétition ?

Pourquoi Silverstein s'était-il ainsi compromis avec SOM ? Je ne le sais toujours pas. Sa lettre déplut à tout le monde. Le cabinet de Bloomberg éleva aussitôt une protestation. De même qu'un porte-parole de Port Authority et celui de la LMDC. Roland Betts, membre influent du conseil d'administration de la LMDC (et ami proche du président Bush), déclara aux journalistes : « Nous avons chargé un certain nombre d'experts d'examiner tous les problèmes soulevés par cette lettre et nous ne sommes pas parvenus aux mêmes conclusions que Silverstein. »

Silverstein se tint tranquille un certain temps, mais seulement parce qu'il était occupé avec ses avocats. Ils se préparaient à un procès contre les compagnies d'assurances. Il semble que le contrat souscrit par Silverstein assurait son bien à concurrence de 3,5 milliards de dollars en cas d'incident terroriste. Mais comment, au juste, définir un « incident » ? Silverstein arguait que puisqu'il y avait eu deux avions et qu'ils avaient attaqué deux bâtiments distincts, il devait recevoir 3,5 milliards pour chacun. Il réclamait donc 7 milliards.

« Vous croyez qu'il les aura ? demandai-je à Eddie Hayes, notre avocat.

– Voyons la chose d'un autre point de vue, me répondit Hayes. Pensez-vous que si une seule des deux tours avait été touchée et s'était effondrée, il demanderait aujourd'hui la moitié de 3,5 milliards ? »

Mon avocat estimait que Silverstein allait perdre son procès. Mais nombreux étaient ceux qui pensaient, à ce moment-là, qu'il le gagnerait – en partie parce que Silverstein est quelqu'un qui obtient toujours ce qu'il veut. Je me rappelai le jour où il nous avait invités, Nina et moi, sur son gigantesque yacht. Il avait repéré ce bateau, qui lui plaisait, il le voulait mais il le trouvait un peu trop petit. Plutôt que de chercher un plus grand yacht, il avait fait couper celui-ci en deux pour qu'on le rallonge par le milieu. *Et voilà*[1] : Larry Silverstein obtenait toujours ce qu'il voulait.

Non, pas toujours. Il allait consacrer toute une année et dépenser quelque 100 millions de dollars à la poursuite de ces 7 milliards qui, disait-il, lui revenaient. Et cette fois, il n'obtiendrait pas ce qu'il voulait.

Le 1er février 2003, par téléphone, nous apprenions la nouvelle : il ne restait que deux concurrents en lice, le Groupe THINK et le Studio Daniel Libeskind.

THINK ! J'étais surpris. Je m'attendais à voir les tours de Norman Foster dans cette ultime sélection. On les aurait peut-être choisies si elles n'avaient pas eu cette hauteur impressionnante, mais leur taille faisait peur, et les gens ne souhaitaient pas qu'on reconstruise aussi haut aussi vite. Depuis quelques semaines, THINK se présentait dans les médias comme l'équipe locale, ce qui était carrément exagéré, mais habile du point de vue des relations publiques. Et Frederic Schwartz et Rafael Viñoly ne manquaient pas de relations tout court. Ils étaient tous deux de bons amis d'Herbert Muschamp. Je devais apprendre par la suite que Roland Betts les avait soutenus avec constance. Bien qu'il fût membre du conseil d'administration de la LMDC et en principe ouvert à toutes les candidatures jusqu'aux présen-

---

1. En français dans le texte.

tations finales, on a dit, mais cela n'a pas été confirmé, qu'il avait écrit à des personnes influentes dans le monde des affaires pour leur faire part du soutien qu'il apportait à THINK.

Quelques jours plus tard, le téléphone sonna. C'était Carla Swickerath. « As-tu lu le *Times* ? me demanda-t-elle. Va le chercher, vite ! »

C'était le matin de bonne heure et j'avais du mal à me réveiller.

Dans le *Times*, Herbert Muschamp se livrait à une « évaluation » des deux projets finalistes. « Quand on les regarde tous les deux comme une sorte de diptyque réalisé à la va-vite, écrivait-il, les deux projets... reflètent la confusion qui règne dans une nation déchirée entre des impulsions contraires de guerre et de paix. » *Un diptyque réalisé à la va-vite ?*

« Le projet de Daniel Libeskind pour le site du World Trade Center constitue un tour de force d'une stupéfiante agressivité, un mémorial de guerre pour un conflit qui vient tout juste de commencer. Le projet de THINK, de son côté, exprime des aspirations de temps de paix d'un tel idéalisme qu'elles semblent pratiquement irréalisables. Sans être pacifiste, je voudrais, en tant que New-Yorkais de l'époque moderne, me frayer un chemin au-delà du combat armé... [Le projet de THINK] est une action de métamorphose. Il transforme nos souvenirs collectifs des tours jumelles en une affirmation des valeurs américaines inscrite haut dans le ciel. »

Comment ? Quel était ce délire ? Après les présentations au Winter Garden, Muschamp avait écrit : « Studio Daniel Libeskind. Si vous cherchez le merveilleux, voilà où vous le trouverez. » Et maintenant cet éditorial qu'il n'avait peut-être pas rédigé lui-même, mais qu'il avait bel et bien signé. Comment était-on passé, en deux semaines, du merveilleux à un « mémorial de guerre agressif » ?

C'était bizarre. Que voyait donc Muschamp quand il regardait les tours squelettiques du « Centre culturel mondial » proposé par THINK ? Dans ce plan, le musée, le centre artistique et le centre de conférences étaient des modules flottants suspendus entre les deux tours. Sur la tour située au nord, le module devait s'accrocher à l'endroit où l'avion avait percuté la tour nord le 11 septembre. Et sur la tour située au sud, le module serait accroché au point d'impact du second avion. Qu'on aime ce projet ou non, je comprenais mal en quoi il offrait l'image d'« aspirations de temps de paix d'un tel idéalisme qu'elles semblent pratiquement irréalisables ».

Je poursuivis ma lecture. Muschamp était loin d'en avoir fini. Il tournait mon projet en ridicule en annonçant qu'on pouvait dès à présent s'attendre à « un résultat kitsch ». Traiter quelque chose de kitsch, c'est le pire des coups bas en matière d'architecture. On peut dire d'un projet qu'il est laid. Qu'il est tout sauf pratique. On peut même dire qu'il est directement copié sur un autre. Mais on ne dira jamais qu'il est kitsch.

THE HEART AND THE SOUL:
MEMORY FOUNDATIONS

MEMORIAL SITE EXPOSES
GROUND ZERO
ALL THE WAY DOWN TO THE
BEDROCK FOUNDATIONS.

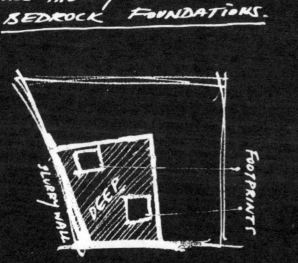

REVEALING THE HEROIC FOUNDATIONS
OF DEMOCRACY FOR ALL TO SEE.

Et voici comment Muschamp concluait son « évaluation » : « Les espaces proposés [par THINK] pour garder la
mémoire devraient être aussi éloquents que ceux d'une
cathédrale. Mais ils seront pris dans la lumière qui a assuré
la stabilité de ce pays depuis sa naissance. Sur le deuil, on
bâtira les tours du savoir. Elles nous élèveront au-dessus du
niveau de la superstition féodale dans laquelle nos ennemis
restent embourbés. »

Les tours du savoir ? Voilà qui sonnait comme une cita-
tion extraite de quelque manifeste stalinien ! Que prenait
donc cet homme à son petit déjeuner ?

Le lendemain, au moment où Nina, tenant Rachel par
la main, arrivait au Winter Garden, elle fut abordée par
un journaliste du *Los Angeles Times* qui préparait un article
sur moi. « Alors, lui dit-il, que pensez-vous des attaques de
Muschamp ? »

Nina se mit à rire.

« Mon mari est plus œcuménique que moi. À sa place,
je le tuerais ! » répondit-elle.

Cette réflexion à l'emporte-pièce fut reproduite le lendemain dans le *Los Angeles Times* et reprise par une dizaine
d'autres journaux.

Quelques mois plus tard, après que nous eûmes remporté
le concours, Nina convainquit Muschamp de se joindre à
nous pour une rencontre de réconciliation au Four Seasons
Hotel. Elle ne ménagea pas ses excuses pour la fameuse
vanne, mais ses efforts ne furent guère couronnés de succès.
Muschamp se montra ouvertement hostile et cassant. Son

②. SEPTEMBER 11 MATRIX

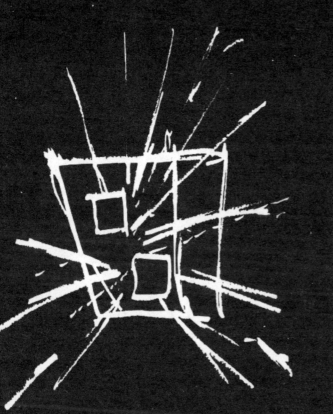

HEROES LINES
TO GROUND ZERO

principal reproche portait apparemment sur les noms que j'avais donnés à certaines parties du plan – jardin des Héros, Trouée de lumière. Et il détestait les références explicites à des symboles des États-Unis – la statue de la Liberté et 1776 – qu'il considérait comme chauvines et de droite. Je tentai d'en discuter avec lui, mais la discussion ne l'intéressait pas.

« Mais vous étiez pour, au début, lui fit observer Nina. Vous l'avez dit dans la presse. Notre projet n'a pas changé. Notre discours n'a pas changé. Daniel n'a pas changé. Pourquoi avez-vous changé d'avis ?

– En décembre, vous étiez sept finalistes, répondit calmement Muschamp. En février, vous n'étiez plus que deux. Ce n'était plus du tout la même chose. »

Soudain, je compris. Il ne s'agissait pas de savoir quel était le meilleur projet. Muschamp, à l'évidence, voulait choisir parmi ses amis.

Si Herbert Muschamp fit volte-face à mi-parcours, William Neuman, du *New York Post*, se montra du début à la fin aussi constant dans ses attaques. Le sommet fut atteint avec le *Post* le jour où je découvris que Neuman avait retrouvé ma sœur pour savoir si nous étions bien arrivés aux États-Unis par la mer ou s'il s'agissait d'une fable inventée pour faire notre publicité. Pourquoi cet acharnement du *Post* contre nous et notre projet ? Je n'en ai pas la moindre idée. Mais il ne se démentit jamais.

Nous n'avions pas le temps de nous en inquiéter. Nous devions nous concentrer sur nos plans. Il y avait tant à

WEDGE OF LIGHT / PARK OF HEROES

SUNLIGHT ON SEPTEMBER 11
MARKING THE <u>PRECISE</u>
TIME OF THE EVENT.

faire, tant de choses à étudier – densité, programmation, coûts, faisabilité... Il fallait recalculer, redessiner, intégrer une multitude de modifications. Nina nous mobilisa comme pour nous préparer à franchir le Rubicon. Elle prit une décision radicale : elle appela tous nos clients à travers le monde pour reporter les délais en faisant appel à leur compréhension. Tous donnèrent leur accord, et l'agence au grand complet se plongea dans un travail intense et passionné. Nina rassembla le peu d'argent que nous possédions pour le consacrer à cet effort.

Des deux côtés de l'Atlantique commença un grand ménage : on rangea toutes les maquettes, on roula tous les plans, on ferma tous les fichiers informatiques qui ne concernaient pas le site du World Trade Center. Les architectes furent répartis en groupes, chacun avec son responsable, son bureau et une tâche précise à mener. Afin de coordonner tous ces travaux, Nina avait fixé des réunions quotidiennes avec les responsables de groupes, et dans l'intervalle nous courions d'un endroit à l'autre, de nuit comme de jour, pour superviser les études sur les ascenseurs, les circuits de ventilation en sous-sol et une quantité ahurissante de dispositifs et de technologies destinés à assurer la sécurité.

Nous décidâmes de nous concentrer sur les problèmes de Port Authority, car plus nous travaillions sur le projet plus nous comprenions l'importance du sous-sol dans la reconstruction de cette partie de Manhattan. Le site du World Trade Center se trouve à la pointe de l'île, là où

(4.) CULTURE AT HEART :
PROTECTIVE FILTER AND OPEN
ACCESS TO HALLOWED GROUND

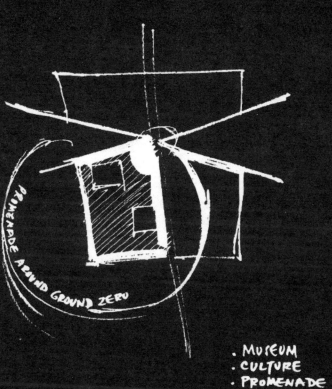

PROMENADE AROUND GROUND ZERO

. MUSEUM
. CULTURE
. PROMENADE

beaucoup de choses se pressent et convergent. Les lignes électriques, les puits d'ascenseurs, les transports. Ah, les transports ! Les trains de banlieue, qui déversent quotidiennement des dizaines de milliers de personnes en provenance du New Jersey. Les lignes 1, 2, 3, 4, 5, 6, 9, A, C, E, J, M, N, Q, R, W et Z du métro de New York. Le tunnel de Brooklyn Battery. Le tunnel Holland. Le pont de Brooklyn. Ce sont les lignes de vie de la ville, et y changer quoi que ce soit se chiffre en milliards de dollars.

Dans cette compétition, nous observâmes que les responsables de Port Authority se faisaient parfois rabrouer par nos collègues architectes. C'étaient des gens sérieux, des ingénieurs qui travaillaient sur les infrastructures – transports, structures, matériaux. Il fallait être fou pour traiter avec désinvolture les gens de Port Authority, tous experts de classe internationale, sur des projets aussi monumentaux que celui-ci.

Je savais que nous avions tout intérêt à les écouter pour apprendre le plus de choses possible et le plus vite possible.

Quelques responsables de Port Authority m'emmenèrent, à pied, dans le réseau souterrain à l'heure où les trains n'y circulaient pas. Nous passâmes sous l'Hudson. Ce qu'on y trouve est stupéfiant : une ville entière, sur sept niveaux, une cathédrale sous-marine dont le public ignore l'existence. Il y a, dans le sud de Manhattan, une quantité de choses à protéger. Vous ne pouvez pas garer ici des autocars de touristes, me disait-on, car l'un de ceux-ci pourrait être chargé d'explosifs. Où les mettre, alors, pour qu'ils soient

⑤ LIFE VICTORIOUS / SKYLINE

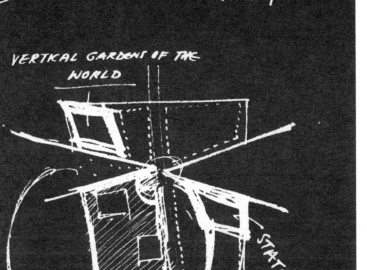

VERTICAL GARDENS OF THE
WORLD

STATION

REASSERTING THE SKYLINE

1776 ft

hors de vue et en sécurité ? Et comment organiser en toute sécurité la circulation des camions qui viendront approvisionner les nouvelles tours par les sous-sols ? Chacune de ces questions en faisait surgir dix autres.

Plus important encore : comment s'assurer, tout au long de ce gigantesque chantier, qu'on ne compromettait pas la stabilité de ce qu'il restait de fondations à Ground Zero ? À cet endroit, où le mur d'étanchéité retient les eaux de l'Hudson, tout est toujours en mouvement. Pendant que j'écris ces lignes, ou que vous les lisez, quelqu'un mesure des déplacements de la structure de l'ordre du millimètre pour vérifier que tout fonctionne bien.

Nous n'avions peut-être pas Herbert Muschamp ni le *New York Post* avec nous, mais nous avions Edward W. Hayes. À New York, on ne saurait guère trouver mieux.

Eddie Hayes est dans cette ville une légende à lui tout seul, l'un de ces activateurs de relations humaines qui connaissent tout le monde, depuis le gouverneur jusqu'au plus humble des habitants. En écrivant *Le bûcher des vanités*, Tom Wolfe ne s'est pas contenté d'en faire le modèle de l'un de ses principaux héros – l'avocat Tommy Killian –, il lui a aussi dédié le livre : « Chapeau bas, l'auteur dédie ce livre à Maître Eddie Hayes, qui s'est avancé parmi les flammes, le doigt pointé vers les épouvantables lueurs. » Hayes comprend New York. C'est un authentique New-

Yorkais : rapide, convaincu, fidèle, brusque mais policé, coléreux mais doté d'un grand cœur.

Quand on nous voit ensemble on ne se rend pas forcément compte de tout ce que nous avons en commun, et pourtant, c'est considérable. Nous avons tous deux grandi en milieu ouvrier, Eddie dans les Queens, moi dans le Bronx. Sa mère faisait des paquets chez Macy's ; la mienne trimait dans des ateliers de confection. Nous nous sommes l'un comme l'autre épris d'art (Eddie est célèbre pour sa gestion de la succession Andy Warhol). Et nous adorons tous deux Nina – ou, comme le dit Eddie : « Lui, je l'aime bien, mais elle, je l'aime *vraiment* bien. » On a d'abord été amis, puis quand Eddie est devenu officiellement notre avocat, il a dit à quelqu'un : « Nina me fait marcher comme aucun client ne l'a jamais fait, à part un ou deux gangsters il y a bien des années. » Venant d'Eddie Hayes, ce n'était pas un mince compliment.

C'est notre amie Victoria Newhouse, auteur de *Towards a New Museum* sur le Musée juif de Berlin, qui provoqua notre rencontre à l'occasion d'un dîner. « Je savais que vous alliez vous plaire mutuellement », dit-elle à la fin du repas. Elle avait raison ; l'amitié entre nous fut immédiate. Au moment de prendre congé, ce soir-là, Ed me dit : « Daniel, achetez dès demain l'autobiographie du gouverneur Pataki et lisez-la. Il faut que vous connaissiez la façon de penser du Type. »

Le Type – c'était ainsi qu'Eddie appelait son vieux copain le gouverneur de New York. J'ai acheté le livre le lendemain et l'ai lu aussitôt. Et j'ai compris pourquoi Ed Hayes y tenait tant : il voulait que je voie tout ce que j'avais en commun, aussi, avec Pataki. Les différences étaient évidentes : Pataki est républicain (tendance progressiste), gros propriétaire, né et élevé à Peekskill, au nord de New York. Mais ses parents étaient des immigrés venus de Hongrie, qui avaient dû se battre pour survivre, et Pataki était un self-made-man. Il y avait une autre ressemblance, des plus bizarres : quand ils photographiaient leurs enfants, les gens d'Europe de l'Est et d'Europe centrale ont pour manie de les faire poser devant des meules de foin. C'est ce qu'avaient fait mes parents et les siens. Quand je revis Ed Hayes, je lui tendis ma photo, et il éclata de rire. Il y avait la même dans l'album de famille de Pataki. « Ça, alors ! dit-il. Je savais que vous étiez pareils, vous et Le Type. Mais je ne m'étais pas rendu compte que vous aviez grandi tous deux dans cette satanée ville. »

Quand le gouverneur Pataki vint voir les maquettes exposées au Winter Garden, Ed Hayes l'accompagnait. Et il montra à Pataki, qui avait vécu enfant au bord de l'Hudson, comment mes plans étaient reliés au fleuve, à l'eau et au port de New York. « Vous voyez la façon dont la spirale des bâtiments s'approche de l'eau et se tend vers la statue de la Liberté ? » Et Eddie offrit au Type une copie de ma photo devant une meule de foin.

Les médias ne s'étaient jamais autant intéressés à la vie des architectes. Peu de temps avant l'issue du concours, le *Wall Street Journal* publia en première page un article ravageur sur Rafael Viñoly, évoquant de possibles compromissions avec la junte militaire au pouvoir à Buenos Aires, où il avait commencé sa carrière d'architecte. Viñoly s'était présenté dans les journaux et à la télévision comme un réfugié politique obligé de fuir son pays.

Entre le Groupe THINK et le Studio Daniel Libeskind, on ne s'aimait guère. Schwartz et Viñoly n'avaient jamais caché leur antipathie, et ils devenaient carrément sordides. Viñoly, s'adressant à la presse, parla du « trou de la mort » inclus dans notre projet. Je répliquai en disant que ses tours avaient l'air de squelettes. Je fis également remarquer ce qu'il y avait de gênant dans le nom du groupe : THINK. Pourquoi ces capitales ? C'était un peu orwellien – effrayant.

Mais surtout, je ne comprenais pas pourquoi personne ne semblait voir dans le coût de leur projet, trois fois plus cher que le nôtre, un facteur de décision. En outre, leur programmation de chantier paraissait irréaliste. Avant de construire des bâtiments susceptibles de fonctionner, ils prévoyaient d'ériger deux gigantesques cadres d'acier. Puis les ingénieurs auraient un autre défi à relever pour suspendre des modules flottants entre ces deux structures. Et pendant tout le temps qu'il faudrait pour dresser les cadres et y accrocher les modules, le site serait inutilisable et interdit de circulation. C'était complètement absurde. Mais personne ne semblait gêné par l'impraticabilité de la chose.

Est-ce qu'on s'en souciait seulement ? me demandais-je.

La date de clôture du concours approchant, nos intrépides architectes apportèrent leurs sacs de couchage à l'agence pour les dérouler sous leurs tables à dessin et s'y laisser choir à l'heure de la relève. Les maquettistes passaient des nuits blanches. Nina et moi, qui avions fait jusqu'alors la navette entre Berlin et New York, prîmes une chambre à l'hôtel. Quand tout fut fini, les vingt-cinq jeunes architectes de notre équipe étaient épuisés, les yeux rougis par le manque de sommeil après des semaines passées sans voir leurs proches ni la lumière du jour. Ils faisaient penser à des créatures marines, à la peau translucide et au teint gris et vert. Je n'ai pas de mots pour dire combien nous étions fiers d'eux.

Le 25 février, deux jours avant l'annonce du résultat, tout parut soudain se calmer. Les finalistes, le Studio Libeskind et THINK, devaient présenter leurs projets au comité de sélection ce soir-là. Mais quelque chose – tout – inquiétait Nina. Elle appelait fréquemment Eddie Hayes, car il savait comme personne lui décoder New York. Il était son interprète. Et son ami. Elle l'appela, donc, inquiète.

« Il y a quelque chose qui cloche, lui dit-elle. Je le sens.

– Cessez de dire des bêtises, répondit Eddie. Détendez-vous, Nina. »

Mais elle ne voulait pas en démordre.

« Eddie, j'ai baigné toute ma vie dans la politique. Je connais les signes. C'est *trop* calme. »

Eddie promit de chercher à savoir.

Le comité de sélection nous reçut à dix-huit heures. Nous eûmes du mal à capter l'attention de ses membres. Ils avaient l'air distrait et des regards fuyants.

« Sommes-nous toujours dans la compétition ? demanda Nina à Andrew Winter, de la LMDC.

– Mais oui, mais oui, ne vous en faites pas », répondit Winter, mais le ton manquait de conviction.

Elle se tourna vers Quentin Brathwaite, de Port Authority.

« Sommes-nous toujours en compétition ?

– Oui, oui, ne vous en faites pas », répondit Brathwaite.

Mais il n'était pas plus convainquant que Winter.

Viñoly devait arriver à dix-neuf heures, après notre présentation, mais nous étions encore là, une demi-heure plus tard, quand il fit son entrée. Il semblait parfaitement détendu. On peut le comprendre, étant donné ce que nous apprîmes par la suite. Roland Betts, président de la commission de reconstruction du site au sein de la LMDC, avait réuni cette commission plus tôt dans la journée, et ses membres étaient convenus de voter pour le projet THINK. Ce qui ouvrait au groupe une voie royale vers la sélection finale.

Cette présentation avait été une mascarade. Et Viñoly le savait.

Le lendemain matin, Nina appela une nouvelle fois Eddie Hayes.

« Vous avez lu le journal ?

– Non, répondit Eddie. Il est sept heures et demie. J'arrive tout juste à mon bureau.

– Nous avons perdu.

– Allons, pas de bêtises !

– Vous m'avez déjà dit ça hier soir. Allez voir ce qu'il y a dans le journal. »

La commission de la LMDC avait voté pour le projet de reconstruction présenté par le Groupe THINK. C'était à la première page du *New York Times*.

Voici, de la bouche d'Eddie, ce qui se passa ensuite :

« Tout en discutant avec Nina, le journal sous les yeux, je me disais : Bonté divine ! Ils ont perdu ! Et je me disais, franchement, Eddie Hayes enquiquinant Le Type pour un truc pareil, c'est ridicule... Mais si ce n'est pas moi qui le fais, personne ne le fera. J'ai vu les maquettes. J'ai vu les plans. Je connais Libeskind, je sais qu'il est l'homme qu'il faut pour ça. Alors j'appelle Le Type, et deux minutes plus tard, voilà Le Type qui me rappelle. »

« Que puis-je faire ? avait dit le gouverneur Pataki à Eddie Hayes. Je crois bien que je désapprouve le vote de la commission, mais c'est moi qui ai nommé ces gens !

– Que vous le vouliez ou non, c'est cette réalisation qui restera comme la marque de votre législature, lui avait

répondu Hayes. Choisissez en conscience le projet qui vous
paraît le meilleur. »

Une dernière présentation devait avoir lieu pour le gouverneur Pataki et le maire Bloomberg, avant l'annonce de
la décision finale. C'était Roland Betts qui en était chargé,
mais il y eut un changement de dernière minute : le gouverneur demanda que les architectes présentent eux-mêmes
leurs propositions. À midi, Alexander Garvin, vice-prési-
dent de la LMDC chargé de la programmation, du plan et
du développement, nous appela au téléphone. « Pouvez-
vous être ici à treize heures ? » Il semblait très pressé.

Nous partîmes, Nina et moi, et nous étions déjà dans
un taxi, en route vers le siège de la LMDC quand Eddie
Hayes nous appela.

« J'ai parlé au Type, dit-il.

– Ah. Vous lui avez demandé de nous soutenir ?

– Non.

– *Non ?*

– Je lui ai simplement dit de faire ce qu'il jugerait bon,
et il a répondu... »

Plus rien. La communication était coupée. Nous étions
sur la partie de la voie rapide où les transmissions des
portables ne passaient plus. Impossible d'avoir Eddie à
nouveau.

Nous arrivâmes les premiers à la LMDC. « Le maire et

le gouverneur vous attendent, nous dit Andrew Winter. Vous avez trente minutes. »

Bloomberg et Pataki entrèrent dans la salle de conférences et nous saluèrent.

« Monsieur le gouverneur, monsieur le maire, dis-je. Je sais combien vous êtes occupés, et si je ne suis pas capable de vous expliquer ce projet en cinq minutes, c'est sans doute qu'il ne mérite pas d'être réalisé. »

Je leur montrai les esquisses qui définissaient le projet global, les magnifiques maquettes réalisées par notre équipe, puis le plan d'ensemble avec les phases de la construction. Le tout en cinq minutes. Et pendant les vingt-cinq minutes restantes le gouverneur et le maire circulèrent entre les maquettes en posant des questions pratiques et tout à fait pertinentes. Je vis le gouverneur fermer un œil pour regarder à travers la maquette en se plaçant au sud, comme s'il cherchait à imaginer ce que serait le site quand on le verrait depuis le pont d'un bateau arrivant au port.

Le maire et le gouverneur nous quittèrent pour passer dans la salle voisine où Viñoly présentait son projet. Nina et moi avions le sentiment d'avoir bien servi le nôtre. Nous en avions vanté les mérites avec toute l'éloquence dont nous étions capables, et, à nous deux, sans rien laisser de côté. Mais il nous fallait maintenant attendre, au cas où on aurait d'autres questions à nous poser. Cette attente était une véritable torture.

Nous devions apprendre par la suite que Viñoly, en arrivant pour sa présentation, était certain d'avoir gagné. Apercevant l'une de nos maquettes au moment où il traversait notre salle de conférences, il s'était tourné vers Stephen Blach, notre associé, et lui avait dit calmement : « Vous pouvez jeter tout ça, maintenant, n'est-ce pas ? » Et de sourire. Les journalistes parlaient souvent du charme de Viñoly, mais je doute que les gens de mon équipe y aient jamais été sensibles.

Ce charme réel ou supposé n'opéra pas, en tout cas, sur Bloomberg et Pataki. Leur décision, à ce qu'on m'en a dit, fut viscérale et pragmatique. Ils avaient à choisir entre deux options radicalement différentes. THINK proposait une mégastructure dont la construction constituerait un véritable casse-tête pour les dix années à venir et qui, une fois achevée, rappellerait à jamais les tours détruites le 11 septembre 2001. Notre projet étant diversifié, on pouvait le réaliser par étapes, en construisant bâtiment après bâtiment.

La présentation de Viñoly achevée, le maire et le gouverneur s'entretinrent en tête à tête avant de rejoindre John Whitehead, Roland Betts et les autres officiels rassemblés autour d'une table dans une salle de réunion. Pataki expliqua aux membres de la commission qu'il récusait leur choix. Il voulait quelque chose qui soit à la fois visionnaire et réaliste, et seul mon projet était constructible. Comme certains membres tentaient d'argumenter, le gouverneur se tourna vers le maire. « Mike, dit-il, j'ai une réunion dans un quart d'heure. Vous voudrez bien leur expliquer pourquoi j'ai choisi Libeskind ? »

Sur le moment, bien sûr, nous n'avons rien su de tout cela. On nous avait donné congé, et nous étions retournés à l'hôtel pour attendre dans notre chambre. Nina était découragée, persuadée que le gouverneur allait laisser la commission choisir le projet THINK. Décidé à me montrer philosophe, je m'étais plongé dans un livre d'Emmanuel Levinas. « Nina, dis-je, pour tout ce qu'il nous a permis d'apprendre, ce concours méritait d'être tenté. » Elle me lança un regard noir. Ce concours nous avait coûté très cher – en argent, en temps, en énergie, en patience, en volonté, en dévouement, sans compter les efforts héroïques fournis par notre équipe. Tout cela n'aurait donc servi à rien ? Lev, notre fils, arriva à New York, venant de Tel-Aviv, et nous appela aussitôt. Je sentis la déception dans la voix de Nina qui lui répondait.

Puis le téléphone sonna à nouveau. Nina décrocha, blêmit et me tendit l'appareil.

« C'est John Whitehead... »

Je me préparai intérieurement à encaisser la nouvelle et les paroles de consolation du président de la commission.

« Monsieur Libeskind, vous avez gagné ! »

Je sentis un flot de sang qui me montait à la tête. Je bafouillai un remerciement en faisant à Nina le V de la victoire. Puis je la pris dans mes bras.

Le lendemain, le *New York Times* publiait ma photo en première page. On ne voyait que ma tête dans un océan de photographes et de journalistes. Nina... mais où était-elle passée ? Nous nous étions perdus pendant la conférence de presse.

L'intérêt qu'on nous manifesta du jour au lendemain fut ahurissant, et notre joie intense. C'était le 27 février 2003, et le cours de mon existence venait de changer à jamais.

Épuisés mais trop euphoriques pour rester dans notre chambre d'hôtel, nous emmenâmes toute l'équipe et nos amis au bar du Ritz-Carlton de Battery Park, d'où l'on a une vue immense, magique, sur le port de New York et la statue de la Liberté.

« Nous nous installons à New York », annonçai-je.

Ed Hayes arriva, dans un complet de coupe britannique agrémenté d'une cravate de soie rose. Il rayonnait. « Je viens d'avoir Le Type au téléphone, dit-il. Il m'a chargé de vous dire que, finalement, c'est la meule de foin qui l'a décidé. »

Eddie est ennemi de l'alcool. Il n'en boit jamais une goutte. On a donc levé notre verre pour lui.

·8

VI - 1942

l'invisible

Qu'est-ce qui nous attire vers quelque chose ?
Aucune raison ne nous pousse à aller vers une fleur,
un visage, ou la beauté de tel ou tel paysage, voire
vers des choses qui ne sont pas particulièrement
agréables à regarder – les ruines d'un ancien temple,
par exemple. Pourquoi telle ville nous parle-t-elle
plutôt qu'une autre ? Et pourquoi les villes poussent-
elles leurs racines dans des endroits particuliers ?
Berlin, par exemple, se trouve dans la province du
Brandebourg. La ville, aujourd'hui capitale d'une
Allemagne réunifiée, fut d'abord une petite bourgade
au cœur de la Prusse, et longtemps auparavant un

objet de conflits entre tribus slaves et germaines. Berlin était – et reste – un lieu perdu au milieu de nulle part. Certes, elle se trouve sur les rives de la Spree, mais le fleuve va son chemin, laissant la ville derrière lui. À quel moment s'est-il trouvé quelqu'un pour annoncer : « Nous y voici, c'est là que nous allons rester » ? Et qu'y avait-il en ce lieu pour que des gens décident de s'y installer ? Leur destinée. Qu'est-ce qui fait l'intérêt d'un lieu ou d'une construction ? L'énergie qui s'en dégage n'est pas qu'humaine. Il y a peut-être là-dedans quelque chose de divin, même si ce mot hérisse certains d'entre nous. Mais quel que soit le nom qu'on lui donne, je ne suis pas le seul à sentir que ce que je fais a quelque chose à voir avec l'Invisible.

Je vais vous raconter une histoire qui fait peur à la fin.

À une certaine époque, le Victoria & Albert Museum était le joyau de la couronne formée par le réseau des musées londoniens. C'est le plus grand musée d'art décoratif du monde, avec ses onze mille mètres carrés d'espace d'exposition, ses quatre millions d'objets (pièces métalliques, textiles, mobilier, etc.) dont certaines datant de deux mille ans, voire cinq mille selon qui on croit. Dès l'origine, le musée semblait encombré. Il eut pour premier directeur sir Henry Cole, architecte victorien des plus pragmatiques et aquarelliste de talent ; lors de son ouverture en 1857, Cole déclara qu'il entendait faire de ce musée « une école pour tous ».

L'intention était louable mais, comme on le dirait aujourd'hui, elle n'avait pas de quoi brancher les foules.

À partir de là, le musée ne cessa de vieillir et de moisir jusqu'au moment où, en 1996, ses directeurs et son conseil d'administration s'en inquiétèrent pour de bon. Une prestigieuse institution se mourait dans l'abandon et la décrépitude. Comment la sauver ? On se tourna vers les architectes, comme le font souvent les directeurs de musée et les administrateurs, pour leur demander : « Qu'en pensez-vous ? »

Après avoir longuement erré autour du grand immeuble victorien près de Cromwell Road à South Kensington, et donc près de Harrods – le Collège impérial, le Musée d'histoire naturelle, le Royal Albert Hall – j'ai senti, soudain, ce qu'il fallait à cet endroit : une spirale cristalline qui s'élèverait sur neuf étages en un bloc scintillant et ininterrompu pour offrir une vision et des espaces entièrement nouveaux. Cette forme inattendue nous inviterait à une autre façon de vivre Londres. D'un point de vue technique, la spirale (qui  allait bel et bien devenir célèbre sous ce nom) était une véritable innovation, sans la moindre courbe, dont chaque mur était autoporteur et s'emboîtait dans un autre. Dépliés et mis bout à bout, les murs de la spirale auraient la longueur d'Exhibition Road, la rue dans laquelle est construite cette extension du musée. J'étais intimement persuadé que ce bâtiment complétait bien un ensemble consacré au riche patrimoine de l'artisanat, des techniques de construction et des arts décoratifs britanniques, dont des artistes comme William Morris ou Owen Jones étaient de magnifiques exemples.

« Ah ! s'exclama le directeur. Cette spirale, si on la construit, pourrait devenir un symbole national, comme la tour Eiffel pour Paris ou l'Empire State Building pour New York. »

Mais il s'ensuivit quelques remous... Londres est une ville conservatrice, et un certain nombre de personnes reçurent mon idée comme une provocation. William Rees-Mogg, l'ancien directeur du *Times* de Londres, y vit « une insulte à tout ce que représentent les musées », et prévint que cette construction serait « un désastre pour le Victoria & Albert Museum en particulier et pour la civilisation en général ». (J'aurai tant aimé que ma mère soit encore là pour me voir élevé au rang de menace pour la civilisation.) Et Rees-Mogg de me traiter de déconstructiviste. « Qu'est-ce que le déconstructivisme ? » poursuivait-il. C'était pour lui une attitude consistant « à jeter à bas l'ancienne culture de l'érudition, de la beauté, de la raison et de l'ordre sous prétexte que cette culture des Lumières aurait échoué ». Sartre, Mao et Libeskind prônaient « une nouvelle épuration par la barbarie comme seul moyen d'accéder à un monde nouveau ». Ma foi, il ne me déplaisait pas d'être comparé à Sartre – c'était un grand penseur. Quant à Mao... il n'avait jamais été ma tasse de thé !

Je me défendis d'être déconstructiviste ; je croyais au contraire en la construction ! En bâtissant ce musée cent cinquante ans auparavant, les hommes de l'époque victorienne n'avaient pas cherché à reproduire ce qui était à la mode cent cinquante ans plus tôt, à l'époque géorgienne. Ils s'étaient montrés courageux et radicaux dans leurs choix – allant jusqu'à choquer leurs contemporains. Ils avaient construit un bâtiment contemporain. C'était ce que je proposais à mon tour. Regardez les murs extérieurs du musée, disais-je. On y trouve les statues de visionnaires et d'hommes aussi téméraires que le furent en leur temps Christopher Wren, John Barry et John Soane. C'étaient peut-être des excentriques par certains côtés, mais ils n'avaient rien de vieux jeu. À trop regarder vers le passé, vous condamnerez Londres à vivre dans la nostalgie !

Mes détracteurs contre-attaquèrent : « Que signifie le mot "harmonie" pour vous ? » Ils voulaient savoir comment cette spirale cristalline, faite de tuiles en céramique, pouvait voisiner harmonieusement avec le vieux musée si joliment démodé.

C'étaient les différences, expliquai-je, qui créaient l'harmonie. Les harmonies de Mozart n'étaient pas celles de Bach, qui différaient de celles de Copland, qui ne ressemblaient à aucune de celles des compositeurs contemporains. Et pourtant elles pouvaient toutes se retrouver dans le même programme musical. Les gens sont plus larges d'esprit qu'on ne le croit souvent. La construction est dynamique. Les rues sont faites pour changer. La grande cuisine, les grands vins, les grands films et les grands livres font naître des pensées nouvelles et de nouveaux désirs. Lors de sa création, le Victoria & Albert Museum avait été un musée de création contemporaine ; ses galeries avaient été conçues pour inspirer les artistes et les autres créateurs et les amener à regarder non pas vers le passé mais vers la nouveauté : les Ferrari, les Vivienne Westwood, les grands photographes de l'époque.

J'ai senti, au bout d'un certain temps, que j'avais convaincu la plupart des moins de quarante ans. Mais le plus difficile restait à faire : pour réaliser ce projet, les directeurs du musée devait obtenir l'accord de l'English Heritage, une commission mise en place pour protéger les bâtiments historiques. Cette auguste institution pouvait exercer son droit de veto contre la Spirale.

J'ai une petite connaissance de la nature humaine. Je sais que les gens veulent des constructions qui proclament leurs propres illusions, et qu'un bâtiment qui reflète la réalité sous un angle nouveau, ou présente une complète innovation, risque de déranger. Surtout s'il n'exprime pas des idées confortables, familières, sur le monde qui nous entoure. Or ce monde n'est pas une masse immobile soutenue par quatre éléphants sur le dos d'une tortue, comme dans la mythologie hindoue. C'est plutôt, comme le décrivait Rilke, un lieu de fluctuation, tournoyant sur lui-même dans un espace cosmique. Autrement dit, il change.

Au début de l'année 1997, j'eus une rencontre difficile à huit heures du matin avec les membres de la commission

English Heritage. Leurs noms comme leurs titres avaient quelque chose de shakespearien : lords, ladies, barons, ducs, sirs... En quel siècle étais-je retourné ? La commission avait pour président sir Jocelyn Stevens, ancien ministre du gouvernement Thatcher. Ils formaient un groupe très intimidant. Je pris mon courage à deux mains et me lançai dans ma présentation en paraphrasant Oscar Wilde : « Il n'y a qu'un imbécile pour être intelligent au petit déjeuner », déclarai-je. Les membres de la commission éclatèrent de rire, et un lord laissa choir son croissant.

Je leur rappelai le spectaculaire Crystal Palace, considéré comme une merveille lors de sa construction à Londres pour la Grande Exposition de 1851, et dont les expositions successives avaient servi de point de départ aux collections du Victoria & Albert Museum : un Léviathan de fer recouvert de plus de trois cent mille mètres carrés de vitrage, une œuvre de prestige impressionnante par sa grandeur comme l'était alors l'Empire. La Spirale, sous-entendais-je, pouvait être le prochain Crystal Palace.

Au grand étonnement de quelques-uns, nous obtînmes l'accord de la commission. En fait, la commission English Heritage avait tenu à proclamer à la face du tout-Londres qu'elle n'était pas aussi passéiste qu'on le disait. Elle s'offrit dans les journaux de Londres un placard publicitaire qui montrait une image de la Spirale posée avec élégance dans la cour du Victoria & Albert Museum, avec comme légende : « Approuvé par les Vieux Croulants de la commission English Heritage. »

Après la bataille, l'une des conservatrices du musée me prit à part. « Monsieur Libeskind, dit-elle, je voudrais vous montrer quelque chose que vous n'avez certainement jamais vu. »

Dans une arrière-salle du musé se trouvait un petit dessin, une esquisse que je n'avais effectivement pas vue. C'était très joli. On y voyait les premiers bâtiments du Victoria & Albert Museum avec, à côté, une construction en spirale. La spirale n'était pas tout à fait comme celle que j'avais conçue, mais c'était bel et bien une spirale, et placée exactement au même endroit.

« Je... je ne comprends pas très bien, bredouillai-je, dans ma confusion.

– C'est Henry Cole qui a dessiné ceci, m'expliqua la conservatrice. Après l'ouverture du musée. »

J'étais abasourdi. Comment Henry Cole avait-il pu imaginer un bâtiment pareil, lui si austère et si terre à terre à la fois ?

« Je n'en ai pas la moindre idée, répondit-elle. C'est quelque chose qui ne lui ressemble absolument pas... et pourtant il l'a dessiné. »

Pourquoi ? Une force inconnue lui avait-elle dicté cette forme ? C'était comme si le lieu avait, naturellement, appelé une spirale. Henry Cole en avait eu l'inspiration. Et je l'avais eue moi aussi. Et d'autres, peut-être, dans l'intervalle... J'ai envie de le croire.

Dans les années 40, un psychologue français adressa des questionnaires à un grand nombre de chercheurs renommés. Quand vous réfléchissez intensément, leur demandait-il, pensez-vous en chiffres, en mots ou en images ? Albert Einstein répondit : « Rien de tout cela. Quand je me creuse l'esprit jusqu'au tréfonds, mes pensées ne sont plus qu'une simple coordination de *sensations* musculaires. » Bon, je ne suis pas Einstein, mais je comprends ce qu'il voulait dire. Quand les grandes idées me viennent, je sens comme des prémonitions chargées de désir et d'impatience. Je ne peux supporter très longtemps cet état, pas plus que le contrôler quand il survient.

Et voici ce qu'il y a de triste et d'un peu comique dans mon histoire : si j'étais tombé plus tôt sur ce dessin de spirale tracé par sir Henry Cole, je n'aurais sans doute pas dessiné une spirale à cet emplacement. L'idée m'aurait paru manquer de fraîcheur ou d'originalité.

Et il y a une suite, tout aussi triste, tout aussi comique : après qu'on m'eut révélé l'existence de ce dessin, je le montrai à quelques-uns des critiques les plus acharnés de mon projet, et il n'en fallut pas plus pour dissiper leurs objections. Car, évidemment, si *sir* Henry avait vu les choses ainsi...

Un journal allemand a écrit que j'avais certainement des pouvoirs psychiques, ou, au moins, un don de divination. J'en serais ravi, mais ce n'est pas le cas. Voici comment est née la rumeur, sur le chantier du musée Felix Nussbaum d'Osnabrück. J'avais positionné avec beaucoup d'exactitude le bâtiment de forme inhabituelle. Je voulais que l'un des côtés du musée regarde vers Berlin, un autre vers Rome (Osnabrück est l'une des plus anciennes cités catholiques d'Allemagne du Nord), un troisième vers Hambourg – trois villes dans lesquelles Nussbaum a étudié l'art – et le quatrième vers le camp de concentration où il a été exécuté.

Un jour, un bulldozer qui aplanissait le terrain devant

l'entrée du musée heurte quelque chose. On découvre un ancien pont. On arrête le chantier en attendant les archéologues qui doivent l'examiner. En le dégageant, ils s'aperçoivent que c'est l'un des plus vieux ponts encore intacts qui existent en Allemagne – sa construction date du XVIIᵉ siècle. « Qu'allonsnous faire ? demande le directeur du musée. On ne peut pas le déplacer, et on ne peut rien construire par-dessus. »

C'était inutile. Le vieux pont était orienté très exactement (à un centimètre près) face à l'entrée principale du musée. Comme s'il avait attendu depuis plus de trois siècles que l'on bâtisse ce musée. Nous avons placé par-dessus une passerelle métallique, et c'est ainsi qu'on entre désormais dans le musée.

Il y a une foule d'histoires comme celle-ci. Laissez-moi vous en raconter encore une, la dernière, parce qu'elle date de quelques semaines à peine, et que je ne cesse d'y repenser. Je me trouvais à Milan où, avec un groupe comprenant Arata Isozaki et Pier Paolo Maggiora, j'avais remporté le concours lancé pour la restauration du champ de foire historique de la ville. Milan est depuis longtemps l'un des principaux foyers de création mondiaux en matière de design et d'architecture et on se propose de construire sur ce site un magnifique complexe de résidences et de bureaux, avec des centres culturels et institutionnels répartis dans le vaste jardin public. Je suis chargé du plan général du site et de l'architecture de plusieurs bâtiments. J'ai déjà dessiné l'un des trois gratte-ciel. Il offre un abri au public qui se trouve au niveau du sol par la façon dont il s'élève à la verticale avant de s'incurver légèrement au-dessus de la place. La tour principale est comme une clé de voûte entre les deux tours adjacentes, et suggère un dôme en plein air comme dans la galerie Victor-Emmanuel.

Pendant une pause entre deux réunions consacrées à ce projet (il y a toujours des réunions et elles sont toujours interminables), je me suis éclipsé pour aller au Castello Sforzesco, qui est l'un des hauts lieux de Milan. On y trouve de nombreuses galeries, et dans l'une d'elles trône l'une des dernières œuvres de Michel-Ange, restée inachevée, la

Pietà Rondanini. Une fantastique sculpture. Elle n'a pas le poli de la Pietà assise qu'on voit à Saint-Pierre de Rome. C'est une sculpture brute, puissante et douloureuse. Marie, debout, soutient le corps sans vie de son fils (auquel Michel-Ange a donné ses propres traits). L'artiste y travaillait encore à quelques jours de sa mort en 1564.

J'avais déjà maintes fois contemplé cette sculpture de face : la douleur sur le visage de Marie, la façon dont les longues jambes de Jésus fléchissent sous le poids de son corps... Mais au cours de cette visite, quelque chose m'y ramena. Étant donné la façon dont elle est placée, on ne voit pas bien l'arrière, et il me fallait une autorisation

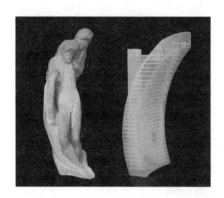

spéciale pour m'en approcher. Quand j'y parvins, je compris ce que j'étais venu voir. La courbe du dos de Marie était identique – identique ! – à celle de la tour que je venais de dessiner pour Milan.

D'où m'était venue l'idée de cette forme magnifique mais bien particulière ? Vous me répondrez qu'il s'agit d'une pure coïncidence, et j'ai l'esprit assez rationnel pour l'admettre avec un haussement d'épaules. Mais je ne peux me défaire de cette impression d'avoir été poussé par quelque chose d'autre à dessiner cette forme, et à la chercher.

Il me tarde que ce complexe de la Foire de Milan soit achevé, car tant qu'un bâtiment n'existe pas on ne peut savoir vraiment de quoi il aura l'air. Les gens croient connaître les bâtiments en étudiant des dessins, des maquettes ou des perspectives, mais on a besoin de les percevoir avec tous ses sens et avec son corps tout entier avant de comprendre comment ils fonctionnent. On peut connaître à l'avance les dimensions d'un bâtiment ; on peut savoir à quels matériaux on fera appel pour le construire. Mais on ne connaît pas son âme tant qu'elle ne s'est pas révélée à nous.

C'est comme pour la musique. Quand les gens écoutent de la musique, ils n'entendent pas des crins de cheval frottant sur une corde ou de petits marteaux de bois frappant une pièce métallique ; ils entendent un violon ou un piano. Et si on peut toujours se procurer des cordes et déterminer la fréquence des vibrations, *la musique est ailleurs*. Entre la technique et l'art, il y a un mystère.

Je me rends compte aujourd'hui seulement que mon père, quand il errait dans les rues de Lodz après la guerre, n'était pas accablé par la présence des fantômes et des ombres invisibles de sa ville perdue, mais y puisait au contraire du réconfort. Les esprits de Lodz lui tenaient compagnie. Chaque semaine, nous nous rendions tous deux au cimetière juif, où des traces de balles courant le long du mur nord marquaient l'endroit où les nazis avaient été alignés et abattus. Il y avait face à ce mur, et s'étendant assez loin, un champ dont la terre était fraîchement retournée et au-dessous se trouvaient les corps de milliers de Juifs ensevelis sans sépulture. Nous entreprenions, tels deux Sisyphes, de nettoyer les tombes de nos parents et de nos amis. C'était le plus grand cimetière juif d'Europe, mais il n'y avait personne pour entretenir les tombes. Nous faisions notre possible, mon père et moi, pour nettoyer et remettre un peu d'ordre. Nous le faisions comme pour défier les avatars de l'histoire, comme pour prouver que la mémoire est plus forte que l'alliance de la folie destructrice des hommes et des lois naturelles de la pourriture.

Quand je m'installai à Berlin pour la première fois, je me rendis au vaste cimetière juif de Weissensee, qui se trouvait alors dans la zone est de la ville, et qui, comme celui de Lodz, était dans un état de décrépitude avancée. Tout en enjambant les tombes et en parcourant les allées envahies par les mauvaises herbes, je fus saisi d'une irrépressible envie d'arracher toute cette végétation, de nettoyer ces pierres tombales et d'honorer les morts en y posant de petits cailloux – mais c'était impossible. Ils étaient trop nombreux.

Il existe une maladie, connue sous le nom de syndrome de Jérusalem, qui frappe surtout dans la Vieille Ville. La victime, qui en est généralement à sa première visite, se met à entendre des voix et souffre parfois d'hallucinations religieuses, puis elle devient folle. L'administration israélienne a même créé un service psychiatrique qui accueille les malades atteints de ces troubles étranges. C'est le mélange de sacré ancien et moderne qui les rend malades. Ils mettent à chaque pas le pied dans une empreinte ancienne et, pris dans la chorégraphie historique de la ville, sont emportés au-delà d'eux-mêmes par son architecture et finissent par voir des anges, des prophètes ou des saints.

J'ai travaillé récemment avec un maître de feng shui, en préparant les plans d'un centre de médias que je construis pour la Cité universitaire de Hong Kong. Cela a été pour moi une expérience fascinante. La construction de ce bâtiment fait appel aux technologies les plus avancées et ce sera, une fois terminé, l'un des immeubles les plus high-tech de Hong Kong – mais l'art plusieurs fois millénaire du feng shui aura joué un rôle central dans sa conception. Il en est de même pour la tour de la Banque de Hong Kong et de Shanghai, de Norman Foster, l'immeuble le plus cher de Hong Kong à ce jour. Il a fallu repositionner avec soin les escaliers pour qu'ils soient parallèles et non perpendiculaires à la rue, « afin que la richesse ne s'écoule pas du bâtiment ». Ce sont les principes du feng shui, aussi, qui ont amené à inverser les structures qui soutenaient l'ensemble, pour qu'elles apparaissent comme des M et non comme des W.

D'aucuns seront tentés de ne voir dans le feng shui qu'une pseudo-science, et je ne suis pas tout à fait certain, je l'avoue, que l'esprit de la Cité universitaire aurait été gravement altéré si j'avais laissé le bâtiment en rouge comme j'en avais l'intention au départ. Mais pour le feng shui, trop de rouge mène à la dispute. (Et trop de noir fatigue.) J'ai fait d'autres ajustements : j'ai atténué certains angles du bâtiment pour éviter de contrarier les esprits du passé. J'ai appris beaucoup de choses en travaillant avec le maître de feng shui, et j'ai compris que de nombreuses croyances étaient fondées sur une réalité empirique. Le feng shui traite de la façon dont une structure s'accorde avec l'eau, des vues et des aperçus – de la façon dont un bâtiment est orienté face au monde. C'est quelque chose que tout architecte doit comprendre et respecter.

C'est exactement ce que Vitruve essayait de nous expliquer il y a quelque deux mille ans. Marcus Vitruvius Pollio était un architecte romain, auteur du premier traité d'architecture connu. Son *De architectura*, écrit au Ier siècle avant Jésus-Christ, devait être un manuel fondamental pour les hommes de la Renaissance. Il y traitait surtout de questions pratiques : méthodes de construction, matériaux, théories concernant les proportions des bâtiments. Mais un débat beaucoup plus subtil et mystique traversait ces considérations pratiques. Il y était question de divination, de l'attention qu'il convenait de porter aux présages, tout comme à des phénomènes naturels : le vol des oiseaux, les mouvements du vent et de la lumière. Vitruve conseillait aux architectes de se faire experts en matière de vols d'oiseaux, car cette étude leur en apprendrait beaucoup sur ce qui se passait au sol. Tout se tient.

Quelque temps avant d'obtenir mon diplôme à Cooper Union, je décrochai une bourse pour voyager à travers les États-Unis en étudiant l'architecture de Frank Lloyd Wright. Deux autres étudiants, un architecte et un artiste, bénéficiaient aussi d'une bourse. L'idée de ces bourses était merveilleuse ; la somme qu'elles représentaient l'était moins. Nina et moi étions mariés depuis peu. Pour ce voyage de noces, nous mîmes notre argent en commun avec les autres étudiants et achetâmes des billets d'avion pour Chicago. Là, nous louâmes une station-wagon et partîmes pour Saint Louis, où nous visitâmes le magnifique Gateway Arch d'Eero Saarinen avant de nous élancer pour notre grande randonnée américaine.

Je ne voyage pas avec un appareil photographique, mais avec un carnet à dessin. Je passai donc beaucoup de temps à noircir carnet sur carnet, m'efforçant de capter tout le lyrisme de l'Amérique et sa sublime grandeur. Je dessinai le désert, les roches du Nouveau Mexique, les canyons de l'Arizona, la forêt de colonnes de l'immeuble construit par Wright pour la Cire Johnson dans le Wisconsin, et les montagnes du Colorado. Comme nous n'avions pas de quoi nous offrir le motel tous les soirs, nous dormions parfois dans la voiture, d'autres fois dans des cinémas ouverts vingt-quatre heures sur vingt-quatre. Nous visitâmes pratiquement tout ce que Wright avait construit. En traversant ces montagnes et ces déserts, je comprenais pour la première fois l'immensité de l'Amérique et sa majesté. Et pour la première fois, aussi, je comprenais Vitruve.

En Amérique du Nord, la nature domine l'homme, et c'est, me semble-t-il, ce que les architectes américains oublient trop souvent. L'architecture y semble parfois coincée dans une typologie de gratte-ciel. Il faut pourtant qu'elle continue à évoluer, car l'Amérique, comme on le dit souvent, ne cesse de changer.

Nous ne remettons pas en cause des formes qui nous définissent : la forme d'une fenêtre, la forme d'un terrain, la forme bien particulière de Manhattan et du site du World Trade Center. Une bande de terre entre deux fleuves : la forme de Manhattan a certainement plus d'impact sur l'architecture américaine que n'en aura jamais aucune construction.

Celui qui ignore l'histoire et la réalité de notre pays le fait à ses risques et périls. C'est le message que j'ai perçu en voyant *Shining* de Stanley Kubrick. J'adore ce film, où Jack Nicholson et Shelley Duval évoluent dans un gigantesque centre touristique à l'abandon des montagnes Rocheuses. Il y a de multiples façons d'interpréter *Shining*, mais pour moi il parle d'architecture, et du fait que chaque bâtiment contient dans le matériau dont il est fait un passé, un esprit, une réalité spirituelle ; et que si vous prétendez leur résister, il vous arrivera quelque chose de terrible. Ce film ne cesse de me hanter depuis les événements du 11 septembre. Chaque fois que je les revois, les ravissantes jumelles du film me font penser aux tours elles-mêmes.

À l'âge où l'on va au lycée, j'ai entendu parler d'un garçon qui avait visité les champs de bataille de la guerre de Sécession à Gettysburg et les avait trouvés labourés par les obus. J'y suis allé depuis, et le terrain a été aplani dans l'intervalle, mais personne n'a pu abolir le passé et toute cette souffrance. C'est comme une force puissante suspendue au-dessus de ce paysage d'apparence banale : dans ces champs, plus de quarante-cinq mille hommes furent tués ou blessés en l'espace de trois jours. Il n'est pas difficile de comprendre pourquoi le sens de l'histoire est si palpable en un tel lieu. Mais il y en a d'autres où je sens avec acuité la présence du passé, même si je ne sais pas forcément pourquoi, car le souvenir des événements s'est parfois perdu au fil du temps. Dans cette Californie si neuve, je sens chaque fois que j'y vais la présence des Indiens. Cela m'est arrivé pour la première fois alors que j'enseignais à l'UCLA, en plein Los Angeles. En regardant par la fenêtre le paysage bucolique, j'ai dit soudain : « Il y a ici un tumulus indien. » Je l'avais senti. Et cela n'avait rien à voir avec des fantômes ni quoi que ce soit du genre. C'était la sensation aiguë que l'espace découvert qui s'étendait devant moi avait été créé par quelque chose – quelque chose dont je ne connaîtrais jamais le nom, mais quelque chose dont je pouvais avoir conscience et me préoccuper.

Il y avait un assembleur qui travaillait déjà depuis un certain temps à l'extension du musée des Beaux-Arts de Denver. Il avait quitté son travail en Floride pour se faire embaucher sur ce chantier après avoir vu les plans ; il fallait qu'il en soit. L'homme était en fait un grutier hautement qualifié et payé en conséquence, mais il avait commencé comme assembleur et avait décidé que telle était sa mission : aller à Denver et le redevenir. « Car, disait-il, j'y ferai en tant qu'assembleur des choses que je n'ai jamais faites – qu'aucun assembleur n'a jamais faites. » Il y avait un autre type, un contremaître, qui travaillait dans la même équipe et qui aurait dû se trouver à la retraite depuis un an. Mais en voyant le projet, il avait décidé d'en être et avait différé son départ. Quand ce bâtiment sera terminé, je le verrai rayonner de toute l'énergie et de toute la foi de ceux qui y auront mis leurs efforts et un peu de leur âme.

Les hommes qui ont traîné les monolithes de Stonehenge les ont imprégnés à jamais de la foi qui les animait. Stonehenge est aujourd'hui un site dégradé par le tourisme, mais si on regarde au-delà, on voit que ces roches géantes poursuivent une mystérieuse conversation avec le monde. Qui étaient les gens qui dressèrent les monolithes de Stonehenge ? Qu'y avait-il à cet endroit particulier, dans ce champ plutôt que dans un autre, pour les amener à le faire là plutôt qu'ailleurs ? Et quel était pour eux le sens de cet agencement ?

C'est ce qui me fascine : ils ont disposé les roches en cercle, alors qu'ils n'avaient pas encore inventé la roue.

On voit au musée de Denver une sphère de forme parfaite taillée en des temps très anciens à partir d'une énorme roche, dans ce qui est aujourd'hui le Costa Rica. On trouve

des sphères comme celle-ci dans toute la région jadis habi-
tée par les Indiens Diquis, certaines de la taille d'un ballon
de football, d'autre pouvant atteindre plus de trois mètres
de diamètre. Les roches dans lesquelles elles furent taillées
ne se trouvent pas dans cette région ; il a fallu les extraire
et les amener de loin sur des radeaux. Nul ne sait ce que
sont ces sphères, ni comment on les fabriquait, ni ce
qu'elles représentaient. Elles sont aussi chargées de mystère
que Stonehenge ou le sourire de la Joconde.

Il faut croire à l'Invisible. Voilà ce que disait mon père.
Il avait pour l'appuyer une quantité d'histoires. Ma préférée
était celle de Nachman le Siffleur.

Mon père était un siffleur invétéré. Il imitait n'importe
quel chant d'oiseau et, parvenu à un âge avancé, pouvait
encore siffler les chants yiddish qu'il avait appris à Lodz
dans son enfance. (Il avait en fait, pour éviter que ses chers
chants yiddish ne disparaissent avec lui, inventé une forme
de notation musicale, et il les coucha méticuleusement sur
le papier pendant les dernières années de sa vie. Il fit don
de ces transcriptions au YIVO, un institut de recherche sur
la culture juive.) Savoir siffler, pensait mon père, c'était
aller partout avec son instrument.

Son talent de siffleur, à l'occasion, lui sauva la vie. Et
fut d'autres fois une cause de chagrin.

En 1928, à l'âge de dix-neuf ans, Nachman et son meilleur copain avaient mis au point une façon de siffler qui leur permettait de se retrouver mutuellement parmi la foule. Un soir, alors que les rues étaient pleines de bundistes qui se rendaient à un rassemblement, et que les hommes de la police secrète patrouillaient, plus nombreux que jamais, à l'affût de quelqu'un à arrêter, Nachman leur en offrit le prétexte. En sifflant ainsi, dirent-ils, il adressait un message secret à des communistes clandestins. Nachman était bundiste et détestait les communistes, avec leurs visées totalitaires et leurs méthodes violentes. Mais les policiers de Lodz ne furent pas sensibles à ces nuances. Ils jetèrent mon père en prison.

Ils se retrouvèrent à trente – tous des militants politiques – entassés dans une minuscule cellule sans fenêtre dans l'attente de leur procès. Comme ils n'avaient pas la place de se coucher tous en même temps, ils dormaient les uns sur les autres, « tels des harengs dans leur boîte », racontait mon père. Pis, les détenus n'avaient pas le droit de se parler, et les gardiens chargés de faire respecter le règlement avaient le coup de matraque facile.

Un jour qu'il se tenait adossé au mur de la cellule, Nachman aperçoit un trou minuscule dans l'épaisseur de la maçonnerie. Y ayant appliqué son oreille, il entend un faible bruit venant de l'autre côté ; comme un souffle lointain. « Il y a quelqu'un ? » demande-t-il, à voix basse, profitant de ce que personne ne le regarde. Une série de petits coups lui répond : *Oui*.

Les deux prisonniers condamnés au silence établirent

leur propre version du morse. Et ils se mirent à converser, échangeant des informations détaillées sur leurs vies respectives, partageant leurs rêves d'avenir – un avenir qui devait se révéler infiniment plus sombre qu'ils n'auraient pu l'imaginer. Cela se passait en 1928.

Il y avait au centre de la cellule un seau dans lequel les trente prisonniers faisaient leurs besoins. L'odeur était abominable, et ils avaient pour seul répit les vingt minutes de promenade quotidienne – le temps de faire le tour de la cour en courant pour secouer ses courbatures et activer la circulation du sang. Ils recevaient une ration journalière de cigarettes, dont la fumée servait à masquer, si peu que ce fût, l'insupportable odeur.

Mon père n'ayant jamais été fumeur, il offrit sa ration à son nouvel ami, qui fumait comme un enragé. Le problème consistait à lui passer les cigarettes à travers le mur. Mon père le siffleur avait de bons poumons : il mit rapidement au point une technique qui consistait à propulser la cigarette vers la cellule voisine d'un seul souffle, à la façon dont les Indiens d'Amazonie lancent des flèches avec leur sarbacane.

Comme le prétexte sous lequel on l'avait incarcéré – un sifflement considéré comme un acte politique – était manifestement absurde, et qu'il risquait vingt ans de prison pour cela, le procès de Nachman tourna plus ou moins au spectacle. Il eut successivement pour le défendre les deux avocats juifs les plus célèbres en Pologne à cette époque, Henryk Erlich et Viktor Alter, qui devaient par la suite émigrer en Union soviétique, où ils furent arrêtés sur de fausses accusations et forcés de signer de faux aveux. On a dit que Staline avait personnellement ordonné leur exécution.

Mon père survécut, à travers une longue série d'épreuves. Il y eut entre autres, comme il le racontait, les années de l'immédiat après-guerre à Lodz, où il se retrouva sans travail et sans savoir comment faire vivre sa femme et ses deux enfants en bas âge. Un jour, trop pauvre pour acheter des vêtements chauds, Nachman attendait en tremblant de froid dans une longue file d'hommes qui espéraient comme lui être embauchés dans une usine textile. Soudain, un employé de l'usine s'approche et remonte la file en criant son nom.

« Libeskind ! Où est Libeskind ? »

Mon père retient son souffle. Être ainsi publiquement désigné pouvait signifier de graves ennuis avec l'UB, la police secrète polonaise. Puis, rassemblant tout son courage, il s'avance d'un pas.

« Le *nachalnik* veut te voir », dit l'homme, en faisant appel à l'argot russe pour désigner le patron.

Frappé de terreur, mon père le suit jusqu'au vaste bureau du *nachalnik*, qui se lève pour l'accueillir. Mon père tend la main, mais l'autre se jette sur lui et le serre dans ses bras. « Nachman Libeskind ! Depuis le temps que je voulais te rencontrer ! » dit-il d'une voix tremblante d'émotion.

Nachman en reste abasourdi, jusqu'au moment où l'homme se met à taper du doigt en mesure sur le rebord de son bureau et où il comprend aussitôt qui il est – son voisin de cellule, presque vingt ans après !

Contrairement à mon père, l'homme avait été un bon communiste, et le Parti l'avait reconnu comme tel après la guerre. Il était maintenant le directeur de cette usine textile et avait remarqué le nom de Nachman sur la liste des demandeurs d'emploi.

Et c'est ainsi que mon père obtint un poste de cadre des plus convoités. Grâce à un sifflement et à des coups contre un mur – et à sa foi en l'Invisible.

9

J'ai invité William Forsythe, le grand danseur, à l'un de mes cours. Je voulais qu'il
fasse pour mes étudiants un parallèle entre
chorégraphie et architecture ; je voulais
qu'ils l'entendent parler de l'espace, qui
est pour nous deux la préoccupation fondamentale. William est un Américain de
naissance qui est parti pour l'Europe dans
les années 70 et, en tant que directeur
artistique du Ballet de Francfort de 1984
à 2004, a entrepris de révolutionner l'univers borné et *über*-traditionnel de la danse
en Europe. Il est beau et drôle et original,
mais ce n'est peut-être pas la première
personne à laquelle on penserait pour
enseigner l'architecture. Je le soupçonnais
néanmoins d'avoir un tas de choses à dire
sur le sujet, et je ne me trompais pas.

Je le présentai, il s'avança devant la salle et tomba. Il se releva. Retomba. Et ainsi de suite trois quarts d'heure durant, devant un public médusé. Chaque chute était totalement différente de la précédente. Forsythe, en artiste consommé, savait tomber de façon toujours inattendue. Les étudiants étaient cloués sur place.

À la fin du cours, il se releva et dit : « Voilà ce qu'est la danse. » Ce qui est vrai, mais les étudiants comprirent qu'il parlait aussi de l'art en général : avec peu d'outils, et l'air de défier les lois de la gravité, on peut indéfiniment réinventer l'univers.

Les peintres ont leurs couleurs, les musiciens leurs sons, les écrivains leurs mots – tout cela par milliers. Si on peut sans peine concevoir des constructions dans sa tête ou sur le papier, les outils et les matériaux des architectes sont moins faciles à assembler. Voici avec quoi je travaille : la pierre, l'acier, le ciment, le bois, le verre... Il s'agit pour moi de concevoir des bâtiments expressifs – des bâtiments qui racontent des histoires humaines – avec ces matériaux muets. Tel un danseur, je suis en permanence attentif à la gravité, et je trouve remarquable le fait que ces matériaux viennent de la terre. Qu'est-ce que le ciment ? C'est de la terre. Je me rends compte que l'architecture consiste à assembler divers composants issus de la terre et à les rendre visibles.

Chaque matériau possède son propre langage et sa propre poésie, dont la cadence varie quand on l'accole à un autre matériau. Que vont donner, ensemble, ce verre et cette pierre ? Si on introduit le bois dans l'équation, l'atmo-

Musée de la Guerre à Manchester, Angleterre. Entrée par Trafford Wharf Road.

Musée de la Guerre. Vue de nuit.

Musée de la Guerre.
Espace d'exposition avec projection
de photographies et avion de chasse
Harriet fighter jet.

Musée de la Guerre.
Croquis original.

Musée de la Guerre. Espace aérien.

Musée de la Guerre. Vue en perspective du restaurant.

Musée de la Guerre. Espace aérien vu d'en bas.

Musée de la Guerre. Façade sur le canal.

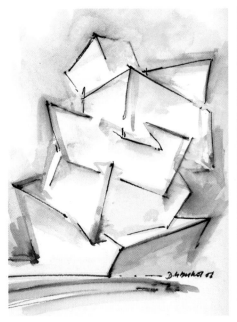

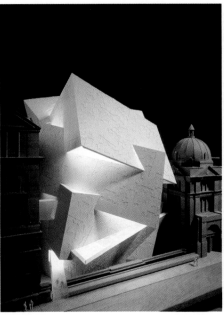

Victoria & Albert Museum, Londres. La Spirale, aquarelle.

La Spirale. Maquette, vue depuis Exhibition Road.

La Spirale. Maquette. Le café.

Côté ouest, Brunnen, Suisse. La piscine.

Côté ouest. Le centre commercial, perspective.

Étude de projection de lumière à travers un cristal pour le Musée de Toronto.

Musée de Toronto. Dessin original réalisé pour le concours, sur une serviette en papier.

Musée de Toronto. Vue en perspective de la façade nord-ouest.

Musée de Toronto.
Vue aérienne
de l'extension
à la structure
« cristalline »
et des bâtiments
historiques.

Musée de Toronto.
Vue en perspective
de l'intérieur de
Spirit House.

Décor et éclairage pour le *Saint François d'Assise* d'Olivier Messiaen à l'Opéra de Berlin.

Costumes du chœur pour *Saint François d'Assise*.

Décor et costumes pour *Tristan et Isolde* de Richard Wagner à l'Opéra de Sarrebruck.

Projet du Musée juif du
Danemark, à Copenhague.
Aquarelle originale.

Musée juif du Danemark.
Espace d'exposition.

Musée juif du Danemark. Entrée principale.

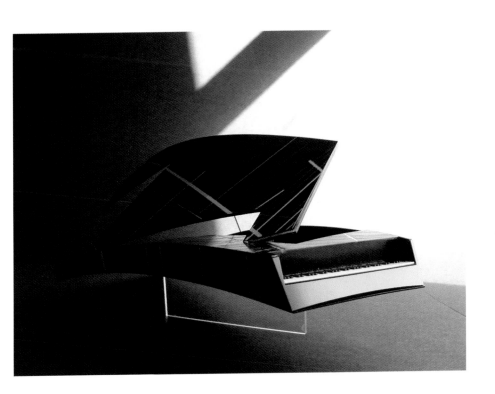

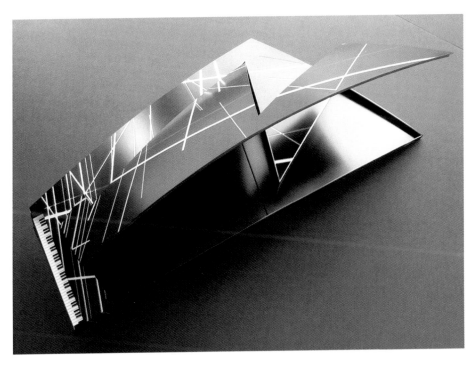

Schimmel, le grand piano. Deux vues de la maquette.

De gauche à droite, John Whitehead, moi-même et le gouverneur George Pataki à Manhattan.

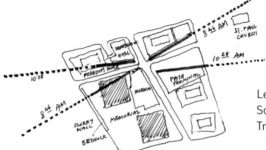

Le site du World Trade Center. Schéma avec tracé de la Trouée de lumière.

Le mur d'étanchéité qui retient l'Hudson à Liberty Street.

Site du World Trade Center. Vue en perspective.

Site du World Trade Center.
Vue en perspective :
le terminus de chemin
de fer (PATH) au sud
de Manhattan.

Site du World Trade Center.
Vue en perspective de la
place du 11 septembre
côté est.

Site du World Trade Center.
Vue en perspective du
Centre des arts du spectacle
(Performing Arts Center)
à l'angle de Greenwich
et Fulton Streets.

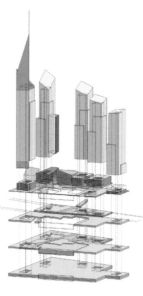

World Trade Center.
Dessin en coupe verticale présentant
les infrastructures souterraines.

Site du World Trade Center.
Vue en perspective de
l'entrée du musée, avec
le mur d'étanchéité visible
à l'arrière-plan.

Site du World Trade Center. Vue en perspective. Projet de mémorial et de bâtiments
consacrés aux activités culturelles.

Site du World Trade Center.
De l'est, vue en perspective
de la Trouée de lumière.

Avec Nina, lors
de l'inauguration
du Musée juif
de Berlin,
en janvier 1999.

Lev, Rachel et Noam
à l'inauguration du
Musée Felix Nussbaum,
en 1998.

Retour en Pologne
en 2004, dans la cour
de mon enfance.

Symbole de la ville d'Uozu, sur les pentes de la montagne qui domine la mer du Japon.

sphère du lieu en sera-t-elle changée ? Et la température d'une pièce ? Et l'éclairage ? Comment la lumière atterrit-elle, change-t-elle, danse-t-elle à l'intérieur d'un bâtiment ? Pierre, verre, bois, lumière... tels sont les humbles ingrédients que l'architecte peut employer à des fins plus élevées, pour exprimer des idées et des émotions, pour raconter des histoires et parfois l'histoire.

Il arrive que les matériaux nous parlent d'une manière directe et assez logique. La plupart des visiteurs du musée Félix Nussbaum, par exemple, saisissent vite les nuances qui existent entre les matériaux utilisés pour chacune des trois parties, que j'appelle les « volumes » du bâtiment. Ils comprennent pourquoi le premier volume, consacré à la période d'avant-guerre, est construit en chêne, et pourquoi il se trouve près de l'endroit où se dressait la synagogue de Rolandstrasse qui fut incendiée en 1938. Et ils ne s'étonnent pas que le deuxième volume, qui tranche brutalement avec le premier, soit en béton brut. C'est l'étroit passage où sont entassées les toiles peintes par Nussbaum pendant qu'il était caché. Le passage Nussbaum mène au troisième volume, en métal, celui-ci, qui contient les œuvres de l'artiste découvertes récemment.

Les matériaux peuvent aussi, bien sûr, parler de manière moins explicite. Prenez par exemple la couverture en zinc des toits de Berlin. Le zinc est bon marché, malléable, facile à produire ; il résiste aux intempéries, on peut le peindre, et il est facile à poser. C'est pourquoi, au XIXᵉ siècle, Karl Friedrich Schinkel, éminent architecte de la ville et figure assez radicale de cette ère prussienne, proposa qu'on couvre de zinc les toits de Berlin. Et c'est, croyez-le ou non, ce qui arriva.

En construisant le Musée juif, je décidai de rendre hommage à ces toits, et j'habillai le bâtiment de minces couches de zinc. On trouve à Berlin des artisans talentueux, spécialisés dans la pose de ce matériau à la façon du XIXᵉ siècle. J'eus beau en appeler aux artisans et à Schinkel, il se trouva beaucoup de gens pour dire que je commettais une terrible erreur. C'est trop fragile, prévinrent-ils ; ça bleuit. Justement ! répondis-je. C'est ce que je veux : c'est pour sa modestie que j'aime ce matériau ; j'aime la façon dont il s'oxyde lentement et semble disparaître. Je ne cherche pas un acier inoxydable qui conserve à jamais son éclat. Je veux que le bâtiment se fonde dans la ville. Je veux que les fenêtres, avec leurs angles vifs et leurs formes nerveuses, ressortent de plus en plus à mesure que le bâtiment se fera plus effacé.

Je tiens à ce que mes constructions aient une relation organique avec l'espace dans lequel elles vivent, qu'elles se rattachent aux rues et aux bâtiments qui les entourent – par les matériaux, l'échelle, la couleur. La vue de l'immeuble Time Warner à Columbus Circus fait mal ; la masse gris sombre de la structure tombe comme un gigantesque linceul, jetant la tristesse sur toute la zone alentour. Je veux, en outre, que mes constructions vieillissent joliment et naturellement. Les liftings et les ravalements de façade ne valent pas plus pour les immeubles que pour les individus. Ce sont des masques qui ne font que montrer combien la surface est en désaccord avec le fond. A-t-on vraiment besoin de toute cette place ? A-t-on vraiment besoin de ces coûteux matériaux ? Quand il s'agit de solidité, de fiabilité, évitons de chercher ce qui fait branché ou les effets techniques. Les architectes qui travaillent pour de grandes entreprises sont obsédés par la haute technologie – ils adorent le verre poli, les câbles sous tension. Mais ces gadgets sont coûteux, et il faut toujours se demander : pourquoi utiliser ces matériaux-là de cette façon-là, et avec quel résultat ?

J'admire comme tout un chacun la réussite des résidences construites par Mies van der Rohe sur Lake Shore Drive à Chicago. Mais je n'y vois pas moins le comble de l'ironie. À leur construction, de 1948 à 1951, ces bâtiments apparurent comme l'accomplissement, l'articulation visuelle de l'idéologie moderniste. C'était en tout cas ce que proclamaient les structures d'acier bien apparentes et les feuilles d'acier peintes en noir qui recouvraient les poutres et les colonnes. Mais Mies savait bien que l'acier ne pouvait être ignifugé, et qu'il fallait l'enchâsser dans du béton. Il recouvrit donc le béton par de l'acier – pour la galerie. Et tant pis pour le précepte selon lequel la forme découlait de la fonction.

Une autre histoire de gratte-ciel, à Chicago toujours : j'y suis descendu, récemment, dans l'un de ces hôtels high-tech à la modernité agressive. Ma chambre se trouvait à une hauteur vertigineuse. Comme je tirais les rideaux en me levant, pour jeter un coup d'œil au paysage, j'ai vu à la place des araignées, accrochées par centaines à leurs toiles. Et j'ai pensé : « Voilà qui est merveilleux ! Je suis en plein ciel au-dessus de la ville, et la nature me rattrape encore ! » La vitre était parfaite et offrait une protection invisible, mais la nature refusait de coopérer, et je voyais Chicago à travers un rideau de toiles d'araignées. Quel poétique retour des choses ! Les araignées m'offraient une petite parabole : on peut toujours essayer, mais on ne peut pas dominer la terre avec l'architecture.

Nombre de mes réalisations sont difficiles à décrire, parce qu'elles s'attachent autant à des expériences sur le *vivre-là* – ambiance, acoustique, température – qu'à la réussite esthétique proprement dite. Un immeuble bien conçu possède une énergie qui se transmet par ses espaces, par les vibrations qui sont sonores, par exemple les bruits de pas ou les bruits de voix qui se déplacent dans une pièce, ou optiques, comme dans la façon dont se présente un couloir ou un escalier, ou physiques, comme la sensation que procure le sol sous vos pieds.

Une artiste américaine du nom de Barbara Weil m'a demandé de créer pour elle un espace appelé à remplir un certain nombre de fonctions sous un toit relativement petit. Après avoir vécu de nombreuses années sur l'île de Majorque, elle voulait construire, à proximité de sa maison, une villa dans laquelle elle pourrait peindre, sculpter, expo-

ser ses œuvres et recevoir ses amis. Ce ne serait pas simplement un atelier d'artiste ; elle voulait des espaces où
puiser l'énergie et l'inspiration mais où elle puisse également s'adonner à la contemplation, travailler et montrer
son travail. Elle souhaitait retrouver dans sa villa l'atmosphère traditionnelle de Majorque, mais avec une qualité
et une beauté contemporaines. Et son budget était limité.

La villa que j'ai créée pour elle n'a rien d'orthodoxe. Elle
est faite d'une série de cercles concentriques au dessin irré-
gulier, qui font penser à des îles flottant à l'intérieur du mur
entourant l'ensemble. Cette forme est un hommage à Ray-
mond Lulle, influent mystique et théologien du XIIIe siècle
qui vécut sur l'île de Majorque avant d'aller évangéliser les
Maures et de mourir, peut-être lapidé, à Tunis en 1315. Lulle
m'intéressait depuis longtemps. Il était obsédé par le phénomène de la mémoire et avait fabriqué un instrument mécanique fait de cercles concentriques en bois et métal empilés
les uns sur les autres et portant des mots clés. L'objet en
question devait être, à condition de savoir s'en servir, l'outil
mnémotechnique suprême. Il faudrait des pages pour décrire
le fonctionnement de cette extraordinaire « machine logique », mais on peut considérer que Lulle fut la première
personne à concevoir un ordinateur.

La forme de l'objet – ses anneaux concentriques – m'ins-
pira la forme du Studio Weil et, plus encore, son atmosphère. À l'intérieur, l'espace de travail, l'espace d'exposition et les espaces privés semblent tourner autour de vous
comme des panoramas en mouvement ; et comme la

machine de Lulle, qui concernait la mémoire, l'intérieur de la villa semble se refermer sur lui-même, comme un calme refuge où s'isoler du monde extérieur.

La maison comporte bien d'autres aspects inhabituels, le moindre n'étant pas l'absence de fenêtres à proprement parler. Sans tomber dans le cliché du paysage qui tient lieu de décor, elle célèbre le site d'une façon contemporaine. J'ai prévu des renfoncements dans la façade, dans lesquels la vitre est placée horizontalement et non verticalement, pour créer des ruptures dans la façon dont la lumière pénètre à l'intérieur et alléger l'ensemble. Ce n'est facile à décrire avec des mots. Mais ce projet m'a donné beaucoup de plaisir et représente exactement pour moi ce que doit être l'architecture – une langue pour parler le bonheur et l'histoire, et éveiller nos propres pensées.

Personne n'a su rendre cette sorte d'éveil de la pensée avec autant de justesse que Marcel Proust dans *Le temps retrouvé*, quand le narrateur trébuche sur « le pavé inégal ». Jusqu'à cet instant fatidique, et pendant près de trois mille cinq cents pages, le narrateur d'*À la recherche du temps perdu* a senti croître son désespoir, avec la certitude qu'il ne pouvait ni ne devait écrire. Et soudain, quand, reprenant son équilibre, il pose le pied « sur un pavé qui était un peu plus bas que le précédent, [...] tout [son] découragement s'évanouit ». Et à cet instant où la mémoire sensorielle se fait particulièrement intense, il se rappelle, « comme par enchantement » la sensation éprouvée alors qu'il se tenait debout sur deux pavés inégaux dans le baptistère de la

basilique Saint-Marc à Venise. Il se rend compte qu'il est
en train de vivre la même expérience que celle qu'il a
vécue plusieurs années auparavant, quand la saveur d'une
madeleine a fait resurgir ses souvenirs d'enfance. Cet instant, où Proust comprend qu'il va écrire son livre, est pour
moi profondément architectural. Tout un monde de sensations, « dont chacune avait attendu à sa place », attendait que le sens inhérent et la structure – ou architecture
– soient révélés. Le travail qui donne forme à l'espace est
important parce qu'il engage le corps et l'esprit, l'émotion
et l'intellect, la mémoire et l'imagination.

Proust fut inspiré par de simples pavés et par une madeleine. Il m'arrive d'être inspiré par des matériaux on ne
peut plus ordinaires, par du béton armé, disons, ou par un
fragment d'acier. Les matériaux coûteux comme la feuille
d'or, le chrome ou le marbre ne m'impressionnent pas.

Je me souviens du jour où Nina et moi sommes entrés
dans les locaux de SOM, pour notre première rencontre
avec David Childs à propos de la reconstruction du site du
World Trade Center. SOM se trouve au 14 Wall Street,
comme il convient à une entreprise de cette envergure. En
pénétrant dans le hall de marbre blanc, j'ai regretté de ne
pas avoir pris mes lunettes de soleil. J'étais ébloui par tout
ce blanc – marbre blanc, murs blancs, carpette blanche,
table blanche, fauteuils Breuer blancs. L'hôtesse était blanche et vêtue de blanc – mais c'est peut-être ma mémoire
sensible qui se la rappelle ainsi. Et il n'y avait absolument
rien autour d'elle. Nous lui indiquâmes nos noms, et elle

nous pria d'attendre. J'avais l'impression d'être dans une morgue.

« Partons d'ici, dis-je à Nina, à voix basse.

– Daniel, sois raisonnable », répondit-elle sur le même ton.

Par opposition à tout ce tape-à-l'œil moderniste, je pense à Zakopane, à la pureté et à la majesté de la forêt polonaise toute proche. Des bisons la parcouraient dans l'obscurité, traçant des labyrinthes à travers des hectares et des hectares d'érables et de peupliers. Ma sœur et moi, vêtus comme des paysans, courions à travers les combes et les marais pour cueillir des myrtilles dans les « près argentés » chantés par le poète Adam Mickiewicz. Enfant, déjà, j'étais frappé d'admiration devant la beauté et la magie de la forêt, et c'est là que j'ai appris à connaître la terre et l'espace et les matériaux issus de la terre – toutes choses sur lesquelles je concentrerais plus tard mon attention en tant qu'architecte.

C'est à Zakopane que j'ai commencé à dessiner, en secret d'abord. Je dessinais des chevaliers, des fantômes et des bêtes – lions, serpents, ours, monstres mythiques. M. Besterman, une connaissance de mon père, nous envoyait des États-Unis des albums de bandes dessinées, et je passais des heures à copier et recopier inlassablement les mêmes personnages – Pluto, Mickey Mouse, Blanche-Neige et les Sept Nains...

Il faut que je vous raconte comment M. Besterman en était venu à nous envoyer des bandes dessinées. Sitôt libéré de son camp du goulag sur la Volga, mon père avait pris le train pour redescendre vers le sud. Les trains étaient rares, et quand ils arrivaient, ils étaient bondés. Les réfugiés formaient sur les quais de longues files d'attente pendant des jours entiers et parfois des semaines. Par une journée glaciale, mon père entendit un gémissement à une extrémité du quai – la plainte désespérée d'un homme qui sent sa mort venue, comme il me le décrivit plus tard. S'approchant, il trouva ledit Besterman, jeune Juif polonais, en pleurs : pendant qu'il dormait, on lui avait dérobé ses chaussures – ce qui, dans l'hiver russe, équivalait à une condamnation à mort. Pour mon père, la solution était toute trouvée : il avait une paire de chaussures usagées, et il les offrit à Besterman.

M. Besterman n'oublia jamais le geste généreux de mon père. Ayant eu la chance de partir plus tôt que nous aux États-Unis, il nous envoyait chaque année pour Noël un colis de chez Macy's (que nous prononcions *Makis*) plein de chocolats, de jouets et de bandes dessinées. Mes parents vendaient les chocolats pour acheter des produits de première nécessité. Mais ils nous laissaient toujours les jouets et les bandes dessinées.

Mon trait se faisant plus assuré, je me mis à caricaturer les personnages publics que je voyais dans les journaux achetés par mes parents – Khrouchtchev, Mao, Eisenhower, John Foster Dulles, Mendès France, Ben Gourion... Comme je comprenais, je ne saurais dire comment, que ces caricatures étaient subversives, je dessinais caché à l'ombre d'un grand chêne et à quelque distance de notre cabane dans la campagne.

Pour enchanteresses qu'aient été les forêts de Zakopane, je ne pouvais imaginer la splendeur naturelle des champs de maïs et des vergers d'orangers du kibboutz de Gvat, en Israël, où nous nous installâmes en 1957. Le kibboutz – qui est toujours en activité – avait poussé dans la vallée de Jezréel, entre la ville juive d'Afula, la ville chrétienne de Nazareth et la ville musulmane de Jénine. Chava, la sœur de ma mère, arrivée en Israël dans les années 20, vivait à Gvat. De nombreux membres de sa famille, les Rogel, sont restés attachés à ce kibboutz. Je devais beaucoup m'y plaire, même si le travail était parfois monotone et fatigant. Il y avait le maïs, que je ne connaissais pas jusque-là. Et les bananes, les dattes, les citrons, tous ces fruits que je n'avais jamais vus et dont j'ignorais jusqu'à l'existence. Dans tout cela, je ne reconnaissais que les pommes de terre, auxquelles nous étions plus qu'habitués à Lodz. Le gamin de la ville que j'étais allait vite se transformer en un membre actif d'une expérience agraire, réfléchissant aux problèmes d'écologie, de gestion des ressources, de maintenance – toutes choses appelées à prendre de l'importance, plus tard, quand je serais adulte et engagé dans ma profession. Quand on a vécu dans un kibboutz au milieu du désert, l'architecture verte compte beaucoup plus à vos yeux que le souci de ne pas faire appel à des essences menacées de disparition.

Nous n'avions fui un pays soi-disant communiste que

pour nous retrouver dans un pays qui l'était vraiment. Le kibboutz Gvat, c'était le communisme appliqué. On habitait tous dans les mêmes bungalows en ciment au confort spartiate, on portait tous la même tenue et on partageait le peu qu'on avait. À notre arrivée de Pologne avec quelques flacons de parfum en guise de cadeaux, ceux à qui nous tentions de les offrir furent tout près de nous renvoyer avec armes et bagages. Non seulement ces objets dégageaient une trop forte odeur de valeurs bourgeoises, mais il n'y en avait pas assez pour les partager équitablement. La nuit, les enfants étaient gardés par groupes d'âge dans des dortoirs collectifs. C'était peut-être l'avenir, mais ça ressemblait terriblement à l'orphelinat, et ma mère venait de temps en temps nous chercher en douce, Ania et moi, pour nous faire dormir dans sa chambre. Mon père, avec sa générosité habituelle, se serait bien installé définitivement au kibboutz, mais après le goulag et la Pologne communiste ma mère en avait par-dessus la tête de la vie collective. Elle se sauva à Tel-Aviv dès qu'elle le put, y reprit son métier de corsetière et nous ramena en ville. Personne ne fut surpris de nous voir partir pour New York moins de deux ans plus tard.

On n'arrêtait pas Dora. Elle avait l'âme entreprenante, et elle aimait la qualité, que ce soit dans un sous-vêtement, un parfum français, une discussion acharnée ou une plaisanterie à se tenir les côtes. Se serait-elle laissé impressionner par le marbre blanc du hall d'entrée de SOM ? Jamais de la vie ! Ou par les boutons de porte à 1 000 dollars installés par Richard Meier dans ses résidences de Perry Street ? Dans un monde où tant de gens ne trouvent pas à se loger décemment, Dora aurait jugé cela honteux.

Ce n'est pas la richesse du matériau qui compte, c'est celle des idées. Alors, oui, ma résistance à l'opulence ostentatoire vient de mon passé. Et c'est peut-être, aussi, une affaire de goût.

Mais le clinquant, c'est le client qui le veut, rétorquent certains architectes. Peut-être. J'ai l'impression que c'est dans bien des cas parce qu'on ne laisse pas d'autre choix au client ou qu'on ne lui pose pas les bonnes questions.

Un client potentiel se présente. « Je veux construire un immeuble, me dit-il.

– Très bien. Voyons ce que vous avez en tête. »

Ce qui signifie pour certains architectes : combien vais-je gagner sur cette commande, et que voulez-vous que je fasse ?

Ce n'est pas ce que je veux savoir. Ce que je veux savoir, c'est : à quoi cet immeuble est-il destiné ? Quelle vocation lui attribue-t-on ? Quel intérêt le client voit-il à cette sorte d'investissement ?

Le client me répond à peu près invariablement qu'il veut plus qu'un simple immeuble. Il veut plus que de l'architecture ; il veut de la vie. Il veut pour son immeuble une qualité mal définie. Il ne veut pas un simple immeuble de bureaux, mais un endroit où il se sente bien pour travailler tout en gagnant de l'argent. Pas seulement une école ou un hôpital, mais un endroit où des gens auront du plaisir à recevoir une instruction ou se sentiront rassurés pendant qu'on les soignera.

Les gens imaginent toujours de grandes conversations dans l'immeuble qu'ils font construire.

J'étais en lice pour la construction d'un centre commercial et de remise en forme géant à Brunnen, à la périphérie de Berne. J'eus trois rendez-vous consécutifs avec le client – en fait un groupe d'hommes d'affaires. Je leur apportai des perspectives et des maquettes, et à la troisième rencontre ils se montrèrent très séduits par mes dessins. C'est parfait, dirent-ils. D'où venait ce concept ? Qu'y avait-il derrière l'idée ?

C'est très simple, leur répondis-je. C'est venu d'un film des Marx Brothers, *The Big Store* (*Les Marx au grand magasin*). « J'adore ce film, dis-je. J'adore les Marx Brothers – ils sont tellement fous ! »

Ils semblaient perplexes. J'expliquai, donc : « Dans ce film, les Marx Brothers s'emparent d'un grand magasin. Ils se cachent entre les rayons et, après la fermeture, invitent tous leurs amis et s'amusent avec eux à essayer les lits, les canapés, les tables, les chaises, les cuisines, prenant ainsi possession de tout le magasin. C'est ce qui devrait se passer dans le magasin du futur. »

C'était ma façon de décrire l'ambiance que je souhaitais créer. Les hommes d'affaires comprirent aussitôt. « Oui ! s'écrièrent-ils. C'est exactement ce que nous voulons ! »

Nous pensions tous que le magasin du futur ne serait pas fait seulement pour acheter. Il serait fréquenté par des gens désireux d'y avoir leur place ; ils ne seraient pas là que pour les marchandises, mais pour passer un moment, se distraire, plusieurs heures par jour. Ce serait, comme dans le magasin des Marx Brothers, un nouvel espace social, complètement différent de ceux où l'on ne se rend que pour s'approvisionner ou pour faire des achats branchés.

Les autres architectes pressentis pour cette réalisation avaient discuté marketing et habitudes d'achat avec les hommes d'affaires, mais les hommes d'affaires ne tenaient pas à discuter de ces sujets : vendre, ils savaient. J'ai eu la commande, et le projet est aujourd'hui en chantier.

L'inspiration vous conduit parfois à inventer des techniques nouvelles et inattendues. Le Musée de Toronto dresse fièrement (et un peu sinistrement) sa silhouette massive à l'angle de Queen's Park et de Bloor Street. Au fil des ans, il avait subi les atteintes de la maladie qui frappe de nombreux musées : il était devenu vieux et assommant. Puis le conseil d'administration embaucha William Thorsell comme directeur, et tout commença à changer.

Thorsell n'était pas un spécialiste des musées. Esprit brillant, rédacteur en chef du *Globe and Mail* de Toronto, il s'intéressait à tout : paléontologie, peinture, textile, roches, artisanat indien. Tout ce que possédait le musée, il allait le montrer au public de Toronto. Il eut même l'idée de rassembler tous les objets bizarres contenus dans les

réserves – un oiseau empaillé que nul ne pouvait plus identifier après l'extinction de son espèce, une sculpture sur
bois, kitsch et étrangement figurative, venue de Bavière...
Il composa avec tout cela une exposition des plus éclecti-
ques rappelant les anciens *Wunderkammern* et *Kunstkam-
mern*, d'où était né le musée moderne. Thorshell a rendu
au musée le sens de l'amusement et de l'étonnement. Et à
cette fin, nous construisons une extension qui devrait
transformer de fond en comble le complexe historique.

Vous vous rappelez les serviettes de table que j'ai exposées lors du concours pour ce musée ? Après les avoir mon-
trées, je me suis brusquement rendu compte que ce que
j'avais dessiné sans réfléchir ressemblait à certains cristaux
énormes et irréels que j'avais vus à l'une des expositions
du musée. Aussi, lors des présentations au jury, j'ai baptisé
mon projet le « Crystal ». L'extension dominera le trottoir
de ses trois impressionnants étages de verre. On ne voit
pas souvent un musée exposer ainsi ses trésors à l'extérieur.
Il y aura dans chacun de ces espaces en forme de vitrine
un dinosaure, qui regardera les passants en contrebas,
comme une sculpture d'avant-garde prête à s'animer. Imaginez l'effet quand il fera nuit !

Pour dessiner les faces extérieures du Crystal, j'ai pris
une série de trente-huit dessins très fouillés que j'avais faits
dans les années 80 en les intitulant *Chamber Works*, et, à
la suggestion de Thore Garber, je les ai projetés à travers
de gros cristaux. Les cristaux offrent les formes les plus
parfaites, qu'on retrouve fréquemment dans mon travail.

J'aime leur luminosité et leur capacité à absorber la lumière alors même qu'ils la réfractent et la reflètent. On les imagine toujours compliqués, avec de multiples facettes, mais une simple boîte est aussi un cristal, simplifié à l'extrême. Je pourrais parler longtemps des cristaux – ils ont, pour moi, quelque chose de miraculeux. Depuis que j'ai découvert l'étude de Johannes Kepler sur les cristaux de neige pentagonaux, je m'émerveille devant l'infinité de cristaux que la nature a créés dans chaque flocon de neige. Une dernière chose à ce sujet : toute architecture est cristalline ; l'architecture, comme les cristaux, est de la géométrie solide.

Pour le musée de la Guerre à Manchester, j'ai aussi cherché à capter l'essence de ce qu'était un musée. Celui-ci a été bâti sur les quais de Manchester, comme une branche de l'institution mère qui se trouve à Londres, pour étudier les conflits des XXᵉ et XXIᵉ siècles et leurs effets sur nous tous. La question qui se posait à moi était : à quoi est censé ressembler un musée de la guerre ? Comment traiter de la « guerre impériale » sans tomber dans la célébration de l'Empire déchu ou dans l'excès inverse d'une diatribe anti-guerre ? Je voulais créer un lieu à la fois intime et citoyen, où l'histoire de la signification, du sacrifice, de la tragédie et de la destinée du conflit puisse prendre vie. Je voulais que le bâtiment, par son apparence, ait un impact viscéral sur le visiteur et en même temps lui offre un lieu neutre où contempler la réalité permanente de la guerre et de ses effets sur la vie des hommes.

C'était un défi, et je n'avais cessé d'y réfléchir tout au long d'un séjour à Londres, où je m'étais rendu pour plaider, une fois de plus, la cause de la Spirale du Victoria & Albert Museum. Pour me changer les idées, j'allai faire un tour au marché aux puces. J'y trouvai une vieille théière en forme de globe terrestre que j'achetai, sur un coup de cœur, à une dame tout aussi vieille. Je rapportai la théière à Berlin, avec le vague espoir qu'elle nous inspire, mes collègues et moi-même. « Supposons que ceci est le monde », leur dis-je, et nous examinâmes le malheureux objet. Puis j'eus une idée. « Ah, les conflits ravagent le monde ! » Je jetai donc la théière par la fenêtre, dans la cour qui donnait, un étage plus bas, sur Windscheidstrasse. Nous nous précipitâmes au rez-de-chaussée pour récupérer avec soin les plus gros morceaux – les éclats, disions-nous. De retour à l'atelier, nous jouâmes avec jusqu'à obtenir un assemblage qui pouvait ressembler à un immeuble. En faisant un pas en arrière pour examiner la chose en perspective, et nous constatâmes que « ça fonctionnait ».

L'un des éclats faisait penser à la croûte terrestre. Il était posé horizontalement et légèrement incurvé comme la surface de la Terre. Nous lui donnâmes le nom d'Éclat terrestre. L'Éclat terrestre rencontrait un Éclat aérien vertical, dont la structure rappelait celle d'un hangar à avions. Au sommet se trouverait une passerelle d'observation d'où les visiteurs verraient la ville de Manchester et les quais, toujours en reconstruction après avoir été pulvérisés par les bombardements de la Luftwaffe pendant la Seconde Guerre mondiale. Un troisième éclat, l'Éclat d'eau, y serait amarré comme un bateau. On y mettrait un restaurant, d'où on aurait vue sur le canal et sur un vieux navire de guerre.

N'importe qui peut comprendre qu'avec un budget plus important il est toujours plus facile de construire ce qu'on veut construire. Mais j'ai rarement bénéficié de ce luxe. Le musée de Manchester avait, au départ, un budget de 50 millions de dollars. Mais alors que nous avions reçu commande et préparions les plans pour attaquer le chantier, le Parti travailliste, qui venait de remporter les élections, décida de réaffecter les fonds des institutions culturelles à d'autres projets.

Le projet du musée était dans les choux, avec un budget réduit de moitié. « Impossible de le construire, vous pouvez jeter à la corbeille tout ce que vous avez fait », me dirent mes collègues et d'autres architectes. Mais j'étais trop engagé dans cette aventure pour y renoncer. Je décidai de relever ce nouveau défi.

Par une de ces matinées grises dont Manchester à le secret, je rencontrai le directeur du musée, le président du conseil d'administration et des représentants du conseil municipal de Trafford. Ils voulaient ce bâtiment. Désespérés par l'amputation brutale du budget, ils s'attendaient à ce que je me déclare dans l'impossibilité de le construire dans de telles conditions. Je leur annonçai que j'allais trouver les moyens de le faire parce que je croyais en leur mission. En quatre semaines de travail d'une extraordinaire intensité, je changeai les matériaux, modifiai la structure, éliminai tout superflu, simplifiai les techniques de construction, le tout sans renoncer à l'idée de base et à la signification des Éclats. Puis vint le moment de présenter le projet revu et corrigé aux conseillers municipaux et au conseil d'administration du musée, composé d'amiraux et de généraux d'aviation. Je les priai de m'excuser si je devais parler à voix basse et sans micro, ma fille Rachel, huit ans, s'étant endormie sur mon épaule.

Pour finir, nous eûmes un bâtiment qui satisfit les comptables, plut aux critiques et, plus important encore, enchanta les visiteurs, qui vinrent en masse et assurèrent le succès immédiat du musée. La morale de cette histoire, c'est que les coupes budgétaires sont parfois un aiguillon pour la créativité.

Je construis aujourd'hui des bâtiments qui pour la plupart n'auraient pas pu l'être au XXᵉ siècle, autrement dit il y a quelques années à peine. Il y a dix ans, la structure de l'extension du musée des Beaux-Arts de Denver ou celle de la Spirale du Victoria & Albert Museum auraient existé sur le papier mais se seraient révélées impossibles à construire vite et à peu de frais. N'oublions pas que si on construisit il y a huit cents ans de fabuleuses cathédrales, certains de ces chantiers durèrent jusqu'à cinq siècles. De nos jours, comme ce fut le cas à Denver par exemple, un logiciel informatique permet à l'entrepreneur de visualiser la façon dont les diverses composantes du bâtiment vont s'agencer le plus efficacement et de prévoir l'usure des matériaux dans le temps. De tels outils étaient encore inconcevables il y a dix ans.

Il est un fait que l'usage des ordinateurs a joué au détriment du processus de création graphique. Y a-t-il un effet négatif du recours à l'informatique ? Bien sûr. J'ai eu très vite des difficultés à trouver de jeunes architectes sachant dessiner. L'ordinateur leur tient lieu de crayon ; sans lui, ils sont perdus. L'acte physique consistant à dessiner avec sa propre main constitue pourtant une phase importante du geste architectural. Un architecte a besoin de savoir dessiner ; sans cette relation entre l'œil, la main et l'esprit, le dessin du bâtiment perd son âme pour se transformer en un exercice abstrait. Je crois aussi que c'est seulement lorsqu'ils dessinent que les architectes connaissent ces instants proustiens, ces instants où ils trébuchent accidentellement sur les pavés inégaux de la conscience, et que les souvenirs jaillissent pour libérer comme par magie les visions qui sous-tendent toute création artistique. Ne nous y trompons pas : l'ordinateur ne peut pas se substituer à la main de l'homme.

C'est peut-être à cause de la vitesse du progrès technologique dans le monde d'aujourd'hui, mais je ne peux m'empêcher de penser à l'Empire romain. Les ingénieurs romains disposaient déjà de la technologie nécessaire pour créer la machine à vapeur ; ils avaient formulé des théories sur les phénomènes hydrauliques et sur le pneumatique, et ils mettaient ces théories en œuvre pour réaliser des fontaines extraordinaires ou faire tourner la toiture de la salle à manger impériale. Ces ingénieurs ne songèrent jamais à un usage plus pratique de leur savoir-faire technologique. Ils auraient pu inventer la machine à vapeur – mais ils n'en avaient pas besoin, ils avaient des esclaves pour faire le travail. Il fallut donc attendre sept siècles pour que la machine à vapeur voie le jour.

Je crains que nous ne soyons à un stade comparable de notre évolution, où les ordinateurs sont utilisés pour des jeux inspirés par la « théorie du jeu » alors qu'ils pourraient, et devraient, servir à améliorer notre existence.

J'ai été récemment interrogé par la BBC dans le cadre de l'émission de radio *Desert Island Discs*, dont les invités doivent fournir la liste des disques qu'ils emporteraient s'ils devaient se retirer sur une île déserte. J'ai cité le *Requiem* de Mozart, interprété par l'Académie de musique ancienne sous la direction de Christopher Hogwood ; le quatuor à cordes en *si* bémol majeur, opus 133, de Beethoven par le quartet à cordes Emerson ; de la musique grecque ancienne jouée par l'Atrium Musicae de Madrid ; *Pfhat*, de Giacinto Scelsi, par l'orchestre de la Radio-Télévision de Cracovie ; et *Free Jazz* d'Ornette Coleman par l'Ornette Coleman Double Quartet.

L'animateur de l'émission m'a également demandé quel livre et quel objet précieux j'emporterais sur cette île. J'ai indiqué la série de dessins de Piranèse connue sous le titre *Les prisons*, ainsi qu'un crayon et du très beau papier à dessin. (Je regrette d'avoir oublié ma robe de chambre.)

Si je devais réellement dresser la liste de ce qui compte le plus dans ma vie, dire ce qui m'est strictement indispensable et faute de quoi je ne pourrais plus rien construire, je dirais Nina.

Quand j'ai commencé à travailler sur le musée des Beaux-Arts de Denver, je lui ai dit : « J'ai baptisé ce projet "Deux lignes en promenade." » Et elle m'a répondu : « Qu'est-ce que tu racontes ? Je ne comprends rien à ce que tu dis. »

En l'entendant me parler ainsi, je l'ai regardée et j'ai pensé : de quel droit me demande-t-elle ça ? Elle n'est pas architecte. Puis j'ai eu une sorte de révélation : si ma propre femme ne comprend rien à ce que je dis, ni à ce que je lui montre, c'est que je m'y prends mal. En vérité, tout nous oppose, si bien que nous nous complétons à la perfection.

Je pourrais dessiner le plus magnifique bâtiment qu'on

ait jamais imaginé, et le construire avec les plus beaux matériaux qui aient jamais existé sur terre, mais si ce ne sont pas les bons ouvriers qui le construisent, s'ils n'y mettent pas leur cœur et leur âme, le résultat ne sera pas à la hauteur. Quand je parle de « bons ouvriers », voici ce que je veux dire :

Quand je construisais le Musée juif de Berlin, certaines personnes m'ont prévenu que je commettais une grave erreur en utilisant du béton brut de décoffrage comme je l'avais prévu pour les murs du Vide et de la tour de l'Holocauste. « Monsieur Libeskind, me disait-on, nous ne sommes pas à Stuttgart ou à Bâle, ici. Nous ne sommes pas dans le sud de l'Allemagne, où l'on sait très bien travailler le béton. Nous sommes en Allemagne de l'Est. Nos ouvriers sont rustres, ils manquent de formation et de pratique. Ils ne peuvent pas fournir le travail de qualité que vous souhaitez, et le résultat sera très, très laid. » Mais je ne m'inquiétais pas, d'abord parce que je n'avais pas une si mauvaise opinion des ouvriers étrangers qui venaient de Pologne, de Turquie, du Vietnam et de l'ancienne Yougoslavie. Et ces mises en garde ne m'inquiétaient guère dans la mesure où je ne recherchais pas un rendu de qualité supérieure. On peut, si on le veut, faire du béton qui ressemble à du marbre. C'est le cas pour les réalisations de Louis Kahn ou de Tadao Ando. Mais il faut pour cela passer par un procédé coûteux, avec des ouvriers spécialisés. Je voyais plutôt des tours de béton qui porteraient des traces d'intervention humaine, avec des marques et des défauts.

Mais il n'y a pas eu beaucoup de défauts. Pourquoi ? Grâce à des gens comme Andrzej, l'un des nombreux Polonais employés sur le chantier. J'ai commencé à le voir régulièrement quand je venais au musée, en fin de journée, pour surveiller l'avancement des travaux. Nous parlions polonais ensemble. « Pourquoi es-tu encore là ? demandais-je. – Je veux être certain que le béton prend bien. »

Il revenait donc soir après soir pour s'en assurer. Une fois le musée terminé, et quand j'ai été pressenti pour construire l'extension du Victoria & Albert Museum, plusieurs personnes sont venues de Londres pour voir mon travail, à l'atelier puis sur place en visitant le musée. Ces visiteurs s'étonnaient chaque fois devant la qualité du béton. « Où avez-vous trouvé des artisans pour faire ça ? demandaient-ils. Nous n'en avons pas en Angleterre. »

Pourquoi Andrzej faisait-il un aussi beau travail ? Le matériau communiquait avec lui d'une façon ou d'une autre, c'est tout ce que je peux dire.

De toutes les réalisations architecturales que j'ai vues, l'une de celles qui m'ont le plus frappé est une salle du One Liberty Plaza à Manhattan. Une simple pièce dans un immeuble de bureau comme il y en a beaucoup, mais elle donne sur Ground Zero. On l'a laissée à la disposition des familles des victimes de l'attentat contre le World Trade Center, qui en ont fait quelque chose de si bouleversant qu'en y pénétrant j'ai cru entrer dans un rêve. Chacun a déposé là des objets qui comptaient pour lui – des parties de lui-même, de son cœur, des choses du passé et de l'avenir. En y entrant, je suis entré dans la vie de ces âmes perdues. J'ai pensé : il faut absolument garder ceci au cœur du musée prévu sur le nouveau site. Et le garder tel quel, comme une chambre secrète à laquelle le visiteur aura accès.

Quand on regarde une ville, on juge de façon précise la façon dont elle est construite, la forme qu'elle adopte et si les matériaux qui ont servi à sa construction dureront ou devront être remplacés. Mais la leçon fondamentale de New York et de l'attentat contre le World Trade Center est ailleurs : c'est que ce ne sont pas le béton et l'acier de ses gratte-ciel qui font une ville, mais ceux qui y vivent. Des citoyens de plus de quatre-vingt-dix nations sont morts le 11 septembre 2001, et des gens originaires d'un aussi grand nombre de pays ont tenté de les sauver. New York tire sa force de l'hétérogénéité de sa population, et du fait qu'en dépit de leurs traditions, de leurs cultures et de leurs niveaux de vie différents ses millions d'habitants croient et continueront à croire à l'idéal de liberté et de bonheur prôné par notre Constitution. C'est cet idéal que les terroristes ont voulu détruire, mais l'attentat du 11 septembre a été un échec retentissant. Il n'a pas détruit New York. Il n'a pas détruit non plus l'espoir de réussite qui reste ici plus vivant que jamais et continuera à attirer dans cette grande ville des millions d'êtres humains.

10

ARCHITECTURAL
R E C O R D

To The WTC Team:

Now you've done it—cemented a relationship to design the first tower on the former World Trade Center site. We saw the reluctant look in your eyes as you accepted the inevitable and embraced in the photo-op; we saw the wary resolve and the questions of what lay ahead for you both. We could tell it in your smiles: A forced marriage is never an easy one. You need to know that every architect → → page 19

SHAPING URBAN IDENTITY

The Morphing City
ARE MEGABURBS OUR FUTURE? p. 76

Cincinnati Rising FANFARE
SURROUNDS HADID MUSEUM p. 89

Un jour viendra, je l'espère, où mes trois merveilleux enfants auront à leur tour des enfants, et où je serai un grand-père chargé d'ans et plein de sagesse, toujours prêt à leur conter des histoires extraordinaires tirées de mon passé. D'ici là, j'aurai peut-être complété le récit de mon mariage forcé avec l'architecte David Childs. Ce sera un récit homérique (épique par sa dimension, et s'étendant peut-être sur une vingtaine d'années, voire plus), shakespearien (passion ! ego ! mensonges !), et fortement teinté de Lewis Carroll.

Prends garde au Jabberwock, mon fils !
À sa gueule qui mord, à ses griffes qui happent !
Gare à l'oiseau Jubjube, et laisse
En paix le frumieux Bandersnatch !

Et à la fin de l'histoire, je dirai à mes petits-enfants : « Ah, que les hommes sont fous de se conduire ainsi ! »

L'histoire commence par un jour du printemps 2003, à Ground Zero, quelque temps après la clôture du concours que j'avais remporté. Je venais fréquemment sur le site pour réfléchir au plan général et peaufiner les détails du projet. Ce matin-là, je tombai sur David Childs qui travaillait sur le 7 World Center, appelé à remplacer la tour 7 détruite le 11 septembre. Childs, qui me dépasse de quelques têtes, se pencha pour me serrer dans ses bras, comme si nous étions de vieux amis.

« Danny ! (On ne m'appelait plus ainsi depuis mes années de lycée.) Je suis content de vous voir, dit-il, aimablement. Et si content que vous ayez remporté ce concours ! À propos, que diriez-vous de mettre plutôt de ce côté la Freedom Tower ? »

Il tendait le doigt vers l'angle sud-est du site, au carrefour de Church Street et Dey Street.

« Pourquoi ? » demandai-je, surpris.

Pour moi, un tel changement compromettait la configuration en spirale de l'ensemble. Je me demandais ce qu'il voyait que je ne voyais pas.

Childs fit un cadre avec le pouce et l'index de chaque main et regarda au travers.

« Vous ne croyez pas qu'elle serait mieux de ce côté ? » répéta-t-il.

Je le regardai cadrer le paysage dans ce viseur improvisé.

On savait déjà, étant donné leurs étroites relations professionnelles, que Larry Silverstein ferait pression pour que Childs et l'agence SOM prennent en charge la Freedom Tower. À en juger par la première tour 7 et ses résidences en Floride, Silverstein n'était pas quelqu'un qui se souciait beaucoup de l'esthétique. La nouvelle 7 World Trade Center occupe tout l'espace au sol, s'élève d'un bloc et a une façade on ne peut plus banale. Les résidences de Floride ressemblent à des résidences de Floride. Quand il construit des immeubles, Silverstein les aime grands, hauts et bons pour les affaires. Il a récemment entrepris un voyage à travers le monde pour faire son éducation en matière d'architecture. Il s'est rendu au Japon avec Maki Fumihita et a fait, accompagné par l'architecte, une tournée des réalisations de Norman Foster en Angleterre. À son retour, Silverstein nous a invités à son bureau, Nina et moi, pour rencontrer Childs et discuter des tours. Après nous avoir fait le récit de son voyage, il nous a annoncé que Childs ne travaillerait pas sur toutes les tours du site du World Trade Center, mais que d'autres architectes, dont Foster, y seraient impliqués. « Est-ce que j'en ferai partie aussi ? » ai-je demandé. Ce n'était pas une question de pure rhétorique. Dans la plupart des cas, les architectes qui remportent un concours pour réaliser le plan d'ensemble sont invités à construire sur le site – une tour, par exemple. Mais Silverstein, qui comptait sur l'argent des assurances pour financer la reconstruction du site, voyait les choses d'un autre œil. « Je ne veux pas que vous touchiez à mon chantier », a-t-il dit. Et c'est ainsi que la guerre a commencé.

En fait, le gouverneur Pataki *voulait* que je touche à ce chantier. Il était monté au front pour soutenir notre projet de plan d'ensemble. Il avait personnellement baptisé la Freedom Tower, parce qu'elle faisait 1 776 pieds de haut, et il adhérait au projet de plan d'ensemble et à son symbolisme ; il sentait que ce plan et la notion de liberté sur laquelle il était basé pouvaient aider New York à panser ses plaies. Et il comprenait, je crois, qu'il pouvait me faire confiance ; je saurais être convainquant pour défendre le projet et le public qui l'avait soutenu.

En raison de ce soutien du public, Silverstein et Childs ne pouvaient pas passer complètement outre à ce que je proposais. Ils entreprirent donc de me circonvenir par d'autres moyens.

En mai 2003, Silverstein nous proposa une coquette somme et un poste de « consultant » si nous acceptions d'endosser le projet de Childs. Nous répondîmes : non, merci.

Childs s'y prit tout autrement. Il fit comme s'il pouvait avancer sans le moindre contact avec nous. Mais après quelque temps, le gouverneur fit savoir clairement – à Silverstein, à la LMDC et à toutes les parties concernées – qu'il voulait qu'on construise cette Freedom Tower, et vite. À cette fin, John Cahill, son représentant, convoqua une réunion à la mi-juillet. David Childs et moi devions, à

cette occasion, définir et clarifier les termes de notre collaboration.

Nina relança Ed Hayes en Floride, où il était allé voir
sa mère. « C'est maintenant que vous décidez de partir en
vacances ? lui dit-elle. Revenez ! On a besoin de vous ici. »
Childs passa, apparemment, le même coup de fil à Janno
Lieber, qui représentait Silverstein.

Le 15 juillet, après notre journée de travail, nous nous
retrouvâmes dans les bureaux de la LMDC au One Liberty
Plaza. On installa nos deux groupes dans des salles de réunion séparées aux deux extrémités de l'étage. Kevin Rampe,
le nouveau président de la LMDC, et Matthew Higgins,
son second, communiquaient d'une salle à l'autre.

Après quelques heures de discussion sans le moindre
résultat, Kevin Rampe suggéra un tête-à-tête entre Childs
et moi. Nous nous rendîmes dans une petite pièce et nous
assîmes l'un en face de l'autre à une table de conférence.
Childs, qui est réputé pour ses manières polies, attaqua en
douceur.

« Danny, j'ai cédé sur l'emplacement de la tour. Nous
voulions la mettre ailleurs, Larry et moi, et nous vous avons
accordé ce que vous demandiez. » Puis le ton changea.
« Donc, maintenant, je vais faire la tour que je veux faire. »

Comment réagir à cela ?

« Faisons ensemble quelque chose de formidable », dis-
je.

Ce n'était visiblement pas ce qu'il attendait de moi.

« On peut en faire le prochain Rockefeller Center, dis-je.

– Le Rockfeller Center est le plus beau ratage architectural de New York, rétorqua Childs, d'un ton provoquant.

– David, vous ne parlez pas sérieusement.

– C'est hideux. Ça ne fonctionne pas. C'est l'exemple même de ce qu'il ne faut pas faire ! »

Bon. Très bien.

« Ce n'est pas l'avis des New-Yorkais. Mais essayons de faire autre chose », insistai-je, optimiste.

Childs choisit d'ignorer ma proposition. Je lui posai quelques questions, mais sans obtenir de réponses directes. Le regard braqué sur un point mystérieux derrière mon épaule, il répondait tantôt « Oui, oui, oui », et tantôt « Non, non, non », et je ne comprenais jamais tout à fait ce qu'il voulait dire.

Dehors, le World Financial Center brillait maintenant de toutes ses lumières. L'immeuble était fermé ; on avait arrêté la climatisation. Il y avait des heures que nous étions là et nous n'avions pas avancé d'un pas. À un moment, je sortis et suivis le corridor jusqu'à la pièce où Nina, Ed Hayes et Carla Swickerath attendaient. Ed, à qui on ne voyait pas habituellement des tenues aussi décontractées, portait une veste en seersucker sur un T-shirt et s'était carrément allongé par terre, terrassé par un terrible mal de dos qui l'avait assailli à sa descente d'avion.

« Incroyable ! dis-je. Ça ne marche pas. Il ne veut pas discuter avec moi. Je ne sais plus que faire.

– Il va falloir l'y obliger, répondit Eddie. Même si j'ai peine à croire qu'on puisse jamais collaborer avec quelqu'un qui porte des cravates jaunes avec d'aussi horribles complets marron ! »

Je retournai dans l'autre pièce.

« Écoutez, David, lui dis-je, ceci nous dépasse, vous et moi. Il faut qu'on y arrive. » Je lui expliquai qu'il ne s'agissait pas d'une tour isolée, mais qu'elle faisait partie d'un ensemble, d'une symphonie à cinq tours. Et il s'agissait de Ground Zero. Ce n'était pas une affaire comme une autre. « Je vais jouer cartes sur table, dis-je. Il est très important pour moi que la forme de la flèche rappelle la statue de la Liberté. Et je tiens à ce que la tour ait une hauteur de 1 776 pieds parce que 1776 est l'année de la Déclaration d'indépendance des États-Unis d'Amérique. Voilà ce qui compte pour moi.

– 1776 ! Quelle horrible date ! Pour moi, 1776 est une déclaration de guerre. (Tout en parlant, il retirait sa veste.) Et vous voulez que je vous dise ? (Il remonta les manches de sa chemise blanche.) Je crois que vous êtes obsédé par la statue de la Liberté pour des raisons qui n'ont rien à voir avec l'architecture !

– Comment voyez-vous mon rôle là-dedans ? demandai-je. Que suis-je censé faire ? »

Il refusa d'abord de me répondre. Puis il me déclara carrément qu'il allait, selon ses propres mots, « tout prendre en main », ce qui correspondait tout à fait au comportement de l'équipe de SOM, qui continuait à produire des plans sans rapport avec le plan d'ensemble avec lequel j'avais remporté le concours.

Je retournai dans la pièce où les autres attendaient. Ed, toujours allongé par terre, était en pleine discussion avec l'un des représentants de Silverstein au sujet des responsabilités financières du promoteur. Carla et Nina mangeaient une pizza ramollie.

« C'est insensé ! leur dis-je. C'est digne des *Frères Karamazov* !

– Daniel, je t'en prie, dit Nina. Calme-toi, et explique-moi ce qui se passe. »

Je lui répétai les propos de Childs.

« Seigneur ! » (Et elle se mit à jurer, ce qu'elle fait rarement, mais bien. Quand Janno Lieber entra, accompagné de Kevin Rampe et Matthew Higgins, elle faisait peur à voir). « Nous partons », dit-elle.

Mais nous n'avions ni l'un ni l'autre l'intention de renoncer.

En tant que président de la LMDC nommé depuis peu, Kevin Rampe risquait gros dans cette affaire. Il me raccompagna dans le couloir. Et comme nous arrivions devant la pièce où j'avais laissé Childs, il lança par l'embrasure de la porte : « David, il va falloir vous mettre d'accord avec Daniel ! » Puis il referma la porte sur nous. Prisonniers de cette petite pièce, nous nous retrouvâmes face à face une fois de plus.

« J'ai une idée de ce que devrait être cet immeuble », dit Childs.

Bon, c'était toujours ça. À ceci près qu'il ne parvenait pas à décrire son idée. « Dessinez donc, lui dis-je. Vous êtes architecte. »

David prit un crayon. Il traça quelques traits, gribouilla par-dessus, recommença. Et il dessina finalement quelque chose qui ressemblait à un 8. Je regardai, perplexe. « C'est comme *Bird in Space*, dit-il. Vous savez, la sculpture de Brancusi. »

Ah, c'était ça. On ne l'aurait jamais deviné. Puis je commençai à visualiser le bâtiment qu'il essayait de décrire, et je compris qu'il avait voulu montrer une tour qui tournait sur elle-même en s'élevant.

J'avais eu du mal à comprendre ce que Childs imaginait, et comment cette forme bizarre pourrait jamais être une tour. Mais j'avais compris ceci : son « idée » n'avait rien à voir avec la Freedom Tower.

Le temps passait. Telle une balle de ping-pong, je ressortais et me précipitais dans le couloir. Je levais les bras au ciel, désespéré, et Rampe me renvoyait d'où je venais. « Kevin Rampe, ne me bousculez pas ! » m'exclamai-je à un moment. Inutile d'être un extralucide pour voir que la tension augmentait dangereusement ; mais Rampe, ce soir-là, était décidé à tout faire pour parvenir à un accord.

Je dois le reconnaître : David Childs résista aux ordres et aux prières de la LMDC. Il résista à Eddie Hayes, qui n'est pas quelqu'un à qui on peut facilement dire non. Face à tous, et à toutes les tentatives, il tint bon. « Si ce type se fiche de ce qu'on pense les uns et les autres, finit par demander Eddie à Rampe et à Higgins, croyez-vous qu'il sera capable d'écouter quiconque par la suite ? Le croyez-vous susceptible de tenir n'importe laquelle des promesses qu'il a faites ce soir ? » Ah, combien Eddie avait raison !

Pendant que j'étais avec Childs, Eddie demanda un téléphone pour appeler Lisa Stoll, la chargée de communication du gouverneur et l'une de ses plus proches collaboratrices – et une femme remarquablement intelligente. Il était onze heures et demie du soir et il fallait que le cabinet du gouverneur sache ce qu'il se passait. Eddie brancha le haut-parleur du téléphone pour que Kevin Rampe entende.

« Lisa, on se dispute ici pour savoir si Libeskind doit être ou non l'architecte de la Freedom Tower. Que veut le gouverneur ?

– Pour nous, c'est clair, Ed, répondit Lisa Stoll. Le gouverneur tient à Libeskind. Le gouverneur tient à la tour de Libeskind. Et le gouverneur tient à ce qu'elle figure sur le plan d'ensemble.

– Merci beaucoup », dit Eddie, en raccrochant.

Rampe hocha la tête et sortit. En entrant dans la pièce où Childs et moi en étions toujours au même point, c'est-à-dire nulle part, il dit : « Nous venons d'avoir l'avis du gouverneur. C'est très clair. Le gouverneur veut que Libeskind s'en occupe. Vous acceptez ou pas ? »

Childs resta silencieux une minute avant de lâcher : « Très bien. » Puis il se leva et sortit. « Je suis attendu ailleurs », dit-il encore, en franchissant le seuil.

Janno Lieber resta, et à minuit nous avions conclu un

accord. Nos rôles respectifs y figuraient bizarrement exprimés en pourcentages, comme si la tour avait été le capital en actions d'une entreprise : SOM réaliserait cinquante et un pour cent des plans de la tour, avec David Childs comme principal architecte, et le Studio Daniel Libeskind quarante-neuf pour cent, en tant qu'architecte associé. Cet arrangement farfelu ne fit que nous précipiter plus rapidement dans une lutte à couteaux tirés.

Par la suite, en réponse à des journalistes qui m'interrogeaient sur nos relations, j'ai parlé de « mariage forcé ». Et David Childs aurait déclaré de son côté : « Nous ne voulons pas nous laisser avaler par la machine Libeskind. » Quelle absurdité ! Il cherchait à s'attirer la sympathie du public en se présentant comme David face à Goliath. Mais Childs était à la tête de l'une des plus grosses agences d'architectes du monde, avec des bureaux à New York, Chicago, San Francisco, Londres, Washington, Los Angeles, Hong Kong et Shanghai, tandis que nous n'étions que trente-cinq à travailler dans un bureau donnant sur Ground Zero.

« Maintenant c'est fait – vous avez scellé une entente pour construire la première tour sur le site du World Trade Center. Nous avons vu la réticence dans vos regards à l'acceptation de l'inévitable au moment de l'accolade pour les photographes ; nous avons vu l'acceptation de guerre lasse et les interrogations sur ce qui vous attendait. Nous avons compris ce que disaient vos sourires. Un mariage forcé n'est jamais facile. »

Telles étaient les premières phrases d'une « Lettre ouverte à David Childs et Daniel Libeskind » signée de Robert Ivy, rédacteur en chef de la très influente revue *Architectural Record* et publiée en première page dans le numéro d'août 2003.

« Rappelez-vous ce qui s'est déjà passé : les heures de dur labeur sur les plans, les centaines de milliers de dollars dépensés par la LMDC et d'autres agences d'architectes, poursuivait la lettre. Malgré les accidents de parcours... le plan de Libeskind s'en sort pratiquement sans dommage. Il y a une bonne raison à cela. Daniel Libeskind a réussi quelque chose qui est plus qu'un simple bâtiment. »

Ivy consacrait toute une partie de sa lettre ouverte à David Childs, pour l'adjurer de ne pas « renoncer et laisser ce projet devenir une vulgaire opération immobilière ». Et, s'adressant toujours à Childs, il ajoutait : « Si vous laissez intacte la vision de Libeskind... il se pourrait que vous parveniez à la grandeur. »

Et il concluait par cette injonction adressée à nous deux : « Vous allez tous deux être à l'épreuve. Votre client, le promoteur immobilier Larry Silverstein, tient les cordons de la bourse. Port Authority, une institution au pragmatisme inébranlable, possède le terrain. Le gouverneur de l'État de New York a les cartes politiques en main. Mais ne vous y trompez pas : au bout du compte, votre client est le public, attaché à ce lieu et à cette entreprise par le pacte de confiance passé entre lui et vous. »

Les grands exemples de collaboration entre architectes ne manquent pas tout au long de l'histoire : Bramante, Michel-Ange et Maderna à Saint-Pierre de Rome ; Philip Johnson et Mies van der Rohe pour le Seagram Building à New York ; et, oui, Minoru Yamasaki et Emery Roth & Sons pour les tours jumelles. Il y a toutes sortes de collaborations, et il n'est pas rare de voir, même, des architectes aux fortes personnalités travailler de concert à un même objectif. Les architectes de Saint-Pierre ont collaboré à travers le temps, en appréciant à leur juste valeur la contribution de ceux qui les avaient précédés et en prolongeant ces liens artistiques.

J'ai eu la chance de travailler avec des collègues architectes sur des projets comme le musée des Beaux-Arts de Denver, le musée de la Guerre de Manchester, le centre de conférences de l'université Bar-Ilan en Israël, le Musée juif contemporain de San Francisco, le Media Center de la Cité universitaire de Hong Kong et la façade du siège social de Hyundaï à Séoul. Mais le meilleur exemple de collaboration est peut-être la Foire de Milan, où j'ai dessiné le plan d'ensemble, et où je construis en même temps des gratte-ciel en collaboration avec Arata Isozaki et Zaha Hadid.

Je fais peut-être partie des rares architectes qui se risquent à des associations sur presque tous leurs projets. Si je le fais, c'est parce que je prends énormément de plaisir à cet échange intellectuel et artistique au cours duquel on passe insensiblement du « eux » au « nous ». C'est ainsi que le 20 août 2003, encouragé par Robert Ivy et avec l'espoir que la collaboration avec SOM se révèle fructueuse, le Studio Daniel Libeskind tint une première réunion avec SOM afin d'organiser le travail en commun des deux équipes. J'avais avec moi Nina, Carla, l'architecte d'opération Yama Karim, et notre associé Stefan Blach.

David Childs regarda notre petit groupe entrer dans la salle de réunion et dit : « Nous n'avons pas besoin des dames, aujourd'hui. Nous n'avons besoin que des créatifs. »

Pardon ?

« Nous n'avons besoin que des créatifs.

– Très bien, je m'en vais, dit Nina, qui ne tenait pas à se disputer dès la première rencontre. Mais Carla est architecte. Et c'est notre chef d'agence.

– Oui, mais notre chef de projet n'est pas là. Elle ne peut donc pas rester. »

Je restai sans voix tandis qu'on raccompagnait ma chef d'agence et mon assistante jusqu'au hall d'entrée, où elles allaient attendre mon retour plus d'une heure, en travaillant sur leurs téléphones portables. « On a traité ces filles comme des chiens », dit Eddie Hayes. Et d'ajouter deux ou trois choses que je ne répéterai pas.

Voici quelques-unes des règles du jeu SOM : aucun collaborateurs du Studio Daniel Libeskind ne devait être présent dans les bureaux de SOM si un collaborateur de SOM de titre équivalent ne s'y trouvait en même temps. En d'autres termes, si nous venions avec un ingénieur, leur ingénieur devait être là aussi. Si notre chef de projet venait, leur chef de projet aussi. Au début, je n'avais pas le droit de pénétrer dans les bureaux de SOM en l'absence de David Childs. Yama demanda pourquoi. On lui répondit que j'étais intimidant et risquais de prendre de l'ascendant sur Childs et les collaborateurs de SOM. Par la suite, je pus participer à certaines réunions afin de faire le point sur les travaux avec mon équipe. Eddie Hayes se présenta un jour sans s'être annoncé, et je crus qu'on allait le faire arrêter. La situation faisait penser au protocole qui régissait les rapports entre représentants de la Corée du Nord et de la Corée du Sud à la frontière entre les deux pays au moment des négociations de Panmunjom. La seule chose qui me faisait sourire lors de ces rencontres sous haute tension était la présence au 14 Wall Street de gardiens qui ne manquaient jamais de m'accueillir avec des paroles d'encouragement.

J'avais toujours considéré SOM comme l'archétype de la « grande » agence d'architecture, mais ces règles allaient bien au-delà du goût pour la hiérarchie qui caractérise ordinairement ce genre d'entreprise. C'était carrément grotesque. On se sentait vraiment bizarre dans cet univers de David Childs, où chacun (et chacune) savait si précisément quelle était sa place.

Nous étions convenus de nous rencontrer une heure par semaine, le mardi matin. Ces réunions étaient surréalistes et frisaient souvent la comédie noire. Je ratai la première, car, Childs se trouvant alors en déplacement, je ne fus pas autorisé à y participer. Mais quand il était là, il pratiquait le sabotage. Il commençait par trois quarts d'heure de bavardage sur l'endroit dont il revenait ou me faisait des discours sur l'architecture. Au cours d'une réunion, il entreprit de m'expliquer le plan de circulation de New York. (Je suppose que pour lui quelqu'un qui venait du Bronx n'était pas de New York.) Il avait peut-être oublié que nous étions censés travailler sur le sud de Manhattan, où l'agencement des rues et des immeubles est beaucoup plus lié à l'histoire qu'à une quelconque volonté. Il conduisait ainsi, à coups de digressions, une stratégie aussi efficace que transparente pour laisser le moins de temps possible à toute discussion utile.

Après l'une de ces réunions matinales, Childs me fit une remarque qui me stupéfia. « On m'a dit que vous aviez récemment pris la parole devant mille cinq cents personnes au National Building Museum de Washington, dit-il d'une voix douce. On n'y avait jamais vu autant de monde, paraît-il. Même pour Frank Gehry. C'est impressionnant, Dany. C'est une sacrée foule. (Un petit rire, puis un silence.) Vous voici célèbre. » Le ton était plus tranchant, moins chaleureux. Puis il changea à nouveau. « Danny, dit-il, d'une voix étrangement câline, après tout ce que j'ai fait, ceci est *ma* tour. »

Après un mois ou plus de ces réunions pour rien, nous trouvâmes un mardi matin, en arrivant, les murs couverts de croquis et de perspectives d'une tour située à Ground Zero et qui faisait penser à un tire-bouchon géant surmonté d'un oiseau. Il n'y avait pas à s'étonner du peu d'intérêt de Childs pour notre travail : il était déjà en train de dessiner les plans de la tour qu'il avait proposée à Larry Silverstein plusieurs mois auparavant.

C'était donc à cela qu'il faisait allusion quand il disait avoir eu l'« intuition » de ce que cette tour devait être. Et c'était, à l'évidence, là-dessus que son équipe travaillait depuis des semaines. Collaboration ? C'était tout sauf de la collaboration !

« Mais, David, lui rappelai-je, nous avons échangé une poignée de main pour sceller publiquement notre accord de collaboration. »

Il me lança le regard condescendant qu'on réserve à l'idiot du village. « Cet accord ne signifie rien pour moi, dit-il, avec un sourire dédaigneux. La LMDC et les habitants de New York ne sont pas mes clients. C'est Larry qui commande. »

Je sortis de cette réunion abasourdi, ne sachant plus que faire et terriblement anxieux à l'idée de décevoir tous ceux qui attendaient une construction digne de perpétuer la mémoire des disparus du 11 septembre.

Un jour où je me trouvais à Ground Zero avec Childs, deux hommes me reconnurent à l'angle de Vesey Street et de West Avenue.

« Alors, monsieur Libeskind, demanda l'un d'eux, elle va être où, cette tour ?

– Là ! se hâta de répondre David à ma place.

– Et elle sera comment ? » demandèrent les deux hommes.

Posant un bras sur mon épaule, David tendit l'autre bras. Ainsi placé, il reproduisait délibérément la Freedom Tower de forme asymétrique que j'avais dessinée.

Mais s'il semblait maintenant accepter l'emplacement que j'avais proposé, il refusait toujours de travailler à cette tour.

David Childs, heureusement, n'est pas le seul architecte à construire sur le site. Le 17 octobre, Joe Seymour, directeur de Port Authority, accompagné de Tony Cracciola et d'autres hauts responsables de l'agence, nous rencontra au bureau de Santiago Calatrava, l'architecte choisi par Port Authority pour reconstruire la gare centrale du World Trade Center.

Je connaissais Calatrava. Il était venu nous voir à notre bureau et je lui avais montré le plan d'ensemble. « Ah, je vois, c'est comme de la musique, avait-il dit. Vous créez une chorégraphie dans l'espace. Je comprends mieux ce qu'il faut faire. »

Je fus stupéfait en voyant la maquette qu'il présentait pour la gare. « Vous êtes un formidable architecte ! » lui dis-je. Son bâtiment avait d'immenses ailes qui se déployaient sur la Trouée de lumière, et il était d'une beauté à vous couper le souffle – c'était surprenant, et c'était exactement ce qu'il fallait.

Calatrava avait compris le plan d'ensemble et il montrait comment celui-ci, loin d'être un obstacle, pouvait stimuler la créativité d'un architecte inventif. Qui plus est, il avait compris la portée symbolique et la signification pour la ville de la Trouée de lumière. Le 11 septembre de chaque année à 10 h 28, heure où la seconde tour s'est effondrée, le toit de la gare de Calatrava s'ouvrira de telle manière que la lumière tombera à l'intérieur, sur les quais et jusqu'aux voies qui se trouvent plus bas. Il était difficile de ne pas comparer les approches respectives de Childs et de Calatrava vis-à-vis de ce projet. Calatrava avait pigé. Childs, non.

« C'est comme si nous leur parlions chinois, dit Yama Karim, un matin, en sortant de l'une de ces réunions hebdomadaires avec l'équipe de SOM. On essaie de leur parler de l'ensemble. On leur demande ce qu'ils en pensent et on leur dit ce qu'on en pense nous-mêmes. Mais pour eux, les choses ne se passent pas comme ça. On leur a confié à chacun une tâche précise – quelqu'un s'occupe des ascenseurs, un autre du hall d'entrée. Ils travaillent tous dans la même salle, mais chacun ne sait pas forcément si ce qu'il fait cadre avec ce que font les autres. »

À notre arrivée chez SOM ce matin-là, David Childs et ses collaborateurs nous accueillirent avec une bonne trentaine de maquettes d'antennes. Il y en avait en quatre parties, d'autres en cinq parties... Ce n'était pas tout à fait une surprise. Nous en discutions depuis plusieurs semaines. Dans une collaboration normale, le choix d'une antenne peut prendre une journée. À notre bureau, nous avions réglé cette question en quelques heures. Mais qu'en serait-il dans cet univers si particulier ? Cette affaire d'antenne pouvait donner lieu à des discussions sans fin. Avant d'aborder le sujet, toutefois, Childs se mit à parler voyage. Quelque chose attira mon regard tandis qu'il discourait sur le Japon. On avait fixé au mur une vue en perspective de la tour.

« Quelle est sa hauteur ? demandai-je.

– Deux mille pieds, répondit Childs. Et ceci (il montrait un point sur l'une des faces) est une lumière clignotante. À 1 776 pieds de haut. »

Je n'en croyais pas mes yeux ni mes oreilles. Mais je me rappelais les paroles de Childs disant que 1776 était une déclaration de guerre. Il savait pourtant que la hauteur de la tour –1 776 pieds – n'était pas négociable. Je le lui avais dit. Le gouverneur l'avait dit lui aussi. Tout comme le maire. Et les habitants de New York avaient plébiscité notre projet avec sa tour de 1 776 pieds. Ce serait la plus haute du monde, et il n'y en aurait jamais de plus haute à Manhattan.

Une fois de plus, je ne savais que faire. Je n'étais pas disposé à céder sur la Freedom Tower. Donc, je quittai la réunion. Quand j'arrivai à notre bureau, distant de quelques blocs d'immeubles, les médias étaient en pleine effervescence. L'« affaire » avait déjà fait le tour des rédactions. « Libeskind se retire ! » titrait un tabloïd ; ce qui donnait dans le *New York Post* : « Libeskind claque la porte. »

« Non, dis-je aux journalistes. Les mariages forcés connaissent parfois des débuts difficiles, mais nous viendrons à bout de nos difficultés. »

À vrai dire, je n'en étais pas si sûr.

Il s'ensuivit toute une agitation dans le microcosme. Eddie Hayes appela Le Type. Le Type appela Silverstein. Le message du gouverneur était clair : la tour devait avoir 1 776 pieds de haut, ressembler à la Freedom Tower qu'il avait choisie pour le site et s'intégrer dans le plan d'ensemble.

La réunion organisée le lendemain entre Childs, Silverstein, Nina et moi se déroula dans la plus pure tradition du théâtre Kabuki. « Mettez-vous d'accord tous les deux et faites ce que dit le gouverneur ! » tonna Silverstein, en frappant du poing sur son bureau. Il voulait nous impressionner par sa sagesse et son pouvoir, mais il me faisait plutôt penser à Nikita Khrouchtchev martelant de sa chaussure son pupitre des Nations unies. Je subissais de terribles pressions, et la Freedom Tower avec moi. Mais j'espérais toujours qu'il en sortirait quelque chose. Pour le vin comme pour l'huile, après tout, c'est sous pression qu'on distille l'essence et qu'on se débarrasse de la lie. Et l'architecture, comme la vie, est toujours sous pression. C'est sa vraie nature. C'est de la résistance aux pressions que naît l'intégrité, pour un être humain comme pour un bâtiment.

Peu après cette rencontre, Nina fut invitée à déjeuner au Harvard Club par Janno Lieber. Elle le trouva pâle et agité. « Ce sera ou bien très simple, ou bien un calvaire, lui dit-elle. Mais avant de nous quitter à la fin de ce déjeuner, mettons-nous d'accord sur les principaux éléments architecturaux appelés à figurer dans le projet de la Freedom Tower. »

Lieber sortit un papier.

« Premièrement, dit Nina, la tour doit avoir une hauteur de 1 776 pieds. Deuxièmement, la courbe du toit doit prolonger la spirale ascendante des quatre autres tours, pour que la ligne de toits générale souligne l'importance du mémorial. Troisièmement, il doit y avoir une composante écologique dans le ciel entre la ligne de toits et l'antenne. Et quatrièmement, le bâtiment doit être asymétrique, de manière à refléter la torche de la statue de la Liberté.

– Mais, d'après David Childs, il est impossible de construire une tour asymétrique, objecta Lieber.

– Qu'est-ce qu'il raconte ? Ieoh Ming Pei l'a fait il y a quinze ans pour la Banque de Chine à Hong Kong. Pourquoi dit-il des choses pareilles, Janno ? »

Lieber se contenta de fixer la corbeille à pain. Comment aurait-il pu répondre à cette question ?

Je me rappelle une promenade que je fis avec ma fille à cette époque-là. Comme nous traversions Central Park West, un policier me fit signe d'arrêter. « Quelle faute ai-je bien pu commettre ? » demandai-je, en me tournant vers Rachel. Mais déjà, le policier sortait son calepin et me le tendait avec un stylo. « C'est bien vous le type qui construit une tour de 1 776 pieds, n'est-ce pas ? Vous voulez bien me donner un autographe au nom de l'officier Herrera ? » Ces manifestations de soutien spontanées nous étaient d'un grand secours, et à la fin de chaque semaine, nous respirions un grand coup et décidions de ne pas baisser les bras. Nous finîmes par l'emporter, mais ce fut une période épuisante. Notre détermination à préserver la Freedom Tower était si forte que le combat lui-même finissait par ressembler à un combat pour la liberté.

La collaboration avec les promoteurs immobiliers est parfois semée de pièges. Elle vous conduit à poursuivre des objectifs contradictoires pour permettre au promoteur de faire un maximum de profits tout en cherchant à construire un bâtiment qui aille au-delà des intérêts privés. Sur le marché de l'immobilier, les prix augmentent grâce à des bâtiments qui ajoutent au prestige culturel ou commercial d'un quartier. Des industriels comme Carnegie ou Rockefeller ont vu leurs noms passer à la postérité pour avoir investi dans une architecture empreinte de grandeur civique. Ils n'ont pas tourné le dos à la cité, mais y ont au contraire apporté leur contribution.

Forts de la compréhension mutuelle que nous pensions avoir instaurée avec Janno Lieber et Larry Silverstein, nous prîmes un nouveau départ.

La tour contournée de SOM n'apportait aucune réponse à des questions cruciales. Nous nous lançâmes donc à la recherche d'une solution qui permette d'incorporer tous les aspects de la tour proposée par SOM, sans trahir nos propres objectifs. En travaillant avec des ingénieurs et des spécialistes des antennes, des ascenseurs, de la circulation, et après avoir étudié des centaines de modèles architecturaux nous produisîmes un plan détaillé. C'était, estimais-je, une tour dont les gens de SOM pourraient être fiers et qui permettait en même temps de tenir la promesse solennelle que j'avais faite aux New-Yorkais.

Nous nous présentâmes donc, très excités, à notre réunion habituelle du mardi, pour exposer nos croquis, perspectives, plans, élévations, analyses structurelles et maquettes. Lieber, Childs et l'équipe de SOM entrèrent dans la salle de réunion. Childs jeta un regard à l'exposition, avant de tourner le dos, ostensiblement.

« Janno, dit-il, je ne peux pas rester. » Et, furieux, il sortit sans ajouter un mot.

Je quittai la pièce à mon tour, profondément déçu et frustré. Une forte tension régna pendant les jours qui suivirent. Les collaborateurs de SOM n'adressaient plus la parole aux membres de notre équipe, et ils travaillaient côte à côte dans un silence pesant. Childs refusait toujours obstinément de céder sur la hauteur de la tour. Il me fallait trouver un moyen de débloquer la situation, pour présenter l'affaire au gouverneur.

J'appelai Yama et lui demandai de rapporter les maquettes, les croquis et les perspectives de la tour proposée par SOM que nous avions réalisés, et de prendre des photos dans la maquette générale du site. Quelques collaborateurs de SOM nous aidèrent à transporter les maquettes dans la salle de réunion et nous fournirent généreusement de la lumière pour les prises de vue. Quand Yama et son équipe revinrent au bureau, nous examinâmes les résultats de leur travail. Nous étions loin de nous douter qu'une nouvelle « affaire » était sur le point d'éclater.

« Le "Watergate" du World Trade Center », titrait le *New York Post* le lendemain, 12 décembre. À notre grande stupéfaction. L'article expliquait que « les architectes chargés par Larry Silverstein de dessiner les plans de la Freedom Tower » avaient été tellement bouleversés par « la descente effectuée dans leurs bureaux par des collaborateurs de Daniel Libeskind, chargé du plan d'ensemble de la reconstruction à Ground Zero, qu'ils avaient demandé à l'ancien chef de police Howard Safir de diligenter une enquête ». Une *descente* ! On était en plein délire.

SOM nous accusait d'avoir volé notre propre travail, nos propres dessins, plans et maquettes ! C'était odieux. Une nouvelle tentative pour nous démolir. Le *Post*, à la fin de l'article, précisait tout de même que SOM et Silverstein avaient fait appel à Safir « par précaution » ; ils n'avaient pas « poussé plus loin l'affaire avec Libeskind ». Parmi les membres de mon équipe, on ne se sentait pas moins insulté, rabaissé, diffamé.

Mais il nous restait très peu de temps avant de dévoiler la Freedom Tower au gouverneur – et à la nation. Le gouverneur Pataki avait fixé la date, et il n'était pas question de la repousser.

Dans l'intervalle, nos rapports avec SOM évoluèrent de la collaboration architecturale à la négociation politique. Je continuai quant à moi à puiser du réconfort et de l'énergie auprès des habitants de New York. Partout où je prenais la parole – et je recevais une foule d'invitations – un public nombreux saluait mes idées sur la liberté, la statue de la Liberté et la signification d'une Freedom Tower haute de 1 776 pieds.

Nous avions fait quelques progrès : le dessin d'une tour hybride des projets SOM et Studio Daniel Libeskind émergeait lentement mais sûrement. Childs avait donné son accord à l'asymétrie du bâtiment et à nos plans d'une série de tours dont les toits s'élevaient en formant une spirale vers le site du mémorial. J'avais dû faire une concession majeure, qui me chagrine encore aujourd'hui. Étant donné que la tour tourne sur elle-même, et que chaque étage est donc plus petit que le précédent à mesure qu'elle s'élève, il a fallu, pour satisfaire à la demande de Silverstein de neuf cent mille mètres carrés, donner aux vingt premiers étages une superficie nettement plus grande que dans les gratte-ciel habituels. Je n'y aurais pas attaché d'importance, si la construction imaginée par SOM n'avait pas pris l'espace dans lequel j'avais prévu de créer le jardin des Héros, à la mémoire des policiers, pompiers et autres membres des services de secours qui donnèrent héroïquement leur vie le 11 septembre 2001. C'est un combat que j'ai perdu.

Il me restait à livrer une bataille cruciale, lors d'une dernière réunion spécialement organisée avec l'aide d'Eddie Hayes. Cette réunion eut lieu dans le bureau du gouverneur. John Cahill, Lisa Stoll et, pour la LMDC, Kevin Rampe et Matthew Higgins y assistaient. J'étais accompagné de Nina, Carla, Yama, et d'un Eddie Hayes toujours prêt à nous soutenir.

« Nous touchons au but, annonçai-je à l'assistance. La tour est placée au bon endroit. Le toit s'incline dans la bonne direction, vers le mémorial. Childs a accepté l'idée d'une tour asymétrique. À la place des jardins auxquels nous avions pensé, il a proposé des moulins à vent, que je trouve magnifiques. Il n'y a plus qu'un problème : Childs refuse de modifier la hauteur de la tour. Je veux qu'il la ramène à 1 776 pieds, comme nous en étions convenus au départ. Et je veux que cette flèche ait une forme qui rappelle celle de la statue de la Liberté. »

J'expliquai qu'avec deux mille pieds de haut et des moulins à vent au sommet, la tour serait monstrueusement disproportionnée par rapport au reste de Manhattan et ferait de l'ombre à tout l'entourage.

Ainsi que nous l'apprîmes par la suite, après avoir quitté cette réunion John Cahill et Lisa Stoll avaient appelé le gouverneur Pataki pour l'informer de ce qui avait transpiré. Le gouverneur réagit en appelant directement Childs. Il lui demanda de ramener la hauteur de la tour à ce qui avait été initialement prévu et de dessiner pour la spirale un plan conforme à ce que nous avions tous convenus.

À quelques jours de là, après s'être soumis aux directives du gouverneur, Childs me déclara : « Vous avez gâché ma tour. – Non, David, répliquai-je. Je l'ai améliorée. J'en ai fait quelque chose qui a du sens. »

Le 19 décembre 2003, au Federal Hall, où le premier Congrès des États-Unis se réunit et rédigea la Constitution, et où George Washington prêta serment comme président, le gouverneur George Pataki, le maire Michael Bloomberg, Larry Silverstein, David Childs et moi avons joint nos mains et tiré ensemble sur le cordon pour dévoiler une maquette de trois mètres de haut de la Freedom Tower, qui dressera demain ses 1 776 pieds dans le ciel de New York.

foi

On peut être un musicien au caractère mélancolique et composer de la musique légère. On peut être un écrivain avec une vision tragique du monde, un réalisateur de cinéma obsédé par le désespoir. Mais on ne peut pas être architecte et pessimiste. L'architecture est par nature une profession optimiste ; il faut croire, à chaque étape du processus, que de ces dessins en deux dimensions finiront par surgir des constructions en trois dimensions, réelles et habitables. Avant qu'on y consacre des millions de dollars et des années de vie d'un certain nombre de personnes, il faut savoir, savoir vraiment, que le bâtiment qui sera le produit de tout cet argent et de tous ces efforts sera réellement à la hauteur de l'investissement, sera une source de fierté et vivra bien plus longtemps que vous. L'architecture, au bout du compte, est un acte de foi.

Le 4 juillet 2004, sept mois après avoir présenté notre projet pour la Freedom Tower, nous participâmes à l'inauguration du chantier. Quand apparurent les vingt tonnes de granit de la pierre d'angle, nous lûmes l'inscription suivante : « À la mémoire de ceux qui perdirent la vie le

11 septembre 2001 et POUR QUE VIVE L'ESPRIT DE LIBERTÉ. »
Plus tard, la pierre fut hissée à sa place définitive, à l'angle
nord-ouest du site, où doit se dresser la tour.

On me demande : « À force de vous battre pour l'architecture du projet et le plan d'ensemble, n'avez-vous jamais
été tenté de jeter l'éponge, de tout laisser tomber ? » Je
réponds : « Non – en tout cas, jamais plus d'un instant. »
Et ceci pour une simple raison : je n'ai jamais cessé de
croire que l'esprit de New York l'emporterait sur les intérêts
particuliers et que ce qui émergerait de ces turbulences
serait une source d'apaisement et d'émerveillement.

On me dit aussi : « Mais vous devez être furieux d'avoir
dû accepter tant de compromis ? » Je tiens à ce que ce soit
clair : il y a eu beaucoup moins de compromis qu'on se
l'imagine, et d'ailleurs le compromis fait partie intégrante
du processus architectural. Je me réjouis tout particulièrement d'avoir contribué à ce que le site demeure un lieu
chargé de sens, qui parle du passé tout en invoquant l'avenir ; à ce qu'il ne risque pas de devenir une sorte de Potsdamer Platz, où l'histoire est ignorée et submergée. Ensemble, le mémorial, les tours, les espaces publics et la gare
forment un paysage cohérent. On n'y est pas n'importe où,
et l'histoire est présente, mais c'est aussi débordant de vie
et tourné vers l'avenir. Ce site sera un témoignage de ce
qui s'est passé, de ce que nous sommes et de ce en quoi
nous croyons.

À New York, tout le monde sait toujours tout. Chaque
contretemps, chaque différend a été connu du public. On

savait que nous avions de sérieux, parfois de sordides accrochages avec Larry Silverstein. On savait qu'il n'y avait guère de sympathie entre Skidmore, Owings & Merrill et le Studio Daniel Libeskind. Mais ce qui comptait le plus aux yeux du public était l'assurance que Ground Zero serait reconstruit.

Le site est entièrement conçu comme un modèle de durabilité pour le XXIᵉ siècle. Il ne s'agissait pas de reproduire l'exploitation de l'environnement qu'on avait connue au siècle précédent. Les choix architecturaux du plan d'ensemble dicteront notre approche écologique de chaque bâtiment et de chaque espace public, pour faire en sorte que les sources d'énergie renouvelable, les immeubles « intelligents » et la durabilité ne soient pas des mots mais des exemples de développement urbain.

Il était fondamental pour l'intégrité du plan d'ensemble de laisser le plus d'espace libre possible sur le site, pour permettre au public de descendre jusqu'au soubassement rocheux, et de garder tel quel le mur d'étanchéité qui retient l'Hudson. Après des mois de travail assidu avec Port Authority, nous sommes parvenus à creuser et à préserver plus de deux hectares de terrain pour le mémorial conçu par Michael Arad et Peter Walker, choisi par un jury indépendant. Quand ce projet élégant a été sélectionné, de nombreuses personnes, à commencer par le célèbre critique Paul Goldberger, ont trouvé qu'en l'acceptant j'allais trop loin dans le compromis. Ils avaient tort de penser qu'un tel projet allait subvertir mes intentions premières. Ses créateurs avaient interprété ma vision à leur façon – et c'est bien à cela que sert le plan d'ensemble ! Les empreintes des deux tours ont été conservées, elles servent d'entrée pour descendre à plus de dix mètres au-dessous du niveau du sol, et on peut toucher la paroi humide et la roche.

La Trouée de lumière a survécu à tous les avatars du projet initial, et je continue à me battre pour que le plan reste inchangé. Quand j'en ai parlé pour la première fois, je me suis heurté aux réticences des promoteurs : pourquoi consacrer autant de place à quelque chose qui n'est d'aucune utilité – surtout quand il y a déjà un mémorial ? Avons-nous besoin d'un surcroît d'espace public ? Mais le plaisir que nous donne l'espace – privé comme public – n'est pas théorique ; il est fondamental. Pour la construction et l'organisation de nos villes, et au bout du compte pour nos communautés, pour l'avenir. C'est en cela que la Trouée de lumière sera importante et utile : elle offrira le plus grand espace découvert du sud de Manhattan, qui se compose d'un entrelacs de rues étroites et sombres. Le quartier manque tragiquement de lumière, et ce vaste dégagement, cette piazza – qui comprendra la gare inondée de lumière de Santiago Calatrava – sera un endroit unique et bien particulier, une esplanade, un lieu propice aux célébrations, aux expositions d'art, aux marchés, aux rassemblements de toutes sortes.

Dans cet interminable combat pour le plan d'ensemble, une victoire a compté plus que toutes les autres à mes yeux : nous avons pu conserver les aspects de mon projet qui évoquent la statue de la Liberté et son symbolisme. Ce fut une rude bataille. Il y avait ceux qui ne ressentirent jamais le lien viscéral avec cette idée que je ressentais moi-même, et ceux qui trouvaient ce lien trop sentimental. Ils en grinçaient des dents, en personnes sophistiquées. Mais pour moi, la statue de la Liberté n'est pas une babiole qu'on accroche à son porte-clé ou une figure de rhétorique ; c'est la personnification de la liberté, la flamme qui ne s'éteint jamais. Je crois depuis toujours que la plupart des New-Yorkais le ressentent comme moi et adhèrent, comme moi, au message essentiel de Lady Liberty, celui de la Déclaration d'indépendance : « Nous tenons pour évidentes par elles-mêmes les vérités suivantes : tous les hommes sont créés égaux ; ils sont doués par le Créateur de certains droits inaliénables ; parmi ces droits se trouvent la vie, la liberté et la recherche du bonheur. » Il n'est pas question, là, d'orientation politique, mais de tous les Américains.

Dora, ma mère, raconte qu'en 1960 elle gagnait trente-cinq dollars par semaine pour teindre de la fourrure dans la chaleur insupportable d'un atelier dénué de toute ventilation, où l'on gagnait beaucoup d'argent en exploitant des immigrés pauvres mais habiles, le plus souvent des femmes, qui ne parlaient pas l'anglais et qu'on jugeait trop âgés pour l'apprendre. Rien n'était prévu pour la protection de ceux qui manipulaient des produits chimiques, les toilettes étaient d'une saleté repoussante, et les ouvriers qui voulaient se laver devaient apporter leur savon et leur serviette.

C'étaient des conditions de travail intolérables, mais ma mère, comme les autres, avait besoin de gagner sa vie. Elle lança un mouvement de révolte contre les patrons *et* le syndicat, menaçant de faire grève. Les ouvriers eurent gain de cause : les propriétaires de l'atelier firent des travaux pour rendre les toilettes utilisables.

Un jour, Dora prit l'ascenseur en même temps que le contremaître de l'atelier. « Pourquoi ne dites-vous jamais bonjour au patron, madame Libeskind ? demanda celui-ci, hargneux. – Parce qu'il ne me dit jamais bonjour lui-même et qu'il traite mal ses ouvriers », rétorqua ma mère. Tout comme le commandant, au goulag, aurait pu l'abattre, le contremaître aurait pu la renvoyer. Il se contenta d'accuser le coup.

Je me suis battu pour le symbolisme de la Freedom Tower au nom de mes parents et de tous ceux qui ont peut-être la langue moins bien pendue que ne l'avait Dora, mais n'en ont pas moins du cœur. Où que j'aille, je rencontre des gens comme eux. « Comment allez-vous ? demandent-ils. Tenez bon. On compte sur vous. »

Les villes naissent des rêves des hommes. On l'oublie parfois.

Depuis un an ou presque, tout en rénovant un appartement dans le centre, Nina, Rachel et moi-même vivons dans une résidence hôtelière à Manhattan. Miguel Abreu, le concierge en chef, est originaire de Colombie. Il prend ses informations dans le *New York Post*, qui n'a jamais aimé ce que je faisais. Mais dès le jour de notre arrivée, Miguel m'a fait savoir qu'il me soutenait. Malgré ce qu'il lisait dans son journal, il n'y a pas eu un matin sans que, me voyant passer devant son comptoir, il ne me lance : « Monsieur Libeskind ! Gardez le sourire ! »

Puis c'est au tour de Garner Cortez, le portier philippin. « Tout va bien, j'espère ? dit-il. Ma femme suit les nouvelles. »

Des centaines de personnes m'ont souhaité bonne chance ou m'ont parlé de quelqu'un de leur connaissance qui était mort sur le site, un père, un frère, une épouse ou un ami. Et malgré tous les stéréotypes qui courent au sujet des New-Yorkais, personne ne m'a jamais dit quelque chose de désagréable.

Dans la plupart des circonstances, les New-Yorkais sont des gens à l'esprit pratique ; on est ici dans la ville de l'argent facile et de la débrouillardise. Mais le 11 septembre a été quelque chose de jamais vu, jamais vécu pour les New-Yorkais – comme pour n'importe qui d'autre dans ce pays –, et les événements de cette journée ont une portée qui va bien au-delà de l'horreur de ces milliers de vies perdues. L'image des deux tours s'effondrant sur elles-mêmes a durement frappé notre inconscient collectif. Nous pensions une fois pour toutes que des immeubles aussi grands, aussi solidement plantés dans le sol resteraient debout quoi qu'il arrive. Après le 11 septembre, on a eu l'impression que toutes nos fondations, philosophiques aussi bien que physiques, étaient attaquées et risquaient de s'effondrer.

Il est très bien porté, dans certains milieux, d'interpréter le 11 septembre comme une conséquence inévitable de l'impérialisme des États-Unis, de la politique pétrolière du pays ou de son arrogance d'une manière générale. Je n'en crois rien. L'attentat contre le World Trade Center a été un attentat contre la démocratie – la démocratie en général et la liberté en général. New York a été prise pour cible parce qu'elle est le centre du monde libre.

Et les New-Yorkais ont réagi en réaffirmant la force de la philosophie face à l'attentat. Les habitants ont tenu à jouer un rôle dans la reconstruction de leur ville. Ils ont été environ cinq mille, dans un premier temps, à venir voir et à critiquer une première série de projets pour Ground Zero, qui ont été finalement rejetés. Puis ils ont été quatre-vingt mille à former des files d'attente au Winter Garden pour la présentation des finalistes. Et quand un concours a été ouvert pour le mémorial, cinq mille deux cents personnes ont adressé leurs propositions. Il y avait parmi elles très peu de professionnels.

Dans un article du *New York Times* à la fin de l'été 2003, James Traub faisait un parallèle entre la ville de Florence au XIVᵉ siècle et celle de New York au XIXᵉ siècle. « En 1366, écrivait-il, les administrateurs de la cathédrale demandèrent aux citoyens de Florence de se prononcer par référendum sur la construction du dôme de Santa Maria del Fiore. Le projet qu'ils avaient choisi proposait d'édifier un dôme qui serait le plus grand et le plus haut jamais construit sans le recours aux piliers ou aux arcs-boutants qui soutenaient

traditionnellement les grandes églises. C'était un acte audacieux pour lequel ils avaient décidé de solliciter l'avis de
la population. Celle-ci l'approuva, ouvrant ainsi la voie à
un processus qui devait déboucher un demi-siècle plus tard
sur la formidable réalisation de Filippo Brunelleschi : un
dôme géant qui ne tient que par lui-même.

« Le débat qui s'est développé à propos de la reconstruction du World Trade Center, poursuivait Traub, a conduit
les New-Yorkais plus près qu'ils ne l'avaient jamais été de
la conviction exprimée par les Florentins du XIVᵉ siècle,
pour lesquels les questions les plus fondamentales concernant l'architecture de la cité requéraient l'avis de la population. »

Traub se demandait ensuite s'il ne s'agissait que d'un
engouement passager ou si, au contraire, en participant
aussi activement au processus, les New-Yorkais avaient
découvert qu'ils disposaient collectivement, en ces matiè-
res, d'une voix au chapitre. À l'avenir, renonceront-ils à
ce type de débat sur l'espace public ou garderont-ils un rôle
actif dans les décisions des promoteurs immobiliers ? Traub
n'avait pas de certitude à ce sujet, mais sentait que quelque
chose de fondamental venait de changer. « Les New-
Yorkais, écrivait-il, ne seront jamais des Florentins – nous
avons à l'esprit bien d'autres préoccupations que la
construction d'immeubles – mais ils se souviendront de
l'attentat contre le World Trade Center comme du moment
à partir duquel la ville s'est mise à compter différemment
pour nous. »

Traub a tout à fait raison.

Les architectes, en général, n'ont pas le culte de la démocratie. Ils admirent les villes bâties par des monarques et des généraux. Quelque chose me dit qu'ils sont sans doute nombreux à envier le baron Haussmann, préfet de la Seine sous le règne de Napoléon III. Haussmann détestait les petites rues tortueuses (qui offraient des cachettes trop commodes aux révolutionnaires) et leur préférait les grands boulevards et les vastes jardins publics (où l'on pouvait plus facilement, en cas de besoin, tirer sur les révolutionnaires). Il rasa donc des quartiers entiers, dont on chassa les habitants, pour les reconstruire à son idée. Nous trouvons ces boulevards fort beaux aujourd'hui ; peut-être avons-nous oublié la façon dont ils furent créés.

Le fait est que les architectes souhaitent le plus souvent tenir la population le plus éloignée possible du processus. Ils vous diront, et d'autres avec eux, que la participation du public conduit à édulcorer les projets et aboutit à des visions brouillées, médiocres. Ce n'est pas ce que m'a enseigné l'expérience. J'ai constaté au contraire que plus transparent était le processus, plus innovant était le résultat. Les seules fois où j'ai eu des problèmes avec des projets de construction ont été celles où j'ai eu à lutter contre la volonté de contrôle d'un petit groupe ou d'un seul individu, comme Herr Stimmann à Berlin par exemple.

On dit souvent qu'on n'a jamais rien créé collectivement. Mais l'architecture n'est pas un art solitaire. La racine grecque du mot « idiot » se réfère, entre autres, à un individu isolé. Le monde n'est pas « une histoire racontée par un idiot, pleine de bruit et de fureur, et qui ne signifie rien », mais un infini mystère. L'architecture est du monde, et elle est pour les êtres humains. Collaborer, c'est écouter les autres, apprendre d'eux et leur apprendre. Personne ne peut mener à bien, seul, un projet d'envergure.

Lewis Sharp, le directeur du musée des Beaux-Arts de Denver, et William Thorsell, le directeur du Musée de Toronto, ont conduit avec brio la transformation de leurs institutions respectives. Alors que de nombreux musées et d'autres bâtiments publics se construisent sur les dictats de puissants chefs d'industrie et autres potentats financiers, Sharp et Thorsell ont compris que l'implication de la population était une condition première si on voulait qu'un musée soit réellement enraciné dans la ville qu'il devait servir. Ils ont estimé l'un comme l'autre que les architectes devaient se présenter devant cette population et lui permettre de réagir à leurs propositions. Si les gens voulaient les acclamer, très bien ; s'ils voulaient les huer, tant pis ; mais il fallait les impliquer dans la décision. Dans ces deux villes, les habitants sont venus en foule assister aux présentations des architectes.

Chacun a posé ses questions. Lewis Sharp a demandé : « Qu'est-ce qu'un musée du XXIᵉ siècle ? Le bâtiment conçu par Libeskind nous convient-il ? Convient-il à Denver ? » William Thorsell s'est interrogé : « Ce projet vous plaît-il vraiment ? N'est-ce pas trop ambitieux pour Toronto ? Notre ville est-elle prête à accueillir cela ? » Ils ont montré tous deux qu'ils croyaient la population capable de prendre la bonne décision.

Vivre, c'est prendre des risques. Récemment, après une conférence, le responsable des investissements de la banque Goldman Sachs m'a abordé. « La réussite de Goldman Sachs tient au fait que la banque a pris d'énorme risques, qui auraient pu, à tout moment, entraîner notre ruine », m'a-t-il dit. Et il a énoncé un peu plus tard l'un des principes d'action de son entreprise : la complaisance mène à l'extinction. C'est une idée intéressante, et j'y souscris.

J'ai toujours été fasciné par la Révolution américaine et par le fait que, alors que tout était contre eux, des hommes libres se sont soulevés pour vaincre la tyrannie. Il leur a fallu beaucoup de témérité pour défier un empire considéré comme invincible tout au long de son histoire ! Ce pays a été dès sa fondation une nation de preneurs de risques, et la démocratie est elle-même le plus grand des risques ; c'est une expérience de participation permanente pour laquelle beaucoup dépend des individus. On a pu dire que la démocratie athénienne n'avait pas duré plus d'une quarantaine d'années. La nôtre est la plus longue qu'ait connue l'histoire.

L'une des choses que j'admire le plus dans ce pays est sa capacité d'expérience et de changement. Les Américains sont toujours prêts, et enthousiastes, face à la nouveauté et à l'inattendu, et ils font grand cas de l'individualité. Ils voient le monde comme une œuvre en gestation. C'est ce

qui fait la beauté du pragmatisme américain et de l'ingé-
nuité américaine.

L'architecture a besoin de plus d'aventuriers, de plus de
preneurs de risques et de plus de briseurs de règles.

La plupart des gens voient les preneurs de risques comme
des excentriques et des fanfarons. Mais les plus grands preneurs de risques que j'ai rencontrés étaient aussi les gens
les plus calmes : Nachman, mon père, était un idéaliste,
voire un utopiste au meilleur sens du terme. C'est la seule
personne que je connaisse qui ait très sérieusement appris
l'espéranto, ce langage universel inventé au XIXᵉ siècle par
un Juif polonais, le linguiste L.L. Zamenhof, persuadé que
c'était le seul moyen d'unir l'humanité.

Par un matin glacial, au goulag, mon père s'entendit
ordonner au moment de l'appel : « Nachman Libeskind,
sors du rang ! » La gorge serrée, il s'avança d'un pas vers
son destin.

« C'est bien toi qui as écrit ceci ? » tonna l'officier, en
lui montrant le formulaire que mon père avait eu à com-
pléter à son arrivée au camp.

Mon père répondit que c'était lui, en effet.

« Suis-moi ! » ordonna l'officier.

Et il conduisit Nachman au quartier des officiers, où on
lui annonça qu'il venait d'être choisi comme chef de brigade pour la moitié du camp. Il avait désormais quatre
cents prisonniers sous ses ordres ; un autre Juif polonais
commandait aux quatre cents autres. Mon père devait sa
« promotion » à la qualité exceptionnelle de son écriture.

Il s'était jadis exercé tout seul à la calligraphie et formait des lettres si parfaites qu'elles semblaient sortir d'une presse d'imprimerie. Comme il fallait trouver un chef de brigade, le commandant du camp s'était dit que c'était là un critère de sélection comme un autre.

Si elle lui donnait du pouvoir, cette « promotion » le mettait en danger. Servir d'intercesseur entre quatre cents prisonniers mourant de faim et leurs cruels gardiens soviétiques n'était pas une tâche plaisante. Nachman comprit que sa survie dépendait de sa capacité à manœuvrer entre les prisonniers et leurs gardiens avec la même délicatesse qu'il mettait à tracer ses « i ». Ce qui ne l'empêcha pas de protéger ses camarades. Quand ils le suppliaient de les dispenser de travail, il se laissait attendrir, rédigeait des rapports mensongers et leur disait de rester couchés. Il risquait ainsi son poste, voire sa vie pour leur permettre de se reposer, pour la simple raison qu'il était, disait-il, l'un des leurs et aurait attendu d'un autre qu'il en fît de même pour lui.

L'un des hommes que mon père avait souvent protégés dans ce camp était un voleur professionnel en Pologne. (Il se déclarait même comme « voleur » quand les officiers du camp l'interrogeaient sur son métier.) L'homme usait de ses talents à l'intérieur du camp ; mon père le décrivait comme un véritable Houdini du goulag, un artiste dans sa spécialité. Il se faisait constamment prendre pour de menus larcins et on le mettait à l'isolement, mais il se débrouillait pour se glisser hors de sa cellule pendant la nuit. Et il était capable d'incroyables chapardages ; il volait du pain, denrée précieuse entre toutes, du sucre et du sel dans les provisions des gardiens. Mais il était grand et gros comme un ours et n'aurait jamais pu survivre avec les maigres rations des prisonniers. Alors, quand les gardes ne les surveillaient pas, mon père lui donnait un supplément de soupe.

Le camp fut liquidé lors de l'invasion de la Russie par les Allemands. Au moment du départ, et pour le remercier de sa bonté, les prisonniers firent des présents à mon père. L'un d'eux lui offrit le plus précieux des cadeaux – une paire de chaussures, celles-là mêmes qu'il devait, par la suite, donner à M. Besterman.

Alors que nous vivions en Israël, nous fîmes un pèlerinage à Jérusalem. À notre retour, l'appartement de Tel-Aviv était vide. On nous avait cambriolés. Nous n'avions plus rien. Une semaine passa, dans le plus complet dénuement. Puis un jour, on sonne à la porte et apparaît un géant portant notre poste de radio volé. Nachman se précipite sur lui pour le serrer dans ses bras. C'était le voleur du camp !

Après sa libération du camp de prisonniers sur la Volga, le voleur avait fait le voyage jusqu'à la Terre promise et avait participé à la guerre d'indépendance. Puis il avait repris son ancien métier et était même devenu le chef d'une bande d'aigrefins opérant à Tel-Aviv. L'un de ceux-ci avait mis une cache à sa disposition pour y entreposer son butin – nos affaires. Apprenant le nom du propriétaire, l'ancien voleur du goulag nous rapporta tout et prit le thé avec mon père en évoquant leurs souvenirs communs. Malgré cette conduite honorable, ma mère ne le laissa plus jamais entrer dans sa maison. « La Loi passe avant notre gratitude », déclara-t-elle.

« Au fond de lui-même, chacun est bon », disait toujours ma mère en yiddish. Je ne sais pas si elle le pensait tout à fait – mais ainsi va la foi. Pendant les dernières années de sa vie, quand il devint impossible d'enrayer la progression du lymphosarcome et qu'elle comprit que sa fin était proche, Dora écrivit en secret l'histoire de sa vie. La veille de son dernier départ pour l'hôpital, mon père sentit une odeur de papier brûlé. Se précipitant dans la cuisine, il la trouva devant la fenêtre alors qu'elle tendait son manuscrit carbonisé – des centaines de pages – à la flamme, au-dessus d'une poubelle métallique. Il parvint à sauver quelques pages, qui furent imprimées en souvenir après ses obsèques. Pourquoi s'était-elle livrée à cet autodafé ? Les souvenirs lui étaient-ils devenus trop pénibles vers la fin ? Ou contenaient-ils des secrets qui auraient pu blesser certains ? Mon père se plaisait à raconter l'histoire de sa vie, mais Dora cachait l'essentiel de son passé et ne semblait s'intéresser qu'au présent. Peut-être, avec ce récit, avait-elle exorcisé les démons du désastre de sa vie antérieure et en le détruisant les avait-elle détruits à jamais ? Je regrette toujours, avec un mélange de crainte et de curiosité, de ne pas savoir ce que contenaient ces pages brûlées. Je pense plutôt, comme mon père, que nous ne pouvons aller de l'avant que si nous comprenons notre propre histoire et notre passé ; que pour savoir qui nous sommes nous avons besoin de savoir qui étaient ceux qui nous ont précédés.

Il y a un moment fatidique quand on prend l'avion, le moment où l'on vous dit : « Attachez vos ceintures » et où on ne voit que du gris de l'autre côté du hublot. On se trouve sur la ligne de partage entre la lumière qui règne en bas, sur la terre, et celle qui brille au-dessus. Il est difficile de dire alors si on s'éloigne ou si on se rapproche de la lumière. C'est le moment de la plus grande peur. En juillet 2004, alors que j'écrivais ce livre, je décidai d'affronter la grisaille de la Pologne en y retournant pour la première fois en quarante-sept ans.

Qu'est-ce qui m'a décidé à effectuer ce retour ? À vrai dire, je ne le sais pas très bien. Mais je me revois relisant une lettre de la Zachetta, un musée de Varsovie, qui me proposait une exposition, et me disant que *zachetta* signifiait « encouragement » en polonais. C'est peut-être ce mot dans la langue de ma mère qui précipita ma décision. Presque sans m'y être préparé, j'atterris un soir à Varsovie avec Nina et Lev, notre fils aîné, et le lendemain matin nous partions en voiture pour Lodz.

Lodz reste la deuxième ville de Pologne par le nombre d'habitants, mais aucune autoroute ne la relie à Varsovie. Pour s'y rendre, il faut emprunter de petites routes de campagne semées de mausolées, les uns dédiés à Jésus-Christ, d'autres à des victimes d'accidents de voiture.

Qu'était-il arrivé à la grande ville de mon enfance ? Les proportions étaient toutes fausses. J'avais l'impression que ni mes chaussures ni les rues que je parcourais n'étaient plus à ma taille. Les grands immeubles dont je me souvenais avaient rapetissé. Les principaux boulevards débordants de circulation et parcourus pas des foules d'inconnus qui m'avaient tant impressionné enfant me semblaient désormais silencieux et déserts.

Nous nous arrêtâmes devant le Grand Hôtel. On m'y avait amené à l'âge de dix ans, pour me montrer ce qui était alors considéré comme la résidence la plus prestigieuse de la ville. J'y avais joué de l'accordéon. Le bâtiment était délabré. Ce que je voyais, les odeurs que je respirais, tout faisait resurgir d'anciens souvenirs ; chaque entrée d'immeuble, chaque façade, chaque coin de rue était comme un tiroir poussiéreux qu'on n'aurait plus ouvert depuis des décennies.

Nous fûmes accueillis par Danuta Grzesikowska, une amie d'enfance de ma sœur, à laquelle celle-ci avait rendu visite avec mon père dans les années 90. Ensemble, nous nous rendîmes à pied aux endroits où mes parents avaient travaillé et aux écoles qu'Ania et moi avions fréquentées. Quel petit cercle tout cela représentait finalement ! Pour l'enfant que j'avais été, la ville était infinie. Il semblait désormais que tout y tenait dans quatre ou cinq rues, qui se refermaient indéfiniment sur elles-mêmes comme le ruban de Möbius.

Là, c'était la pharmacie, avec sa vieille horloge. Là, notre jardin, avec les mêmes piquets auxquels on suspendait les tapis pour les battre, à l'endroit où je les avais laissés en 1957. Épié par des regards curieux, j'ai traversé le petit jardin jusqu'à la dernière porte à gauche, et comme je levais les yeux vers les fenêtres du premier étage, nos fenêtres, un visage gris ciment est apparu à l'étage supérieur.

« Savez-vous si vos voisins du dessous sont là ? a demandé Danuta.

– Non, ils ne sont pas là, a répondu la dame. Pas jusqu'à ce soir. De toute façon, ils ne sont pas très aimables et ils ne vous inviteront pas à entrer ! »

Elle nous regardait, Nina, Lev et moi, dans nos tenues de New-Yorkais.

« Vous vous souvenez des Libeskind ? » ai-je demandé.

Elle est restée silencieuse un instant, puis a hoché la tête.

« Ça fait soixante-cinq ans que j'habite ici. Il ne reste plus que moi de cette époque. (Elle nous a regardés plus attentivement.) Ils étaient gentils, ces gens-là, surtout le mari. Il y avait une fille et un garçon plus jeune... il jouait de l'accordéon, je crois. Je me mettais à cette fenêtre pour l'écouter.

– C'était moi », ai-je dit.

Elle qui n'avait jamais quitté cette cour et moi qui n'y étais plus revenu depuis, nous sommes regardés à travers ce même espace, elle à cette même fenêtre, comme nous le faisions près de cinquante ans plus tôt.

Ces dernières années, je suis allé à Tunis, à Séoul, à Hong Kong, et aucune de ces villes ne m'a paru aussi étrangère que Lodz. Si familière et si étrangère. Keith Richards, décrivant les blues du delta du Mississippi qui inspirèrent les Rolling Stones à leurs débuts, disait que les sons étaient aussi étranges que du Bach. Mystérieux et magnifiques, et chargés de tristesse. C'est ce que j'ai ressenti à Lodz. J'ai cru voir une cité de carton-pâte, un décor en pleine décrépitude dressé pour le tournage d'un film achevé depuis longtemps.

L'architecture est un témoin éternel et muet qui nous montre que le passé que nous imaginons n'est pas une illusion. J'avais réellement parcouru ces rues bien des années auparavant, réellement frappé à cette porte. Mais comme mon fils Noam, le cosmologue, vous le dirait, toute matière se déplace à la vitesse de la lumière depuis un centre hypothétique à travers l'espace, si bien qu'on ne peut jamais, objectivement, se trouver deux fois au même endroit. Et l'espace n'est qu'un enchevêtrement de cordages, un vaste nuage d'inconscience, un tourbillon de matière visible, de matière sombre et d'antimatière, où la lumière se perd dans des trous noirs et où les lois de la physique sont sujettes à d'impossibles phénomènes à la Lewis Carroll. Ce n'est pourtant pas à la science mais à l'architecture que nous nous référons pour parler d'espace ou de temps en relation avec notre propre expérience et nos propres souvenirs. L'architecture exprime, stabilise et oriente dans un monde qui serait chaotique sans elle.

Nous avons marché à travers l'ancien ghetto juif, rasé et remplacé par des immeubles d'appartements de style soviétique, et sommes passés devant le palais de l'entrepreneur et industriel révolutionnaire Izrael Poznanski, que celui-ci avait construit à côté de son usine textile, si bien que, tel un méchant héros de Dickens, il pouvait chaque matin s'asseoir à sa fenêtre et regarder les prolétaires arriver au travail tout en sirotant son *kawa*. Puis nous nous sommes rendus à la grande nécropole de Lodz, le plus vaste cimetière juif d'Europe.

La nuit tombait quand nous sommes arrivés dans la partie la plus pauvre du cimetière. Danuta nous a guidés jusqu'à la tombe de mon grand-père Chaïm Haskell, que mon père et ma sœur avaient restaurée dans les années 90. J'ai été surpris d'y voir une inscription en polonais et non en yiddish. Je suppose que Nachman l'a fait graver ainsi parce qu'il savait qu'il ne restait plus de Juifs – et peut-être à l'intention des Polonais travaillant dans le cimetière, qui risquaient d'être les seuls à la voir.

Il ne nous restait plus qu'à trouver la sépulture de ma grand-mère, qui se situait dans la même zone que celle de mon grand-père. Après avoir suivi sur une centaine de mètres un sentier envahi par la mousse et les mauvaises herbes, Danuta nous a montré du doigt une première puis une deuxième rangée de tombes à peine visibles sous la végétation. Un vers d'un poème allemand m'est brusquement venu à l'esprit – *Verte est la maison de l'oubli.*

L'ouvrier polonais qui nous avait accompagnés jusque-là comme une ombre silencieuse a pris sa cisaille pour ouvrir un passage jusqu'à la tombe à travers le barrage de verdure. Nous l'avons payé et il a disparu dans la nuit qui envahissait le cimetière.

Je me suis penché sur l'inscription en partie effacée. RACHEL LIBESKIND – le même nom que ma fille. Un nom inscrit dans la pierre à Lodz et dans le futur.

À Varsovie, le moment le plus révélateur a été la conférence que j'ai donnée devant le public qui se pressait à la Zachetta. La salle a éclaté en applaudissements à mon entrée et à nouveau quand je me suis mis à parler en polonais. Je me suis brièvement présenté, en disant combien j'étais heureux de me retrouver là après si longtemps, et j'ai ajouté que j'étais en train de redécouvrir la culture polonaise – qui, après tout, était aussi la mienne. Puis j'ai dit : « Comme mon polonais est un peu rouillé, je vais maintenant passer à l'anglais. » Et j'ai oublié de passer à l'anglais. J'ai continué à parler en polonais sans même m'en rendre compte. Comme si c'était la langue choisie par mon cerveau. Le public, enchanté, s'est remis à applaudir.

J'ai senti une excitation à travers leurs interventions. Pour eux, je n'étais pas un Juif américain ou un Israélien.

J'étais un Juif polonais, parlant à de jeunes Polonais de questions universelles – l'histoire, la mémoire, l'architecture. Et en regardant leurs jeunes visages, je sentais d'une façon émotionnelle ce que je savais déjà intellectuellement : il y a une nouvelle génération de Polonais, qui n'ignorent pas les démons du passé. Ceux-là voulaient me considérer comme l'un des leurs, et pour la première fois de mon existence, j'ai senti qu'ils faisaient partie de moi.

Comme me le disait souvent Dora : les gens sont à peu près les mêmes partout dans le monde. Quand nous nous tournons vers les époques passées, puis vers nous-mêmes, nous ne voyons guère de changement dans l'évolution de l'humanité. Un léger progrès, peut-être. Si léger. Il faut y croire.

Il y a bien des années, nous avons fait, Nina et moi, un pèlerinage en Italie pour y voir le sanctuaire de Lorette, une réalisation grandiose due à Antonio et Giuliano da Sangallo et à Bramante, entre autres. En pénétrant dans l'église et en regardant la magnifique châsse, j'ai remarqué que le sol se creusait devant moi selon une double courbe au dessin presque baroque. J'ai beau avoir une certaine connaissance de l'architecture, je suis resté un instant perplexe devant cette curieuse dénivellation. Puis je me suis rendu compte, avec une profonde émotion, que c'était la marque d'usure laissée au fil du temps par les genoux des fidèles. Ainsi, la force de la foi pouvait transformer jusqu'à la pierre et recomposer un édifice architectural. Je n'ai pas oublié cette leçon.

Dans l'épître aux Hébreux, XI, 1, il est écrit : « La foi est la substance des choses espérées, l'évidence des choses invisibles. » Pour un architecte, il y a là des paroles profondes. Nous plaçons jour après jour notre foi dans l'invisible. Il y a, tandis que j'écris, des dessins de bâtiments que j'ai imaginés et qui ne seront jamais construits. Le Victoria & Albert Museum, par exemple, n'a pas encore trouvé les fonds nécessaires à la construction de la Spirale. Mais je ne perds jamais espoir ; je continue à penser que mes projets verront le jour, et avec le temps c'est presque toujours le cas. Je suis assez réaliste pour savoir que ce que je construis ne durera peut-être pas éternellement, même si c'est pour cela que je construis. Ce qui compte le plus à mes yeux, c'est de parvenir à travers chacun de ces projets à capter et à exprimer les pensées et les émotions des gens. Si elles sont bien conçues, ces constructions apparemment rigides et inertes auront le pouvoir de rayonner, et peut-être de réconforter.

Il faut croire.

remerciements

L'échange créatif que j'ai entretenu avec Sarah Crichton tout au long de la rédaction de ce livre a été une source de bonheur. L'intelligence de Sarah, sa clairvoyance et son humour ont été importants pour moi au cours des mois écoulés et je la remercie du don qu'elle m'en a fait.

Il est rare qu'un père, en racontant sa propre histoire, ait le plaisir de s'appuyer sur un fils qui soit à la fois écrivain lui-même et érudit. Mon fils Lev s'est investi dès le début dans ce travail, m'aidant à formuler mes premières idées sur la façon de retracer cette histoire et à mettre en forme un récit pour donner à d'autres l'envie de le lire. C'est grâce à sa passion, et à son soutien, que le projet est devenu réalité.

Noam, mon fils cadet, qui passe son temps, en Angleterre, à étudier les trous noirs de la galaxie, m'a aidé de sa présence tout au long de ce travail. Sa curiosité scientifique et sa capacité d'émerveillement ont été pour moi un exemple.

Rachel, ma fille bien-aimée, supporte deux parents qui n'ont souvent pas une minute à eux avec un stoïcisme qui continue à m'inspirer. Et, forte d'une maturité qui n'est pas de son âge, elle a su passer de Berlin à New York à un moment particulièrement difficile avec une grâce qui étonne tous ceux qui la connaissent.

Ce livre n'existerait pas non plus si Scott Mendel, mon agent littéraire, n'était pas venu me trouver pour me presser de partager mes idées sur ma vie et sur l'architecture. Il a su me guider tout au long du processus compliqué de rédaction et de publication d'un tel ouvrage avec une attention et un dévouement qui reflètent la chaleur, l'humanité et la culture qui font de lui un être d'exception.

Comme pour tous les projets auxquels je me suis attaqué depuis 1969, le soutien constant de Nina et sa ténacité surhumaine m'ont inspiré et ont nourri ma détermination pour raconter une histoire qui est autant la sienne que la mienne.

Travailler avec des femmes et des hommes d'expérience et de talent a été particulièrement gratifiant. Ils ont été si nombreux à me faire profiter de leur enthousiasme et de leur savoir-faire de professionnels que je ne sais trop qui remercier d'abord : Susan Lehman, qui a accueilli ce livre sous son toit et a bien voulu partager l'idée que j'en avais ; Cindy Spiegel, éditrice dévouée entre toutes, qui a fait de ce livre une affaire personnelle et non seulement un exercice professionnel ; Julie Grau, son associée ; Susan Ambler, son assistante ; Catharine Lynch, Meredith Phebus, Diane Lomonaco et Anna Jardine ; Susan Petersen Kennedy, présidente de Penguin Group USA Inc., qui m'a abrité sous sa grande tente. Stephanie Huntwork et Claire Vaccaro sont responsables de la beauté du livre que vous avez entre les mains.

Je remercie tous ceux qui, chez Penguin, ont travaillé et continueront à travailler pour ce livre ici et ailleurs de part le monde, comme Marilyn Ducksworth, Mih-Ho Cha, Dan Harvey, Steve Oppenheim, Dick Heffernan, Mike Brennan, Katya Shannon, Paul Deykerhoff, Fred Huber, Leigh Butler, Hal Fessenden et Bonnie Soodek.

Merci à ceux du Studio Daniel Libeskind qui ont œuvré à ce projet : David Luther, Benjamin Kent et Thierry Debaille.

Je remercie enfin ceux qui, dans des maisons d'édition à l'étranger, ont décidé de très bonne heure, alors même que je n'avais pas achevé sa rédaction, de publier ce livre dans leurs pays respectifs. C'est un acte de foi qu'ont ainsi accompli Lynn Chen, Max Lin, Helge Malchow, Marcella Meciani, Valerie Miles, Alena Mezerová, Etsuko Ohyama, Carla Tanzi, Oscar van Gelderen et Gordon Wise.

crédits

Pages 9, 97, 185, 225 : avec
l'autorisation de la famille Libeskind
Page 29 : © Ting-Li Wang/*The New York Times*
Pages 69, 236 : © bitterbredt.de
Pages 106, 161, 203, 205, 207, 209, 211,
238, 313 : © Studio Daniel Libeskind
Page 129 : © 2004 Artists Rights Society
(ARS), New York/VG Bild-Kunst, Bonn
Pages 229, 273 : © Daniel Libeskind
Page 253 : © Coverite Specialist
Contracting, Ltd.
Page 283 : © *Architectural Record*

ILLUSTRATIONS HORS TEXTE 1

Pages 1-3 : avec l'autorisation de la
famille Libeskind
pages 4 et 5, en haut : © Studio Daniel
Libeskind
Page 4, en bas : © Daniel Libeskind
Page 5, en bas : William O'Connor, avec
l'autorisation du musée des Beaux-Arts
de Denver
Pages 6 et 7 : © Miller Hare

Page 8, en haut : © Studio Daniel
Libeskind
Page 8, en bas : © bitterbredt.de
Page 9, en haut : © Torsten Seidel
Page 9, en bas : © bitterbredt.de
Page 10 : © Bitterbredt.de
Page 11, en haut et au milieu : ©
bitterbredt.de
Page 11, en bas : © Günter Schneider,
Berlin
Pages 12-15 : © bitterbredt.de
Page 16 : © Stephen Varady

ILLUSTRATIONS HORS TEXTE 2

Page 1, en haut : © bitterbredt.de
Page 1, en bas : avec l'autorisation de
Mott MacDonald
Page 2, en haut : © bitterbredt.de
Page 2, au milieu : © Daniel Libeskind
Page 2, en bas : © bitterbredt.de
Page 3, en haut à gauche : ©
bitterbredt.de
Page 3, en haut à droite : © Carla
Swickerath/Studio Daniel Libeskind
Page 3, en bas : © Len Grant

table

Composition IGS
Impression Normandie Roto
Éditions Albin Michel
22, rue Huyghens, 75014 Paris
www.albin-michel.fr

ISBN : 2-226-15697-6
N° d'édition : 23092 – N° d'impression : 04-3197
Dépôt légal : février 2005
Imprimé en France